U0541370

2015年教育部青年基金项目"新中国成立以来中国儿童福利服务变迁及发展研究——基于历史和政治文化视角"(15YJC840021)

中国儿童福利研究

1949—1978

刘晓静 著

中国社会科学出版社

图书在版编目(CIP)数据

中国儿童福利研究：1949—1978／刘晓静著．—北京：中国社会科学出版社，2019.11
ISBN 978-7-5203-5760-9

Ⅰ.①中⋯ Ⅱ.①刘⋯ Ⅲ.①儿童福利—福利政策—研究—中国—1949－1978 Ⅳ.①D632.1

中国版本图书馆 CIP 数据核字（2019）第 289314 号

出 版 人	赵剑英
责任编辑	姜阿平
责任校对	胡新芳
责任印制	张雪娇

出　　版	中国社会科学出版社
社　　址	北京鼓楼西大街甲 158 号
邮　　编	100720
网　　址	http://www.csspw.cn
发 行 部	010-84083685
门 市 部	010-84029450
经　　销	新华书店及其他书店

印　　刷	北京君升印刷有限公司
装　　订	廊坊市广阳区广增装订厂
版　　次	2019 年 11 月第 1 版
印　　次	2019 年 11 月第 1 次印刷

开　　本	710×1000　1/16
印　　张	19.25
插　　页	2
字　　数	304 千字
定　　价	109.00 元

凡购买中国社会科学出版社图书，如有质量问题请与本社营销中心联系调换
电话：010-84083683
版权所有　侵权必究

序　言

　　儿童作为社会的重要成员，是国家最重要的人力资本，承载着国家的希望，民族的未来。发展健全的高水平的儿童福利是一个国家文明程度的重要标志。新中国成立以来，儿童福利取得了一定成就，但滞后于经济社会发展的实际，儿童福利领域仍存在各种各样的问题。研究毛泽东时代的儿童福利，探求中国儿童福利事业发展规律，总结经验教训，对提高我国儿童福利事业的发展水平具有重要意义。

　　在这样的背景下，河北师范大学法政与公共管理学院的刘晓静博士选取儿童福利领域作为自己的研究方向，并凭借着她在儿童福利领域的毕业论文顺利从中国人民大学劳动人事学院博士毕业。《中国儿童福利研究：1949—1978》一书是在她的博士学位论文的基础上修改完善而来的，该书体现了她深厚的理论功底，尤其是对马克思主义中国化理论成果的运用与分析能力。她在本书的研究中主要回答了以下几个方面的问题：1949—1978年中国儿童福利的理论基础，即马克思主义的福利观、社会主义的儿童观、中国传统文化中的儿童福利思想。尤其是对中国传统文化中的儿童福利思想进行了较为深刻的概括，即荒政—救济；仁政—慈幼；专政—教化。她的研究专门对1949—1978年的中国儿童福利体系进行了系统的概括，主要包括儿童生活福利、托幼事业及儿童教育福利、儿童医疗卫生福利、儿童慈善、儿童参与方面，并对儿童福利体系的每一个重要方面都进行了深入的概括。非常难能可贵的是，她对那个时代的儿童福利理念、发展机制、特色进行了深入思考与总结。最后，她又在系统分析的基础上，深入探讨了1949—1978年儿童福利对目前我国建立儿童福利制度的启示与具体借鉴。

　　刘晓静与其他专门研究社会保障的学者不同，她在教育学、法学、政治学等方面的多学科素养为她深入分析儿童福利问题提供了良好的学术背景,再加之,她乐于学习社会保障知识,对儿童福利问题具有浓厚的兴趣。她从中国人民大学毕业后,继续深入研究儿童福利领域,并参加儿童福利的实践,曾经参加河北省妇女儿童的立法调研、与我一起参加在安徽的有关留守儿童的欧盟项目并为基层儿童福利工作者作讲座、承担儿童福利领域的国家社会科学资金项目。从 2014 年起,她参加中日韩的国际会议,并作儿童福利方面的发言、长期亲自参与张家口困境儿童的帮扶等。近些年,刘晓静在儿童福利领域的成果学界有目共睹,我为她取得的成绩而高兴,并为她能够坚持致力于儿童福利领域的研究而深感欣慰!

出于对儿童问题的强烈责任感,我一直致力于儿童福利的研究。通过长期研究,我深知从事儿童福利领域研究既需要强烈的社会责任感与使命感,纯净的内心与高尚的情怀,浓厚的兴趣,也需要有深厚的社会学、政治学等多学科素养,和有正能量的思维方式,才能在这个领域走得更远,更高,才能在儿童福利领域形成正确的价值判断,进而有所成就。

从 2011 年认识刘晓静到现在,已经整整八年。在点滴接触过程中,她具备我上述谈到的情怀与内心、学科背景与思维方式,因此她非常适合研究儿童福利领域,也擅长研究这个领域。希望她在这个领域继续深入研究,并取得更加丰硕的成果,最终成为这个领域的领军人物。最后预祝刘晓静在儿童福利研究的道路上取得更大的发展!

是为序。

陆士桢
2019 年 6 月 26 日于德国

目 录

第一章 导论 ………………………………………………… (1)
 一 研究背景及研究意义 ……………………………… (2)
  (一)研究背景 ……………………………………… (2)
  (二)研究意义 ……………………………………… (8)
 二 关键概念界定 ……………………………………… (10)
  (一)儿童福利 ……………………………………… (10)
  (二)儿童福利服务 ………………………………… (12)
  (三)儿童福利服务体系 …………………………… (13)
  (四)毛泽东时代 …………………………………… (16)
 三 研究方法 …………………………………………… (18)
  (一)文献研究法 …………………………………… (18)
  (二)访谈法 ………………………………………… (19)
 四 研究内容与研究框架 ……………………………… (21)
  (一)研究思路与研究框架 ………………………… (21)
  (二)研究内容 ……………………………………… (22)
 五 创新与不足 ………………………………………… (23)
  (一)创新 …………………………………………… (23)
  (二)不足 …………………………………………… (24)

第二章 理论基础与文献回顾 ……………………………… (25)
 一 马克思主义福利观及社会主义儿童福利观 ……… (25)
  (一)马克思主义福利观 …………………………… (25)
  (二)社会主义儿童福利观 ………………………… (28)

二　中国传统文化中的儿童福利思想 …………………………… (31)
（一）荒政—救济 ……………………………………………… (31)
（二）仁政—慈幼 ……………………………………………… (31)
（三）专政—教化 ……………………………………………… (33)
（四）小结 ……………………………………………………… (34)
三　文献回顾及述评 ……………………………………………… (34)
（一）国内文献回顾及述评 …………………………………… (35)
（二）国外相关文献研究及述评 ……………………………… (47)

第三章　儿童福利体系的构建 ……………………………………… (48)
一　时代背景 ……………………………………………………… (48)
（一）社会主义经济基础的奠定 ……………………………… (48)
（二）社会主义政治制度的建立与巩固 ……………………… (51)
（三）社会主义福利观的确立 ………………………………… (51)
（四）"国家—单位"保障制度的构建 ………………………… (53)
（五）福利国家的影响 ………………………………………… (54)
二　体系 …………………………………………………………… (55)
（一）儿童生活福利 …………………………………………… (56)
（二）托幼事业与儿童教育福利 ……………………………… (58)
（三）儿童医疗卫生福利 ……………………………………… (59)
（四）其他儿童福利 …………………………………………… (60)
三　管理 …………………………………………………………… (61)
（一）法律依据 ………………………………………………… (62)
（二）行政管理 ………………………………………………… (71)
（三）经济投入 ………………………………………………… (76)

第四章　儿童生活福利 ……………………………………………… (81)
一　城市儿童生活福利 …………………………………………… (81)
（一）儿童救济 ………………………………………………… (82)
（二）儿童福利机构 …………………………………………… (87)
（三）多子女家庭津贴与救济 ………………………………… (115)

（四）城市儿童凭票得到比较充分的物资供应 …………（116）
　　（五）生育保险中与儿童照顾相关的规定 ……………（117）
　二　农村儿童生活福利 ………………………………………（120）
　　（一）农村集体分配保障儿童生活 ………………………（120）
　　（二）农村救灾和扶贫缓解儿童贫困 ……………………（127）
　　（三）农村"五保"制度救济儿童 …………………………（128）
　　（四）临时救助保证农村住宿生粮食等生活必需品的
　　　　　供应 …………………………………………………（129）
　　（五）家庭寄养和收养照顾孤残儿童 ……………………（131）
　三　评价 ………………………………………………………（131）
　　（一）儿童福利事业发展 …………………………………（131）
　　（二）儿童生活福利事业发展中的问题 …………………（135）

第五章　托幼事业与儿童教育福利 …………………………（138）
　一　托幼事业 …………………………………………………（138）
　　（一）城市托幼事业 ………………………………………（138）
　　（二）农村托幼事业 ………………………………………（152）
　二　义务教育福利 ……………………………………………（156）
　　（一）小学教育福利 ………………………………………（156）
　　（二）中学教育福利 ………………………………………（165）
　　（三）个案研究：1970年卢龙农村部分地区中小学儿童及
　　　　　失学儿童统计 ………………………………………（169）
　三　相关教育福利 ……………………………………………（175）
　　（一）儿童校外教育 ………………………………………（175）
　　（二）业余少年儿童识字班 ………………………………（180）
　四　总体评价 …………………………………………………（184）
　　（一）托幼事业照顾和保护儿童 …………………………（184）
　　（二）义务教育福利提高儿童科学文化素质 ……………（185）
　　（三）校外教育促进儿童全面发展 ………………………（188）
　　（四）民办教师保障了儿童受教育权的实现 ……………（190）

第六章　儿童医疗卫生福利 ……………………………… （196）
一　儿童医疗保障制度 …………………………………… （196）
（一）劳保医疗制度下儿童享受的医疗福利 ………… （196）
（二）公费医疗制度下儿童享受的医疗福利 ………… （197）
（三）农村合作医疗制度下农村一般儿童医疗待遇 ……… （199）
（四）孤残儿童医疗福利 ……………………………… （200）
（五）小结 ……………………………………………… （200）
二　儿童保健 ……………………………………………… （203）
（一）儿童免疫 ………………………………………… （203）
（二）传染病防治 ……………………………………… （204）
三　儿童医疗卫生服务 …………………………………… （206）
（一）妇幼保健站 ……………………………………… （206）
（二）儿童医院 ………………………………………… （212）
（三）儿童卫生 ………………………………………… （214）
四　整体评价 ……………………………………………… （215）
（一）全覆盖 …………………………………………… （215）
（二）城乡有别 ………………………………………… （216）
（三）积极预防的理念 ………………………………… （216）
（四）采用中西医结合的治疗方式 …………………… （217）
（五）发挥基层卫生组织及人才的作用 ……………… （217）
（六）发生儿童营养不良情况 ………………………… （219）

第七章　其他儿童福利的发展 …………………………… （220）
一　儿童慈善 ……………………………………………… （220）
（一）国内进步人士推动的儿童慈善 ………………… （221）
（二）国际宗教组织的中国儿童慈善活动 …………… （228）
（三）中国儿童慈善曲折发展的原因 ………………… （237）
二　儿童参与 ……………………………………………… （239）
（一）城市儿童享受青少年宫等福利设施参与校外教育 …… （239）
（二）参与劳动 ………………………………………… （240）
（三）儿童参与少年儿童组织 ………………………… （240）

（四）评析 …………………………………………………………（244）

第八章　整体评价 …………………………………………………（245）
一　理念 ……………………………………………………………（245）
（一）培养社会主义的建设者和接班人 …………………………（245）
（二）国家主导，群众互助 …………………………………………（247）
（三）解放妇女与发展儿童福利的双重目标 ……………………（250）
二　发展机制 ………………………………………………………（254）
（一）文化机制 ………………………………………………………（255）
（二）管理机制 ………………………………………………………（256）
（三）动力机制 ………………………………………………………（260）
（四）运行机制 ………………………………………………………（261）
三　特色 ……………………………………………………………（262）
（一）集体主义福利观 ………………………………………………（262）
（二）鲜明的意识形态色彩 …………………………………………（264）
（三）不平等的儿童福利制度 ………………………………………（265）

第九章　对中国儿童福利发展的启示 ……………………………（268）
一　经验 ……………………………………………………………（268）
（一）兼顾经济发展与儿童福利 ……………………………………（268）
（二）完善单位福利 …………………………………………………（269）
（三）发扬互助合作的精神 …………………………………………（269）
二　教训 ……………………………………………………………（270）
（一）条块分割和多元行政管理主体影响了儿童福利管理
　　　效率的提升 ……………………………………………………（270）
（二）浓厚的教化色彩影响了儿童福利资金投入的增加 ………（270）
三　具体启示 ………………………………………………………（271）
（一）生活福利启示 …………………………………………………（271）
（二）托幼事业与教育福利启示 ……………………………………（272）
（三）医疗卫生福利启示 ……………………………………………（273）
（四）儿童慈善的启示 ………………………………………………（274）

（五）儿童参与的启示 …………………………………………（275）

参考文献 ……………………………………………………………（276）

后　记 ……………………………………………………………（291）

表 目 录

表 1—1　儿童福利概念 …………………………………………（11）
表 3—1　1952—1957 年中国经济增长与发展情况 ……………（49）
表 3—2　1949—1978 年中国儿童福利体系 ……………………（55）
表 3—3　1949—1978 年中国儿童生活福利 ……………………（58）
表 3—4　1949—1978 年托幼事业与儿童教育福利 ……………（59）
表 3—5　1949—1978 年中国儿童医疗卫生福利 ………………（60）
表 3—6　1949—1978 年中国其他儿童福利 ……………………（61）
表 3—7　宪法对儿童权益的保护情况 …………………………（62）
表 3—8　1949—1978 年中国儿童保护法规 ……………………（68）
表 3—9　1949—1978 年中国儿童医疗保健的政策和法规 ……（69）
表 3—10　1949—1978 年中国儿童文化教育政策和法规 ………（69）
表 3—11　1949—1978 年内务部主要变化 ………………………（72）
表 3—12　1949—1956 年内务部管理职责变迁 …………………（72）
表 3—13　1966—1978 年内务部管理职责变迁 …………………（74）
表 4—1　1961 年城市社会救济情况一览 ………………………（82）
表 4—2　1962 年城市社会救济情况一览 ………………………（83）
表 4—3　1963 年城市社会救济情况一览 ………………………（84）
表 4—4　1956 年全国儿童生产教养机构和生产情况 …………（90）
表 4—5　1957 年儿童教养机构情况 ……………………………（92）
表 4—6　1959 年全国城市社会福利事业单位之儿童福利院情况 ………………………………………………………（94）
表 4—7　1960 年全国城市婴幼儿福利院 ………………………（97）

表 4—8　1961 年全国城市社会福利事业单位收养残疾
　　　　　青年人数 ………………………………………………（98）
表 4—9　1961 年全国城市社会福利事业单位之儿童
　　　　　福利院情况 ……………………………………………（99）
表 4—10　1962 年全国城市儿童福利收养单位数统计………（101）
表 4—11　1962 年全国城市社会福利事业单位之收养
　　　　　 儿童数统计 ……………………………………………（102）
表 4—12　1963 年全国城市儿童福利事业单位情况 ………（103）
表 4—13　1963 年全国城市社会福利事业收养儿童情况……（105）
表 4—14　人民公社收益分配 …………………………………（120）
表 4—15　浙北陈家场生产队 1962—1968 年粮食分配、
　　　　　 按劳分配情况 …………………………………………（121）
表 4—16　浙北农村居民基本口粮标准分配 …………………（123）
表 4—17　1962—1967 年浙北陈家场生产队粮食分配满足
　　　　　 基本需求的情况 ………………………………………（123）
表 4—18　中国 1958—1963 年粮食产量、征购比率与人均
　　　　　 占有粮食量 ……………………………………………（124）
表 4—19　1958—1978 年人民公社集体核算单位分配比例………（125）
表 4—20　1950—1978 年全国民政工作会议有关儿童福利
　　　　　 论述 ……………………………………………………（132）
表 5—1　1949—1965 年有关教育的会议、政策及内容………（156）
表 5—2　1949—1978 年小学的发展及适龄儿童入学率 ………（159）
表 5—3　1968—1972 年中国教育重要事件 …………………（164）
表 5—4　1954—1965 年教育部召开的有关中学教育会议
　　　　　或通知 …………………………………………………（165）
表 5—5　卢龙县 1970 年 12 月 30 日统计在校学生数
　　　　　（九年级）………………………………………………（170）
表 5—6　卢龙县 1970 年 12 月 30 日统计失学儿童数
　　　　　（8—13 岁）……………………………………………（170）
表 5—7　卢龙县刘田庄公社 1970 年 12 月 30 日统计在校
　　　　　学生数（九年级）………………………………………（170）

表5—8	1970年卢龙县中小学在校学生人数统计	(171)
表5—9	1970年卢龙县失学儿童人数统计	(172)
表5—10	卢龙县刘田庄公社1970年12月30日统计失学儿童数(8—13岁)	(174)
表5—11	卢龙县石门公社1970年12月30日统计在校学生数(九年级)	(174)
表5—12	卢龙县石门公社1970年12月30日统计失学儿童数(8—13岁)	(174)
表5—13	崇文区各街道校外简况登记	(177)
表5—14	朝阳区各街道校外简况登记	(178)
表5—15	丰台区各街道校外简况登记(不包括农村)	(178)
表5—16	1976年4月北京市校外教育基本情况登记	(179)
表5—17	1949—1978年中小学民办教师发展状况	(191)
表6—1	中南区部分地区1950—1952年城乡出生死亡情况调查	(201)
表6—2	1956年9月28日河北省县妇幼保健站取得的成绩	(208)
表6—3	妇幼卫生干部缺额补充计划	(211)
表6—4	县以下各级婴幼儿卫生工作项目	(218)
表7—1	1950—1978年中国福利会执行委员会组成的情况	(221)
表7—2	中国福利会第一届执行委员会1950年7月—1956年7月委员职务情况	(222)
表7—3	中国福利会第二届执行委员会委员职务情况	(222)
表7—4	接受外国津贴及外资经营之文化教育救济机构及宗教团体登记	(228)
表7—5	1951年接受外国津贴及外资经营之文化教育救济机构及宗教团体登记	(229)
表7—6	1951年1—6月中华基督教卫理会昌平县南口镇公共卫生服务处情况	(230)
表7—7	1951年7—12月中华基督教卫理会昌平县南口镇公共卫生服务处情况	(230)

表 7—8　中华基督教卫理公会遵化教区公共卫生服务处
　　　　简介 ………………………………………………………（231）
表 7—9　中华基督教卫理公会遵化教区公共卫生服务处
　　　　主持人情况 …………………………………………………（232）
表 7—10　中华基督教卫理会华北年议会滦县教区服务处 ………（233）
表 7—11　中华基督教卫理会华北年议会滦县教区服务处
　　　　1951 年上半年报告 …………………………………………（233）
表 7—12　中华基督教卫理公会滦县卫生服务处 1952 年 1—
　　　　6 月份工作报告 ………………………………………………（234）
表 7—13　华北中华基督教卫理公会滦榆地段卫生组基本
　　　　情况 ……………………………………………………………（235）
表 7—14　华北中华基督教卫理公会滦榆地段卫生组组织
　　　　情况 ……………………………………………………………（236）
表 7—15　华北中华基督教卫理公会滦榆地段卫生组工作
　　　　概况 ……………………………………………………………（236）
表 8—1　中南区部分地区 1950—1952 年城乡婴儿死亡率
　　　　统计 ……………………………………………………………（246）
表 8—2　1950—1978 年民政事业费支出 ……………………………（248）

图 目 录

图 1—1　儿童福利服务系统 …………………………………（14）
图 1—2　逻辑框架 ……………………………………………（21）
图 2—1　马斯洛需求层次理论 ………………………………（35）
图 3—1　1965—1976 年中国工农业总产值 …………………（50）
图 3—2　1949—1978 年中国 GDP 增长 ……………………（50）
图 3—3　内务部的内设机构 …………………………………（71）
图 3—4　1950—1978 年的民政开支 …………………………（77）
图 4—1　1961—1963 年全国救济情况 ………………………（86）
图 4—2　1961—1963 年各地多子女缺劳动力救济 …………（87）
图 4—3　1956 年末全国儿童生产教养机构实有儿童数 ……（91）
图 4—4　1956 年末全国儿童生产教养机构生产总值（包括
　　　　 儿童、一般老残、盲人、聋哑、精神病人）………（92）
图 4—5　1956 年末与 1957 年末全国儿童生产教养机构
　　　　 实有儿童数 …………………………………………（93）
图 4—6　1962 年和 1963 年各地社会福利事业收养健全
　　　　 婴幼儿数量对比 ……………………………………（106）
图 4—7　1962 年和 1963 年各地社会福利事业收养残疾
　　　　 婴幼儿数量对比 ……………………………………（107）
图 4—8　1962 年和 1963 年各地社会福利事业收养健全
　　　　 少年儿童数量对比 …………………………………（107）
图 4—9　1962 年和 1963 年各地社会福利事业收养残疾
　　　　 少年儿童数量对比 …………………………………（109）

图 4—10　1962 年和 1963 年各地社会福利事业收养流浪
儿童数量对比 …………………………………………（110）
图 4—11　1962 年和 1963 年各地儿童福利事业单位社会
福利院数量对比 ………………………………………（111）
图 4—12　1962 年和 1963 年各地儿童福利事业单位幼婴院
数量对比 ………………………………………………（111）
图 4—13　1962 年和 1963 年各地儿童福利事业单位儿童
福利院数量对比 ………………………………………（112）
图 4—14　1962 年和 1963 年各地儿童福利事业单位儿童
教养院数量对比 ………………………………………（112）
图 4—15　浙北陈家场生产队 1962—1968 年按口粮分配和
按劳分配占比 …………………………………………（122）
图 4—16　1958—1978 年人民公社公积金和公益金情况…………（126）
图 5—1　1949—1978 年小学学校数统计 ………………………（161）
图 5—2　1952—1978 年学龄儿童入学率统计 …………………（161）
图 5—3　1949—1965 年民办小学入学率统计 …………………（162）
图 5—4　1949—1978 年我国中学学校数 ………………………（166）
图 5—5　1949—1978 年我国初中生和高中生在校人数 ………（167）
图 5—6　1949—1978 年我国初中生和高中生招生人数 ………（168）
图 5—7　1970 年卢龙县 1 年级到 9 年级学生人数统计 ………（172）
图 5—8　1949—1978 年我国小学和中学民办教师统计 ………（192）
图 7—1　卫理会遵化教区公共卫生服务组织系统 ……………（232）
图 7—2　滦榆地段卫生组组织系统………………………………（236）
图 8—1　1950—1978 年民政事业费支出趋势 …………………（249）
图 8—2　1949—1978 年中国儿童福利发展机制 ………………（255）

第一章 导论

研究目前中国儿童福利，离不开对儿童福利发展史的查究，尤其是对新中国成立以来儿童福利发展的探求。在儿童福利方面，不管是成功的经验，还是失败的教训，都为中国目前儿童福利的发展提供有益的借鉴。毛泽东重视历史的重要性，指出：作为马克思主义者，我们应该总结历史经验。曲青山、高永中指出了研究历史的两大任务：一个是通过历史现象寻求历史规律，一个是将历史清晰地呈现出来。[1] 走进历史，了解历史，不仅要了解隐藏在历史中的儿童福利的数字和史料，而且要理解蕴含在儿童福利史料中的党和国家对儿童的关怀，总结历史成功的经验，摒弃失败的教训，为目前儿童福利的发展指明正确方向，这是儿童福利研究者的重要使命。

当人类文明向前推进的时候，人类自然而然地把更多的精力投入到下一代的身心发展上。梳理1949—1978年这段历史，研究这一时期儿童福利发展史的目的，不仅为了中国儿童福利的进步，更为了中国儿童福利事业和儿童福利理念的提升，也期待为中国下一代的发展贡献微薄之力。

在社会主义制度下，在社会主义福利观的影响下，通过家国同构，1949—1978年国家是由集体提供儿童福利，对儿童进行救助与教化的。按照上述的总体思路，探讨1949—1978年中国儿童福利发展的历史轨迹，以期对当时的儿童福利做全面的、科学的评估，并试图探讨当时儿童福利制度与今天儿童福利制度继承和发展的关系，为目前中国儿童福利的发展探寻适合中国国情与中国文化的出路。

---

[1] 曲青山、高永中：《新中国口述史（1949—1978）》，中国人民大学出版社2015年版，第2页。

笔者在考察了西方诸多儿童福利理论之后，发现西方的理论不足以支撑毛泽东时代儿童福利研究，于是便立足中国传统文化的土壤，试图寻找毛泽东时代儿童福利发展的机制和道路，究竟是什么机制促使1949—1978年中国儿童福利发展？不同于西方儿童福利的比较完整的机制，中国儿童福利的非制度化，使得中国儿童福利在文化机制、管理机制、动力机制、运行机制的作用下，走出了一条中国特色儿童福利发展的道路，这条道路背后有一个核心的历史逻辑：毛泽东时代要建立的社会主义儿童福利制度，体现了以毛泽东为核心的中国共产党人的执政理念——把儿童培养成德智体美全面发展的社会主义合格建设者和接班人。在这种理念的指导下，中国的儿童福利在儿童生活保障福利、儿童教育福利、儿童医疗卫生福利、儿童参与和儿童慈善等方面都获得了发展，奠定了儿童福利在国家发展中的战略地位，促进了儿童身心健康的发展。本书从第四章到第七章是从儿童需求出发，系统认识1949—1978年中国儿童福利的四个方面。儿童有基本生活需要、医疗卫生保健需要，还有教育和文化需要，更有高层次社会参与的需要。儿童慈善发展，也一定程度上提高了儿童福利的水平。

一　研究背景及研究意义

（一）研究背景

1. 儿童福利滞后

中华民族在历史发展中形成了"幼吾幼，以及人之幼"的优良传统。目前我国加强儿童福利制度建设，取得的成就主要表现在：全国推广免费义务教育；婴儿死亡率和儿童死亡率下降，"2000年这一数字是39.7‰，2010年它已降为16.4‰"[①]；有些地方实行免费午餐福利项目；儿童福利相关政策和法律逐渐发展完善；儿童救助机构及床位数有了发展。

但是，儿童福利仍滞后于儿童福利需求，这从全面二孩政策实施效果中可以明显看出来。2016年1月1日全面二孩政策落地，国家实行一

---

① 杨雄、程福财：《儿童福利政策》，上海人民出版社2012年版，第1页。

对夫妇可生育两个孩子的政策，基于两点考虑：一是 2015 年 8 月底实施的单独二孩政策遇冷，在符合生育条件的 1100 多万对夫妇中只有 169 万对提出了二孩申请；二是中国老龄人口高于世界平均水平，14 岁以下的人口低于世界平均水平。2015 年底的调查显示，有二孩生育意愿的家庭只有 39.6%。2016 年全面二孩政策实施以来，很多妇女考虑到养孩子的经济以及照顾孩子压力，不敢轻易要二孩，一个根本的原因是儿童福利滞后，家庭在育幼中负担沉重。①

目前中国儿童福利滞后，主要表现在以下六个方面：

儿童福利理念滞后。儿童福利理念滞后表现在以下四个方面：一是儿童优先的理念并没有在现实生活中体现。虽然儿童优先、儿童最大利益这些是国际公认的儿童福利的理念，但在我们的家庭生活以及社会生活中，这些理念并没有得到很好的贯彻与体现。家长往往以自己的喜好或者价值观对儿童的行为做出判断。二是儿童福利中注重思想道德教育，而忽视生活照顾和社会保护。三是功利主义儿童观。在"功利观"的儿童理念下，儿童是一个家庭荣宗耀祖的工具，对于国家而言，"儿童是实现事业的寄托，是接班人"②。四是补缺—生存型儿童福利观念。笔者在 2013 年指出儿童福利制度理念仍然属于"补缺—生存型"，是基于我国儿童福利主要面向困境儿童且城乡发展不均衡、国家提供的儿童服务项目少、国家对儿童福利的专项资金支持缺乏等原因而言的。曾燕波倡导政府儿童福利理念由儿童生存向儿童发展转变。改革开放 40 年以来，中国的社会事业滞后于经济社会发展，也滞后于广大人民对儿童福利的需求，由于在经济政策和社会政策、政府与市场、公平与效率问题上的关系处理不到位，虽然改革开放 40 年中国的经济实力迅速提升，但是社会事业滞后了。2009 年以前，中国的儿童福利政策没有成为独立的政策议题，儿童福利的有关政策包含在妇女政策、教育政策、婚姻政策等政策之中。③

---

① 肖欣欣：《一孩家庭生育意愿调查》，2016 年 1 月 1 日，http：//epaper.21jingji.com/html/2015-11/09/content_25379.htm。

② 陆士桢、魏兆鹏、胡伟：《中国儿童政策概论》，社会科学文献出版社 2005 年版，第 53 页。

③ 曾燕波：《儿童福利政策的国际比较与借鉴》，《当代青年研究》2011 年第 7 期。

儿童福利法律不健全。儿童福利法律不健全主要表现在以下四个方面：一是我国没有一部专门的儿童福利方面的法律——《儿童福利法》。其他法律，如《义务教育法》《收养法》等都是从某一方面对儿童福利做出规定，这就很难对政府、监护人、社会的行为做出规范，无法从根本上保障儿童群体权益。当出现虐童事件时，没有完善的法律，也无法对实施儿童暴力的行为进行严厉惩治。因此，需要制定综合性儿童福利法，确保儿童生存与发展权利的实现。二是现有的儿童法律不完善。2012年"颜艳红虐童案件"曾使举国上下为之愤怒，遭受颜艳红虐待的儿童身心受到摧残，但是这样严重的一起虐童案件之后，温岭警方只对颜艳红做出了行政拘留15天的处罚，颜艳红被无罪释放。"颜艳红虐童案件"之后，我们发现中国并没有虐童罪，这样儿童维权处于无法可依的尴尬局面，儿童权利受到损害。三是法律原则规定可操作性差。以《未成年人保护法》第6条规定为例，这条法律指出了保护未成年人是国家机关、政党、社会团体、其他公民等部门的公共责任。法律规定的负责部门太多，容易造成各部门相互扯皮，很难执行，使未成年人的权利得不到保证。四是儿童福利法规中缺少"强制报告制度"。儿童权利被侵害的案件一经发现，往往已经酿成了严重的后果，这与法律中没有强制报告制度息息相关。2015年6月贵州毕节四个儿童集体自杀事件，留给人们深深的思考，如果不是这几个孩子相约自杀，酿成严重后果，被媒体曝光，孩子们仍将过着离群索居的生活，生活在没有家庭温暖、与世隔绝的人间孤岛。缺乏及时汇报信息的渠道，缺乏有效的干预机制，是悲剧发生的重要原因。只有建立强制报告制度，遇到困境儿童及时向专门儿童机构反映情况并采取干预措施，才能避免悲剧再次发生。

儿童福利体系残缺，而且没有制度化。中国儿童的保障分散在不同的制度之中，并没有独立的制度安排。一是城乡居民最低生活保障制度，把贫困儿童作为救助的主要对象，没有考虑到儿童的特殊需求，只是把儿童作为家庭成员的一部分。二是孤儿基本救助制度。孤儿一直是我国社会救助重点群体，城市把孤儿作为"三无"人员来救助，农村通过"五保"制度实现救助。2006年民政部等15部门联合发布《关于加强孤儿救助工作的意见》，对孤儿救助内容及救助部门的职责做出了规定。2009年民政部《关于制定孤儿最低养育标准的通知》确立了儿童福利机构和社会散居孤儿的最低养育标准。2010年国务院办公厅《关于加强孤儿保障工作的意见》拓宽了孤儿养育的渠道，在我国对孤儿生活保障是比较好的，是以现金形式对孤儿生活进行保障。三是流浪儿童救助制度。国家出台《关于加强流浪未成年人工作的意见》《流浪未成年人救助保护机构基本规范》《关于加强和改进流浪未成年人救助保护工作的意见》等文件，规定在县以上的政府设立救助流浪儿童中心，加强对流浪儿童生活、心理、医疗、教育的救助。四是城乡居民医疗保险制度也把儿童作为保障对象，享受的福利待遇仅仅局限于住院医疗费用的报销。对于城市里未参加城镇居民医疗保险的儿童，政府建立医疗救助资金。五是义务教育福利。2006年的《义务教育法》规定：对经济困难的学生免费提供教科书、免除杂费，并提供寄宿生生活费。

没有统一的儿童福利机构。从新中国成立到2018年12月31日之前，儿童福利分散在民政、妇联、卫生、教育等各个部门，没有中央层面的统一的管理机构。民政部主要负责孤残儿童、流浪儿童、感染艾滋病等困境儿童的救助；教育部主要负责教育福利；卫生部负责育婴保健；残联主要负责残疾儿童康复、心理救助等；青年团主要负责青少年权益保护。各部门往往从自己部门利益出发，制定儿童福利方面的政策或规章。"受部门利益和部门保护的影响，不同部门从不同的角度和思路出发制定了相应的儿童福利政策文件，这些政策带有浓厚的部门色彩，缺乏统一性、集中性和目的性，既缺乏了执法主体的多元化，也带来了政策的交叉重叠、缺失等现象，以及政策实施效果的分化。"[1] 由于部门利益分割，各部门的政策目标很难协调统一，这对儿童福利实践的发展是极为不利的。没有统一的管理机构，则很难对儿童福利做出顶层设计。

保障机制落后。完善的儿童福利机制应该是从儿童需求出发，针对儿童实践中出现的问题，能够及时发现问题、汇报问题、解决问题。一个完善的儿童福利机制应该包括预防机制、管理机制与监督机制。但是目前我国儿童福利的预防机制尚未建立、管理机制因多头管理而滞后，

---

[1] 王爱平：《中国社会福利政策研究》，中国社会出版社2013年版，第91页。

监督机制尚未建立，这样的儿童福利机制制约了儿童福利水平的提高。一些儿童事件的发生直到事态发展严重才昭告天下，反映的就是中国儿童福利机制的落后。以儿童福利的管理机制为例，谁应该对儿童负责任？学校、家庭、社区都对儿童有着不可推卸的责任，当儿童的权利和利益受到侵害的时候，这些部门有权向公安机关举报情况。如果侵害儿童权利和利益的是儿童的家长，有人举报后，公安机关如何处罚虐待儿童的家长？虐待儿童情节比较严重的家长，在现实生活中谁来监督他们？公安机关即使对家长拘留之后，往往又让儿童回到以前的家庭，继续受着家庭的打骂等非正常的待遇。不仅是家庭虐待问题，在社会上也经常出现侵害儿童权益的事件，这些儿童问题事件的背后都反映出中国儿童福利机制的滞后。

专业有序的儿童福利服务人才滞后。随着人们生活水平的提高，社会上不乏爱心人士参与到儿童福利领域中来。但是社会力量参与儿童福利领域由于缺乏统一的领导，往往是无序的社会服务状态，不能够形成儿童社会服务的合力。

2. 儿童福利服务缺失

随着生活水平的提高，为儿童提供的生活服务和各个方面的服务在不断改善，但是随着中国从传统社会向现代社会的转型，儿童作为弱势群体，在快速推进的城市化和城镇化过程中面临许多问题。社会的转型对家庭生活造成影响，随着家庭结构和功能的变化，家庭对儿童的服务功能受时间、精力、金钱等多方面制约。当家庭功能不能发挥或者发挥不充分的时候，儿童福利服务的供给就会受到很大影响和冲击。笔者于2015年访谈过民政部政策研究室的王杰秀主任，当被问到毛泽东时代社会福利与改革开放之后的社会福利的不同点在哪里时，王杰秀回答：主要是服务不同。毛泽东时代的服务在当时落后的经济条件下相对完善，而目前儿童福利服务相对滞后。目前儿童福利服务缺失主要表现在以下四个方面。

儿童生活服务缺失。目前儿童生活服务主要来自于家庭，国家提供的生活服务也主要是面向困境儿童，为他们提供补贴、通过家庭寄养和收养为他们提供类似家庭的服务，通过建立儿童福利机构满足儿童生活需要。对于全体儿童而言，国家提供的社会化服务缺失，通过对某省会城市小餐桌的走访发现，商业化的小餐桌如雨后春笋般发展起来，但是小餐桌私人经营营利性非常明显，为了赢利，在租金居高不下的情况下，只能通过压缩儿童伙食获得利益，造成了目前儿童饮食结构不合理，儿童身体健康受到影响。在一些县城的寄宿制学校，儿童因为缺乏饮食方面的指导，有些儿童长期吃垃圾食品，导致身高与体重明显低于城市儿童。

儿科医生短缺。"文化大革命"时期，儿少卫生学受到冲击，许多研究儿童医学的人员纷纷转向研究其他的领域。改革开放之后，医学院考虑到儿童医学专业的高风险、高难度、低待遇、低就业，使得医学院儿科系的设置积极性不高。目前，儿科医生紧缺，"有数据显示，我国儿童约为全国总人口的五分之一，而儿童专科医院仅有68家，占全国医疗机构的0.42%；儿科床位25.8万张，占全国医院床位数的6.4%"[①]。儿科医生短缺与新中国成立以来长期对儿少卫生学、儿童医学的政策导向和重视程度息息相关。全面二孩时代，儿童疾病的预防与治疗中儿科医生的短缺问题，应该成为国家关注的重要问题，这直接影响着国家人力资本的竞争力和国家发展的潜力。

托幼和学前教育缺乏。目前许多地方0—3岁孩子托幼服务缺失；幼儿园目前总量供给不足，有些地方幼儿园"一园难求"；幼儿园结构失衡，城乡和地区之间在服务的数量和质量上差距巨大；民间资本投入幼儿园比例多，公办投入幼儿园比例少；幼儿园入园价格高，加大儿童父母生活压力；幼儿园需求出现高端和个性化的发展态势，需要幼儿园提升质量。

儿童心理救助机制不健全。在城市，父母工作的忙碌，往往忽视孩子的思想和心理需求；在农村，撤并了一些边远地区学校，建立寄宿制学校，初衷是为了教育的均衡发展。但随着寄宿制学校规模的扩大，寄宿制学校中管理者和教师对寄宿制学生的关心不可能一步到位，寄宿制学校人文关怀缺失严重，再加之学校没有建立相应心理援助机制，导致一部分学生产生一定的心理问题和心理障碍。心理问题在一些留守儿童

---

① 严慧芳：《"限诊令"凸显儿科医生荒难题》，2016年1月5日，http：//news.163.com/15/1215/06/BARUHCSH00014AED.html。

身上也体现明显。2018年国家民政部网站显示：目前全国有农村留守儿童697万人。留守儿童由于父母疏于管理，缺乏亲情关怀的孩子容易形成胆小、厌学、人际交往障碍等一系列问题，从而对生活容易失去信心，导致一系列问题的发生。贵州毕节4个孩子集体自杀的事件成为全国关注的焦点，也反映了留守儿童心理救助的缺失。

此外，儿童法律援助机制不完善。媒体报道的一系列儿童事件，让我们对儿童群体现状充满了担忧。作为弱势群体的儿童，他们面临的风险大，容易受到侵害。社会结构的转型、儿童生存发展状况的变化，迫切需要儿童法律援助机制的逐渐完善，以解决儿童面临的风险及问题。随着社会的发展，如何通过法律途径增强儿童保护功能、救助更多的儿童，已经成为时代的呼唤和广大儿童的需求，而且这种需求随着社会转型和城市化推进越发显得强烈。

（二）研究意义

学界对毛泽东时代儿童福利的研究很少。对这段时期儿童福利的研究有重要理论意义和实践意义。理论意义主要体现在：能够填补理论研究的空白，探求中国儿童福利事业发展规律，提供中国儿童福利制度和体系发展的理论支持。实践意义主要体现在：总结经验教训，保证儿童身心健康发展，推动构建和谐社会。

1. 理论意义

（1）填补理论研究的空白

改革开放以来，尤其是20世纪90年代以来，中国儿童福利的研究成果逐渐增多，但是对毛泽东时代儿童福利的研究非常滞后，这就很难从整体上把握中国儿童福利发展的历史轨迹。本书专门以毛泽东时代儿童福利为研究对象，从整体上把握中国儿童福利的发展轨迹，丰富儿童福利史的研究，填补儿童福利领域研究的空白。

（2）探求儿童福利发展规律

历史不能割裂，考察毛泽东时代儿童福利，为改革开放以来中国儿童福利体系的发展总结一些经验教训。站在儿童需求的角度上，为目前中国儿童福利体系的发展制定适合中国国情的儿童福利政策，使中国儿童福利体系的发展保持正确方向并指明道路。通过梳理新中国成立以来的中国儿童福利制度，探寻中国儿童福利制度的发展轨迹，对于探求中国文化背景下中国儿童福利的发展路径及机制具有重大借鉴意义。

（3）提供理论支持

通过系统梳理毛泽东时代儿童福利，分析目前儿童福利制度中不健全的方面，在借鉴发达国家发展儿童福利经验的基础上，健全中国儿童福利制度和体系。通过系统梳理毛泽东时代儿童福利，挖掘儿童福利变迁发展的深层次根源，为克服体制机制障碍和完善中国儿童福利制度厘清思路，为完善中国儿童福利体系和制度提供理论和实践指导。

2. 实践意义

（1）总结经验教训

鉴往事之兴衰，考当今之得失。习近平总书记提出：新中国成立前三十年的经验应该总结。系统梳理毛泽东时代的中国儿童福利体系，总结毛泽东时代儿童福利留下的成功经验和失败教训。从历史角度梳理中国儿童福利制度存在的问题，问题认识越清晰，越有利于为当前儿童福利改革提供经验和借鉴，从而推动目前儿童福利制度的发展。

（2）保证儿童身心健康发展

儿童是人口结构中非常重要的组成部分，它对于人类社会发展、国家建设、民族振兴具有重要意义。但儿童群体是弱势群体，需要家庭、政府、社会、社区、学校等多方主体为其成长提供良好环境。目前诸多儿童问题凸显了中国儿童福利服务滞后的现状，需要国家结合经济社会发展，不断探求儿童福利服务发展道路，保证儿童群体分享改革开放成果，促进儿童身心健康发展。

（3）构建和谐社会

早在两千多年前，孔子就描绘了自己心目中的理想社会，其中"幼有所长"是大同社会的理想之一。然而我国儿童问题凸显，儿童福利服务滞后等问题依然存在。2012年贵州毕节5名留守儿童闷死在垃圾桶事件，2015年同样在毕节，4名儿童集体自杀等事件的发生或许是偶然的，但是当把这些偶然事件串联起来，却能发现构建社会主义和谐社会道路上的不和谐因素。虽然每个儿童事件之后，政府都会采取一些行政措施，但这些措施往往属于应急性的，无法从根本上解决问题。没有儿童群体的参与，全面建成小康社会和实现社会主义现代化的目标很难实现；没有儿童群体的参与，为国家注入强大的人力资本，国家发展后劲也会不足。因此，推动构建社会主义和谐社会，必须提升儿童服务水平和能力，推动儿童福利制度的发展。

二 关键概念界定

（一）儿童福利

社会福利的概念在学者之间是有争议的，同时人们对社会福利的理解有一个过程。20世纪以前，社会福利是建立在个人行善的基础上，当社会公平和社会责任的信念在人们头脑中扎根后，社会福利服务的对象逐渐扩大。第二次世界大战之后，大多数工业化国家，随着经济发展水平的提高，相应地提高了社会福利水平。福利国家这个词是建立在公民权利平等基础上的，由国家提供基本生活保障，使公民享受健康、教育、医疗、住房方面的平等权利。在中国，社会福利往往和工作待遇和救济相提并论，特别是指面向困难群体提供支持与帮助的工作与服务。在中国，社会福利是民政部门的重要职责。郑功成指出：历史上的社会福利是面向特殊群体提供的福利性措施，现代社会福利包括老年人福利、儿童福利、残疾人福利等内容，是国家和社会向社会成员提供的津贴、实物及相关服务，目的是为了提升社会成员的生活质量。[①]

不同国家对儿童福利的理解是不同的。在日本，儿童福利的概念，是随着第二次世界大战后儿童福利法的制定而出现的概念，"所谓儿童福利是社会福利范畴的一部分，以日本宪法、儿童权利的相关条约，儿童福利法为基础，与其他诸多法律及专业领域相联系，向着综合性体系性的方向得以推进，是面向儿童的社会服务"[②]。从历史的角度来看，儿童福利也是针对有需要保护的儿童以及缓解单亲家庭的贫困为政策中心，因此，日本的儿童福利带有战争时期的救济、恩惠的特征。

国内学者对儿童福利的概念也有各种各样的说法。

台湾学者周震欧认为儿童福利的意义非常广泛，儿童福利在不同

[①] 郑功成：《中国社会保障演进的历史逻辑》，《中国人民大学学报》2014年第1期。
[②] [日] 纲野武博：《儿童福祉的新展开》，日本同文书院2008年版，第5页。

国家有不同的含义，狭义的儿童福利是残补取向，广义的儿童福利是根据儿童需求面向全体儿童实施的促进儿童身心发展以及潜能开发的方式。① 台湾学者林胜义认为："儿童福利（child welfare），是社会福利的一个领域，也就是以儿童为对象所实施的社会福利工作。"② 这里，林胜义把儿童福利看作社会福利工作。

中国《社会保障辞典》从广义角度界定儿童福利，认为儿童福利是为儿童身心健康发展而举办的儿童公园、儿童娱乐中心等社会事业。③ 而狭义的儿童福利则是面向困境儿童举办的社会事业，用以补充和替代父母照顾儿童，既包括儿童福利机构，也包括家庭寄养等方式。在这里，儿童福利是按照人群来界定的，广义的儿童福利是面向全体儿童，而狭义的儿童福利是面向困境儿童。

陆士桢（1997）把儿童福利界定为社会政策和社会事业，包括为儿童提供的资金与服务的总和。刘继同认为："儿童福利的范围广泛，既包括宏观社会环境、社会制度安排，又包括微观的家庭与个人生活；既包括政治福利与司法保护，例如儿童的姓名、国籍、公民权利、身份、地位、个人隐私等，又包括个人福利与家庭福利，例如儿童需要、儿童发展、人的尊严、人的自主和家庭生活等。"④ 刘继同认为儿童福利是国家和社会"确保儿童身心健康的所有服务项目、政策法规和努力的总和"。郑功成（2011）从广义和狭义两个角度来认识儿童福利，他有关广义儿童福利与狭义儿童福利的区别，如表1—1所示：⑤

表1—1　　　　　　　　　　　儿童福利概念

区别 项目	服务对象	内容	功能
广义	全体儿童	活动、制度、设施、政策、服务	促进儿童生长与发展
狭义	困境儿童	救助、矫治、辅助、补救的服务	促进儿童生存与发展

---

① 周震欧：《儿童福利（增订版）》，台湾：巨流图书公司1996年版，第7页。
② 林胜义：《儿童福利（修订版）》，台湾：五南图书出版公司2002年版，第3页。
③ 张海鹰：《社会保障辞典》，经济管理出版社1993年版，第60页。
④ 刘继同：《国家责任与儿童福利》，中国社会出版社2010年版，第127页。
⑤ 郑功成：《中国社会保障改革与发展战略》（救助与福利卷），人民出版社2011年版，第233页。

综合学者们的观点，儿童福利是社会福利的一个重要组成部分，儿童福利水平的高低体现一个社会的文明程度。广义儿童福利是国家和社会为社会全体儿童提供的促进儿童身心健康发展的一切法律、政策、措施、设施、津贴和服务等内容的总和，不仅包括民政部门为孤残儿童和困境儿童提供的各种帮助与服务，也包括医疗保险中为儿童群体提供的照顾及服务，还包括不同服务主体，即国家、社区、家庭、政府为儿童群体在照顾、医疗、教育、保健等方面提供的专业化和个性化的服务，强调为儿童提供普惠和发展型儿童福利。而狭义的儿童福利是面向特定困境儿童，侧重于为困境儿童提供社会平等的环境，一般包括实物援助、现金津贴和救助、辅助、补救的各种社会服务。儿童福利中最主要的是儿童服务，随着经济发展水平的提高，当儿童的物质生活逐渐得到满足的同时，向儿童群体提供满足其生活需要的服务显得尤为迫切。

（二）儿童福利服务

周震欧和王思斌主要是对儿童福利服务的内涵进行了界定，周震欧从社会制度角度界定儿童福利服务，认为它"是整个社会制度的一部分，它反映出经济本质、家庭组成，以及在特定社会中的儿童地位"。[1] 王思斌从社会工作角度定义社会福利服务，他认为："社会工作（Social Work），又称为社会服务（Social Service），或社会福利服务（Social Welfare Service），是根据一定的价值观念帮助有困难的人走出困境的活动，是以利他主义的价值观主导帮助他人的活动。"[2] 王思斌所说的社会福利服务包括儿童福利服务，强调社会工作就是社会服务，从这个角度来讲，儿童社会工作就是儿童福利服务。周震欧和王思斌强调儿童福利服务作为一项社会制度或者社会工作，强调儿童福利服务的社会性，刘继同侧重儿童福利服务的福利性，认为福利服务应该是免费的，"儿童福利服务是免费的福利服务，福利服务就是为弱势群体和依赖人群提供帮助服务"[3]。

---

[1] 周震欧：《儿童福利（增订版）》，台湾：巨流图书公司1996年版，第27页。
[2] 王思斌：《社会工作概论》，高等教育出版社1999年版，第12页。
[3] 刘继同：《国家责任与儿童福利》，中国社会出版社2010年版，第115页。

刘继同和董楠主要是从儿童福利服务分类，也就是外延来界定的儿童福利，他们的分类标准各异，但也有相同之处。

刘继同认为：儿童福利服务涉及儿童生存、发展与保护的所有领域，从服务功能与作用角度看，儿童福利服务"可以分为支持性、补充性、保护性和替代性四类"；从服务范围与领域角度看，可以分为家庭服务、社区服务、机构服务等方面。① 刘继同谈及的儿童福利服务既包括间接的宏观社会环境与制度安排，又包括直接的各类服务，是从制度环境和具体安排来区分直接的儿童服务和间接的儿童服务的。董楠也把儿童福利服务分为直接的儿童服务和间接的儿童服务，但他是从儿童服务作用的领域来区分直接和间接的。直接儿童福利服务是国家和社会为儿童举办的教育、医疗卫生等方面服务，间接儿童福利主要是家庭和社区为了促进儿童身心发展而提供的服务。②

综合学者们的观点，笔者认为：作为儿童福利的一部分的儿童福利服务，强调不同服务主体，即政府、社会、社区、家庭为促进全体儿童身心健康发展提供包括公共服务在内的生活照顾、医疗保健卫生、教育、司法、心理、参与等各种社会服务，还包括社区、家庭、国家给儿童群体提供的个性化和专业化的服务，侧重通过提供儿童福利服务，提高儿童生活质量。

（三）儿童福利服务体系

儿童福利发展成专业的儿童服务体系是需要各种因素的，周震欧认为在人道主义、经济及政治制度变革、社会机构的变化、家庭及儿童地位的提升、儿童法律地位的提高等因素的作用之下，才会有儿童福利体系的发展。③ 周震欧侧重从功能角度归纳儿童福利服务体系，他认为："儿童福利服务，无论设计之初，是为了社区行动、团体参与，或个人接触三个不同层次，均能归纳为支持性、补充性或替代性三类。"④ 支持性服务是儿童福利服务的第一道防线。在家庭结构仍然完整的情况

---

① 刘继同：《国家责任与儿童福利》，中国社会出版社2010年版，第115页。
② 董楠：《儿童福利服务》，《东方企业文化》2010年第6期。
③ 周震欧：《儿童福利（增订版）》，台湾：巨流图书公司1996年版，第27页。
④ 同上书，第23页。

下，家庭成员受到压力，比如说离婚、分居、遗弃或其他情况发生，如果给家庭成员造成的压力持续下去，家庭结构就会受到影响。"支持性服务，就是运用其家庭本身力量，努力减低亲子关系的紧张。"① 补充性服务是儿童福利服务第二道防线。当父母亲为不适当执行角色，严重伤害亲子关系，为了辅助父母履行父母职责，使其子女继续生活在家庭当中，补充性服务就要发挥作用，其往往通过经济手段解决，如社会保险或者公共援助。替代性服务是儿童福利第三道防线，当家庭生活的子女陷于非常危险境地，需要短暂地或永久解除亲子关系时，通过福利机构、家庭寄养、收养等方式，保障儿童生活福利的实现。

儿童福利服务体系的构成情况，如图1—1所示：②

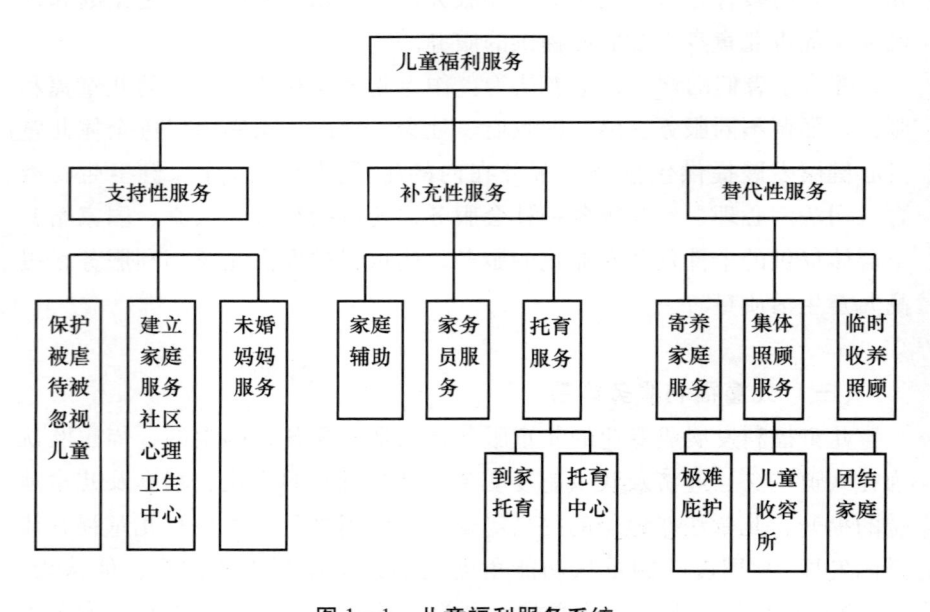

图 1—1　儿童福利服务系统

（摘自 Kadushin and Martin, *Child Welfare Service*（4th ed.），1988, p.29）

从图 1—1 可以看到：周震欧是按照家庭功能发挥程度，把儿童服

---

① 周震欧：《儿童福利（增订版）》，台湾：巨流图书公司1996年版，第23页。
② 同上书，第26页。

务体系从狭义角度划分为支持性服务、补充性服务、替代性服务。支持性服务是家庭功能比较完整，补充性服务是家庭功能部分缺失，替代性服务是整个家庭功能缺失。支持性服务包括心理辅导、未婚妈妈服务等方面。补充性服务主要是补充家庭保障功能的不足，托儿所、幼儿园等算作补充性服务，补充家庭照顾功能的不足。替代性服务包括寄养、收养、儿童福利院等机构服务。

刘继同指出儿童福利服务体系三个方面的内容，一是外围部分：社会基础设施体系；二是组成部分：相关儿童福利服务体系，包括母婴保健、义务教育等内容；三是基础和核心组成部分：狭义的儿童福利服务体系。[①] 这部分与周震欧对儿童福利体系的理解有相通之处，只不过在分类的时候，刘继同把儿童福利服务分成了四类，增加了保护性服务，区别于周震欧对儿童福利体系的划分。

按照马斯洛需求层次理论，从儿童需求角度，笔者认为中国儿童福利体系至少包括以下六个方面：一是生活照顾福利；二是医疗卫生福利；三是托幼事业与教育福利；四是儿童保护福利；五是儿童心理健康福利；六是儿童参与福利。

下面从儿童福利体系的六个方面进行简单说明。一是生活照顾福利。生活照顾福利是儿童福利服务体系的基础，这是儿童福利事业发展的经验。二是医疗卫生福利。儿童，尤其是0—3岁儿童是疾病的高发期，因此，儿童时期的医疗、保健、卫生方面的需求旺盛，保证儿童身体健康发展，确实需要基本的保健常识、科学的医疗知识。三是托幼事业与教育福利。儿童是祖国的未来、民族的希望，因此，托幼事业和儿童教育福利直接决定国家未来的竞争力和实力。四是儿童保护福利。儿童是弱势群体，儿童司法保护尤为重要。由于儿童自身无法准确表述自己，缺乏维护自身合法权利的能力及合理途径，往往为犯罪分子侵犯儿童权利埋下隐患。五是儿童心理健康福利。儿童的需求是多方面的，不仅有吃饱穿暖的生理需求，还有情感和心理的需求。六是儿童参与福利。儿童参与社会的程度，体现人类社会文明的程度，当儿童能够享受这个社会发展的物质成果，家庭、学校及社会能够提供儿童发展的设

---

① 刘继同：《国家责任与儿童福利》，中国社会出版社2010年版，第132页。

施、便利条件及氛围时，社会就向前迈进了一大步。传统的观点注重儿童的生活照顾方面，现代的儿童福利服务在儿童参与方面应该有更大的发展空间。

按照上述标准，毛泽东时代儿童福利体系主要体现在以下四个方面：儿童生活福利、儿童医疗卫生福利、托幼事业与儿童教育福利、儿童其他福利（包括儿童慈善、儿童参与）。20世纪90年代之后更加注重儿童权利，像儿童心理、儿童参与是更高一层次的概念。

（四）毛泽东时代

对于毛泽东时代，学者的界定各不相同。第一种观点认为：1935年遵义会议确定了毛泽东在党内的领导地位，在长达41年的党内生活中，毛泽东是事实上的总指挥，直到1976年毛泽东逝世，毛泽东时代终结。第二种观点认为：毛泽东时代特指1949年新中国成立到1976年的毛泽东逝世，这是中国历史上的一个重要时期。毛泽东缔造了中华人民共和国，创立了一个新的时代，所以人们把这个时期称为毛泽东时代。第三种观点认为：学术界通常把1949—1978年称为"毛泽东时代"[1][2]。学者们普遍认为新中国成立开始了毛泽东时代的上限，毛泽东时代的下限不应以毛泽东逝世而终止，因为毛泽东逝世之后，毛泽东思想仍然处于上层建筑，对人们的思想和意识形态仍然发挥着重要影响。1978年12月中国共产党第十一届中央委员会第三次全体会议，实现了拨乱反正，确定了实事求是的思想路线，恢复了党的民主集中制、做出了改革开放的决策。1978年中国开启了一个改革开放的新时代，中国由此进入邓小平时代。本人认为对毛泽东时代的界定，第三种界定更切合中国国情。

毛泽东时代具有鲜明的历史特征：第一，指导思想。毛泽东时代具有鲜明的意识形态色彩，坚持以毛泽东思想为指导，奉行社会主义价值观。第二，坚持公有制。毛泽东时代公有制是社会主义制度的基础，公

---

[1] Meisner, Maurice J., *Preface*, *Mao's China: A History of the People's Republic*, The Free Press, 1977, p. 8.

[2] 庞松：《毛泽东时代的中国（1949—1976）》第1卷，中共党史出版社2003年版，第1页。

有制也是当时社会福利制度的基础。第三，社会保障制度实行国家—单位保障制。在坚持毛泽东思想的指导下，在公有制的价值理念之下，社会保障制度实行国家—单位保障制。第四，社会福利受制于经济发展水平。由于脱胎于半殖民地半封建社会，中国经济基础薄弱，人们生活比较贫困，绝大多数人的福利水平难以提高。

毛泽东时代鲜明的历史特征对我国儿童福利制度产生了深远影响，主要有两点：

首先，政治上高度集中，经济上计划经济，意识形态明显。处于传统农业社会的中国，儿童往往被看成是家庭的私有财产。费孝通认为在传统农业社会，"父母是抚养孩子的核心人物"[①]。新中国成立之后，儿童观悄然发生着转变。毛泽东时代建立了政治上高度集中的政治体制、经济上高度集中的经济管理体制，那个时代意识形态明显。在意识形态的影响之下，儿童被看成是社会主义的建设者和接班人，于是家国同构儿童福利，实现了传统农业社会中儿童是家庭私有财产观念的突破，国家和家庭在儿童福利方面开始有了分工，国家在儿童福利中的责任意识提升。在较强的意识形态之下，根据儿童的需求和国家社会主义建设的需要，从生活、托幼、教育、医疗卫生、参与等各个方面对儿童进行救助和教化。

其次，坚持社会主义公有制，儿童集体主义福利观。公有制经济直接导致了集体福利的出现。国家强调国家的儿童、集体的儿童、单位的儿童。社会主义意识形态和公有制的结果，直接出现了国家—单位保障。在城市，通过单位的职工福利实现了儿童福利的保障，在农村，通过人民公社实现对儿童群体的保障。如果经济效益不好，国家出面解决职工及其家属面临的问题；在农村，遇到自然灾害，国家出面对农村居民进行救济。当然，当时的国家—单位保障制度受制于当时的经济社会发展水平。

从毛泽东时代的历史特征及其对我国儿童福利的影响出发，本书按照这样的主线展开：儿童福利责任主体实现了从传统家庭主义到家国同构的转变，儿童福利的内容是集体从儿童需求角度按照儿童生活福利、

---

① 费孝通：《乡土中国生育制度》，北京大学出版社1998年版，第116页。

托幼事业与儿童教育福利、儿童医疗卫生福利、儿童慈善、儿童参与五个方面对儿童进行救助与教化。

三 研究方法

（一）文献研究法

文献研究法是本书研究的基础，本书对文献方法的应用体现在以下几点：

1. 检索期刊文献及收集相关书籍

从 2014 年 10 月开始，笔者按照毛泽东时代儿童福利、1949—1978 年儿童福利、新中国成立后儿童福利等方面进行搜索，在对资料进行分析和研究之后，对毛泽东时代儿童福利做出研究综述。从 2014 年 12 月开始大量购买了国内、国外研究儿童福利的专业书籍，为研究毛泽东时代中国儿童福利积累了资料。

2. 查阅《人民日报》及收集档案资料

2015 年 5 月，笔者认真系统地阅读了毛泽东时代《人民日报》，从中提取了有关儿童福利的报道，为梳理 1949—1978 年的中国儿童福利提供了素材。

因为想搜集更多关于毛泽东时代儿童福利的一手材料，笔者于是从 2015 年 7 月开始先后到北京市档案馆、秦皇岛市卢龙县档案局、河北省档案馆、石家庄市档案馆，以"儿童福利""儿童""教育""妇幼"等关键词进行儿童福利的查询，并对所查的资料进行分类。按照儿童的需求，分别查阅负责儿童福利的不同部门档案，这些部门依次是民政部、妇联、卫生部门、教育、工会，从而获得有关儿童福利的一手资料。档案收集具体情况如下：2015 年 7 月收集了北京市档案馆 2.5 万字的有关"大跃进"托幼事业发展、儿童营养、儿童保健等档案资料；2015 年 8 月收集了秦皇岛市卢龙县档案局 4.3 万字有关儿童教育、儿童参与社团组织等资料；2015 年 8—9 月收集了河北省档案馆 3.5 万字有关国外宗教组织参与儿童慈善、河北省儿童福利机构发展等资料；2015 年 10 月收集了河北省石家庄市档案馆 5.2 万字有关人民公社时期集体福利中托幼事业发展、儿童医疗卫生等资料。除了收集档案馆的资料外，笔者还于2015年11月到民政部资料室、卫生部资料室、石家庄市妇联等相关部门寻求有关儿童福利的一手资料。这些资料的搜集，为研究毛泽东时代儿童福利的真实性提供了保障。

3. 根据儿童需求鉴别整理资料

根据儿童需求，按照儿童生活福利（民政儿童福利）、儿童教育福利（教育部门、妇幼部门）、儿童医疗卫生福利（卫生部门）、儿童慈善、儿童参与这六个方面对搜集到的所有毛泽东时代儿童福利资料进行整理。对档案资料的整理是艰难的，那个年代很多的档案资料都是繁体字，从中筛选、鉴别、分类儿童福利的资料，确实是个繁重的工作。另外，儿童福利的资料纷杂，分散在不同的部门，也增大了整理难度。

4. 评析毛泽东时代儿童福利

对整理的大量资料进行综述分析至关重要，能够通过综述分析，提出一些有建设性的问题，窥见1949—1978年儿童福利值得借鉴和学习的地方以及不足之处。构建论文整体结构，填补了毛泽东时代儿童福利研究的理论空白。

由于时间和精力所限，无法去找寻毛泽东时代所有的儿童福利的资料，加之由于人民公社时期和"文化大革命"时期的有些文献不对外开放，所以有些有价值的资料很难获得。这也是本书运用文献研究方法的一个缺陷。

（二）访谈法

为了弥补文献研究方法的不足，更全面真实地研究毛泽东时代儿童福利，笔者通过面谈、电话、邮件、微信、短信等多种方式对了解毛泽东时代儿童福利的老师、学者、朋友、同事、亲人等进行访谈，在访谈之前设计与儿童福利具体内容相关的简短调查问卷（仅以对当时民办教师的访谈为例，见附一：毛泽东时代民办教师的访谈提纲）、准备录音设备并及时记录访谈内容、访谈后整理访谈内容、捕捉有价值的信息，从而收集到了有关毛泽东时代儿童福利的一手资料，为准确描述及科学评价那个年代的儿童福利积累了资料。

国内外鲜见有人研究毛泽东时代儿童福利发展状况，但是并不能说明这段时期的儿童福利地位不重要，许多学者对这段时期的儿童福利有自己的考虑。笔者为了深入了解毛泽东时代儿童福利的现状及相关问题，不仅向导师郑功成教授请教，而且先后对中国青年政治学院陆士桢教授、北京大学刘继同教授、人民大学杨立雄教授、人民大学仇雨临教授、首都经济贸易大学吕学静教授、华北电力大学的姚建平教授等多名学者进行访谈。

许多从事儿童福利工作的当事人对那个年代的儿童福利有深刻的感悟，除了访谈学者，笔者还对曾经从事儿童福利工作的当事人进行访谈。先后访谈了河北省特级优秀教师王玉华、河北师范大学教授王书文、河北省医疗保险处的田雨水处长、河北省残联总理事长卢连才、河北省民政厅社会救助处的白处长、石家庄儿童福利院院长韩金红、石家庄市妇联的何颖玉、石家庄医疗保险处的韩新民主任等多人，了解他们对毛泽东时代儿童福利的亲身感受，为还原那个年代儿童福利的准确性做了参考，能够更加真实全面地研究毛泽东时代儿童福利。

附一：毛泽东时代民办教师的访谈提纲：

（1）您的年龄？
（2）您的姓名？
（3）您当时的工作单位？
（4）您现在的工作单位？
（5）您哪年做民办教师？
（6）您做了几年民办教师？
（7）您当时的工分是多少？
（8）您拿多少工资？
（9）您认为：民办教师在教育中发挥的作用？
（10）您对民办教师的其他想法？

此外，还对自己的亲人多次进行访谈。家住石家庄市桥西区的公公张银（1949—）、现居秦皇岛卢龙县东方之珠小区的父亲刘宝华（1953—）、远在加拿大曾经从事民办教师职业的姑姑张贵荣（1951—），都曾经给笔者介绍过那个年代有关儿童福利的问题。通过访谈，笔者获得了大量的一手资料，为更全面、深入地描绘和评价毛泽东时代的儿童福利积累了比较丰富的资料。

四 研究内容与研究框架

（一）研究思路与研究框架

本书以1949—1978年中国儿童福利为研究对象，系统梳理这个阶段的儿童福利体系，并从横向角度认识毛泽东时代中国儿童福利的具体内容，整体分析和评价毛泽东时代儿童福利。在此基础上，探讨1949—1978年儿童福利对目前中国儿童福利发展的启示。研究框架如图1—2所示：

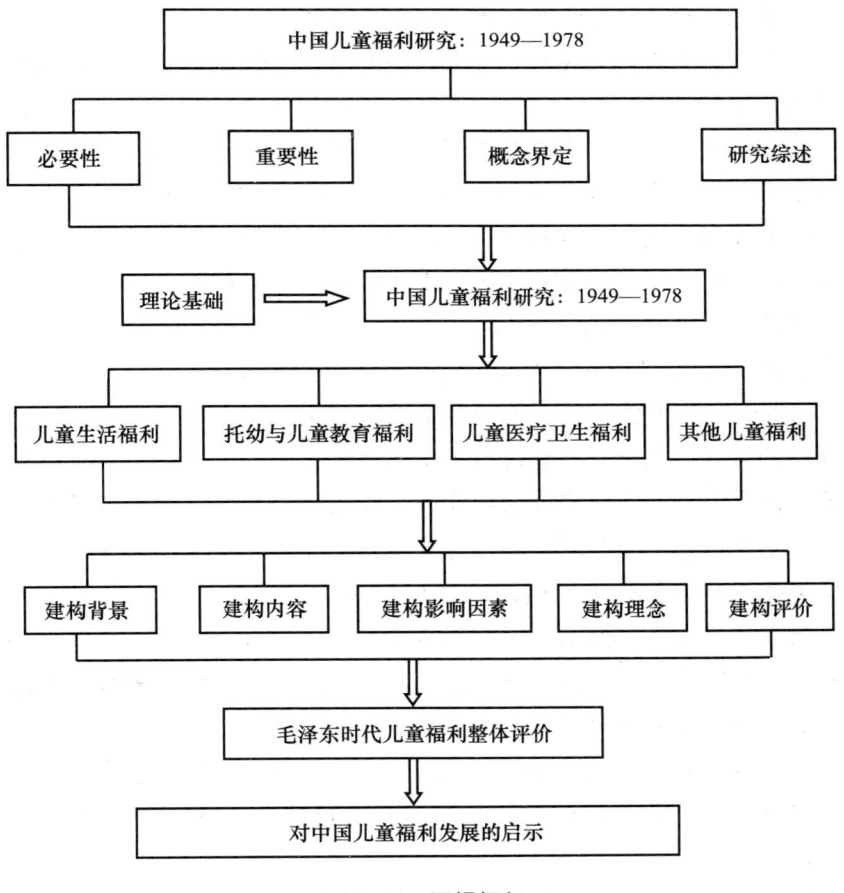

图1—2 逻辑框架

（二）研究内容

本书共分五部分：

第一部分：导论。体现在本书第一章。这部分首先分析了目前中国儿童福利在理念、制度、体系、机制、人才等方面存在的问题，在此基础上充分认识了研究 1949—1978 年儿童福利的必要性和重要性；对儿童福利、儿童福利服务、儿童福利服务体系、毛泽东时代的概念进行了界定；简单介绍了本书的研究思路、研究方法、研究内容。

第二部分：理论渊源与文献回顾。体现在本书第二章。这部分首先论述了毛泽东时代儿童福利的深层次理论基础，即中国传统文化中的儿童福利思想；直接理论基础，即马克思主义福利观指导下的社会主义儿童观。探讨这些理论和思想对中国 1949—1978 年儿童福利的影响和指导意义。后又对国内外的研究文献进行了回顾并进行评述。

第三部分：体系。体现在本书第三章到第七章。这部分首先从横向角度系统梳理了毛泽东时代儿童福利的体系，按照马斯洛需求层次理论，把毛泽东时代儿童福利分为第四章儿童生活福利，第五章托幼事业与儿童教育福利，第六章儿童医疗卫生福利，第七章其他儿童福利的发展，包括儿童慈善和儿童参与。在梳理 1949—1978 年中国儿童福利具体内容的基础上，评估毛泽东时代中国儿童福利的内容。

第四部分：整体评价。体现在本书第八章。这部分对毛泽东时代儿童福利的理念、机制、特色进行了整体评价。毛泽东时代中国儿童福利秉承为社会主义现代化建设培养建设者和接班人、采取国家主导与群众互助合作相结合、坚持解放妇女与发展儿童福利的双重目标的理念。在传统文化机制的基础上，通过管理机制实现对儿童福利自上而下的管理，通过动力机制的推动，最终形成了推动儿童福利发展的运行机制：在城市，是国家——单位——工会；在农村是中央政府——地方政府或地方部门——人民公社。在这样的发展机制的推动之下，最终形成了集体主义、具有鲜明意识形态色彩、中央政府主导、地方政府负责与群众互助共济相结合的毛泽东时代儿童福利的特色。这是本书重点思考的内容。

第五部分：启示。体现在本书的第九章。这部分分析目前儿童福利发展从毛泽东时代儿童福利发展中积累的经验和吸取的教训，以及从毛泽东时代儿童福利的内容方面得到的一些具体启示。1949—1978年中国儿童福利为目前儿童福利的构建与发展积累了一些经验与教训，为目前儿童福利提供了启示。

五 创新与不足

（一）创新

1. 系统梳理毛泽东时代儿童福利

从宏观角度对毛泽东时代儿童福利的研究少之又少，系统研究的就更少了。本书以毛泽东时代儿童福利为选题，比较充分地利用档案获取一手资料，系统整理毛泽东时代儿童福利，并进行深入研究及对那个年代的儿童福利做出整体评价，对目前儿童福利的构建积累一些成功的经验，吸取失败的教训。从这一点来说，毛泽东时代儿童福利的研究填补了国内理论界儿童福利研究的空白。

2. 概括社会主义儿童观理论

把马克思主义福利观应用于中国儿童福利的实践，形成了社会主义儿童观，对毛泽东时代儿童福利建设起到了指导作用。社会主义福利观体现在毛泽东、宋庆龄等人的论述中，更鲜明地体现在中国儿童福利的实践之中。社会主义福利观重视儿童，将儿童视为国家的未来，视为社会主义与共产主义接班人；主张平等的福利观，强调集体内部儿童平等地享有集体福利；主张全面发展的儿童观，重视儿童德、智、体全面发展；为了妇女解放，注重托幼事业的发展。

3. 探讨毛泽东时代儿童福利的发展机制

儿童福利的发展有其自身机制，现代儿童福利的运行机制一般包括预防机制、触发机制、管理机制、监督机制等方面，毛泽东时代儿童福利在传统中国社会向现代社会转型的过程中，深深打上了时代的烙印，因此有着独特的发展机制。文化机制、管理机制、动力机制、运行机制共同构成了那个时代儿童福利的发展机制。

（二）不足

1. 理论基础薄弱

理论掌握有待加深，理论结合实际分析有待加强。在西方国家掌握社会保障话语权的背景下，研究中国社会保障理论无异于平地起高楼，因此对马克思主义福利观和社会主义儿童观的概括略显不足。

2. 资料收集的有限性

历史资料是庞杂的，因为对历史资料掌握的有限性，可能造成对历史全貌的诠释不够全面。毛泽东时代的资料过于零散且残缺不全，更由于笔者时间和精力的不足，致使资料收集的有限性影响了对毛泽东时代儿童福利的整体描述。

3. 科学评估有难度

只有在把握儿童福利发展规律的基础上，站在儿童需求的角度，综合考察当时的时代背景，才能对那个时代的儿童福利做出科学的评估。由于笔者能力所限，对历史背景的宏观把握、儿童福利规律的探求方面还存在许多不足，加上档案资料的有限性，影响了评估的水平和高度。

第二章 理论基础与文献回顾

社会福利文化是影响福利发展的重要因素,它制约着一国儿童福利模式的选择。但是文化因素往往被社会保障研究所忽视,"文化因素成为理解社会政策过程中正在丢失的变量"①。直到20世纪90年代,福利文化在社会保障制度发展中的作用才逐渐被学者所重视。静水流深,文化就像一条静静流淌的河流,生生不息地引导着人们的生存与发展。中国传统文化是在长期历史发展中积淀下来的民族特质,它体现在人们的社会思想观念、伦理道德、行为规范、社会习俗的各个方面。

到底有什么样的福利文化影响着毛泽东时代儿童福利的构建,这是本章重点探讨的问题。马克思主义福利思想作为一种西方文化对毛泽东时代儿童福利的构建起着至关重要的作用,它构成了那个时代社会主义儿童福利观发展的直接理论基础。此外,中国传统文化对毛泽东时代儿童福利建构思想也发生着潜移默化的影响。马克思主义福利观影响之下的社会主义儿童观和中国传统文化中的儿童福利思想共同构成了毛泽东时代儿童福利的理论基础。

一 马克思主义福利观及社会主义儿童福利观

(一) 马克思主义福利观

在社会福利的发展中,意识形态发挥着重要影响。中国儿童福利受马克思社会福利思想的直接影响。新中国成立之后,采取一边倒的战略,倒向社会主义苏联。从20世纪50年代报纸的诸多报道中,我们可

---

① 张军:《社会保障制度的福利文化解析》,西南财经大学出版社2010年版,第1页。

以看到：中国宣扬苏联儿童福利的实践，并模仿其儿童福利制度。马克思主义社会福利理论的支撑点是平等的理念和按需分配原则。苏联在革命后对人民实行免费医疗和普及教育，社会福利领域受意识形态影响非常明显。

早在20世纪50年代，苏联通过立法确定了社会保障制度，社会化的卫生服务、国有化的住房、免费的八年义务教育以及儿童护理服务。以1956年的寄宿学校为例，1956年9月5日《人民日报》报道：在莫斯科、列宁格勒等城市，人们纷纷给子女申请寄宿学校，当年俄罗斯预计成立167所寄宿学校，只要父母是当地居民，儿童就可以申请入学，而且学校首先招收孤儿、残疾儿童，对于那些父母工资不高，或者家庭中儿童比较多的，寄宿学校对他们的儿童实行免费入学，全部费用由国家承担。苏联"在收入维持、保健和教育方面的支出占国民收入的18.3%，而英国是17.4%。"[①]

马克思主义福利观，除了强调意识形态的影响，还强调国家在社会福利中的作用。早在1848年，马克思和恩格斯就指出：国家提供工人生活资料并负责照顾失去劳动能力的人。作为社会主义国家的实践者，在马克思和恩格斯思想指导下，列宁在苏联建立国家保险型的社会保障制度，提出国家承担社会保障管理和发展的主要责任。

由于意识形态的影响，当时对社会主义的理解，是要赶超世界发达国家的发展水平。社会主义福利理念是在我国社会主义改造后，在社会主义建设探索实践过程中逐渐形成的。在社会主义福利观点的支配下，追求平等的理念、预防失业，保证基本生活水平。中国把发展生产放在优先的位置上，福利目标只能在发展生产目标的后边。在高度集中的计划经济体制之下，福利目标总是为经济发展服务的，受经济发展目标的支配。在优先发展工业，尤其是优先发展重工业的战略之下，社会福利首先是保障工人，尤其是一线工人的福利需求。工人在福利链条上是处于优先的位置，这从中国二元分割的社会保障制度中鲜明地体现出来。在苏联，直到1965年集体农庄的农民才得以享受到社会保障，中国农民享受到的医疗和养老的社会保障权利就更远一些。2003年新型农村

[①] 黄黎若莲：《中国社会主义的社会福利》，中国社会科学出版社1995年版，第23页。

合作医疗的建立才使得农村居民有了制度化的医疗保险，2009年的新农合才使得农村居民有了养老保险制度。

马克思主义福利观的一个重要的观点，要实现充分就业，这样每个人都能从劳动中获得保护。如果需要领取特殊的福利，往往存在"污名化"的现象。因此，在社会主义国家的价值观中，劳动是光荣的，国家希望国民自力更生，而不能游手好闲，因此福利可以通过自身劳动获得。国家通过单位组织生产，使得职工获得福利，国家不直接提供福利，这样国家的福利责任就可以弱化。

不仅是苏联，中国在建立社会主义的长期实践中，采取的也是社会生产与社会福利挂钩的政策。在中国，传统文化影响根深蒂固，家庭、家族和乡村基层政权组织在儿童福利的发展过程中扮演着重要角色。新中国成立后，家庭在育幼养老方面仍然发挥着重要作用。在1949—1978年的中国，农村集体承担着儿童福利的重要职责，在城市则是单位。中国是一元化领导体制，缺乏志愿服务对国家福利力量的补充。单位在提供福利方面发挥着重要作用，提供职工生老病死服务。那个时代单位职工的儿童也能享受到父母带给自己的福利服务。在农村，农村基层政权组织扮演着重要角色，通过互助共济形式提供着低水平福利；在城市，单位承担着提供职工福利的重要职责。农村基层政权机构和城市单位既是组织生产的单位，又是提供社会福利的单位。

毛泽东时代中国的马克思主义者，对社会主义的理解，就是公有制、计划经济、按劳分配。在人民公社时期，为了体现社会主义的优越性，大搞集体福利，这期间也包括儿童福利的发展。儿童免费分得口粮、免费享受托儿所及幼儿园的照顾与服务、享受医疗卫生福利，虽然这些措施后来因为经济发展水平的原因难以为继，但是这些探索反映了想让儿童过上好日子的美好愿望。这种美好愿望的背后是生活在社会主义制度下的儿童要比生活在旧中国和资本主义制度下的儿童生活得更加幸福。新中国认为苏联的今天就是我们的明天，决心以苏为师。1950年5月29日《人民日报》刊发的《论苏联工人生活水准》谈道：资本主义国家有失业，看病贵，物价飞涨，人们生活水平低下。反观社会主义国家的苏联，认为自己没有失业，除了工资以外，苏联的工人还可以从国家获得社会保险、津贴和养老金,"他们可以免费或减费到疗养院和休息所休养,他们的孩子们也可以免费或低费到儿童福利机关去。儿女众多的母亲可以得到津贴,医疗是免费的。教育和专业训练与深造也是免费的;学生们有学生补助金;工人和职员每年的假日由国家支付费用。还有许多其他类似的利益。这些合起来就构成了工人家庭的一大笔额外收入"①。

由以上内容可以看到马克思主义福利观:强调意识形态的影响;支撑点是平等的理念和按需分配原则;强调国家在社会福利中的作用,但是国家不直接提供福利;主张职工福利,强调国家通过单位组织生产,使得职工获得福利;要实现充分就业,这样每个人都能从劳动中获得保护。

(二) 社会主义儿童福利观

对待传统文化的东西,毛泽东主张扬弃,吸取传统文化的合理内核,来发展社会主义的文化。在正确对待中国传统文化的基础上,毛泽东形成自己的有关儿童的看法和判断,这与马克思主义儿童观是一脉相承的。马克思主义把儿童看成是无产阶级革命事业的继任者,毛泽东思想继承了马克思主义对待儿童的看法,对中国儿童政策产生了深远的影响,在某种程度上来说,它是中国儿童福利发展的指导思想。新中国成立之后,中国的儿童政策与毛泽东思想是息息相关的。新中国成立之后,逐渐形成的社会主义儿童观体现在毛泽东、宋庆龄等人的论述中,来自中国儿童福利实践经验的总结,并指导着中国儿童福利的实践。

1. 重视儿童

社会主义儿童观重视儿童,将儿童视为国家的未来,视为社会主义与共产主义接班人而不是传宗接代者。宋庆龄曾经说过:"儿童是我们的未来,是我们的希望,是我们国家最高贵的财富。"② 她认为:有些

---

① 《论苏联工人生活水准》,《人民日报》1950 年 5 月 29 日。
② 中央教育科学研究所:《宋庆龄论少年儿童教育》,教育科学出版社 1984 年版,第 31 页。

事是可以等待的，但是少年儿童的培养是不可以等待的。新中国成立后，1949年12月，中央人民政府政务院把每年的6月1日确定为儿童节。1950年5月31日，《人民日报》在《迎接"六一"国际儿童节，更进一步开展儿童工作》中指出："儿童工作者应当认识儿童是未来的主人，是新中国的未来的建设者。"① 毛泽东重视儿童，在第一个儿童节来临前夕，毛泽东在1950年6月给《人民日报》题词："庆祝儿童节"。毛泽东对青年学生寄予希望，1957年11月17日在莫斯科大学发表了演讲，对朝气蓬勃的青年人寄予希望。演讲不仅鼓舞了当时在莫斯科留学的中国留学生的奋斗热情，也激发了一代又一代的青年为中国崛起而奋斗的热情。

2. 主张平等的福利观

社会主义儿童观强调集体内部儿童平等地享有集体福利。社会主义的儿童观，体现在毛泽东思想体系的福利观中。中国从新民主主义社会进入社会主义社会具备了客观条件，也与我们对社会主义的选择息息相关。毛泽东认为：社会主义制度是优于资本主义制度的，在社会主义社会，通过生产资料的公有制，人人平等享受集体创造的财富，实现人与人之间的平等。由于苏联率先建立了社会主义制度，中国向苏联学习，实行国家保险型的社会保障制度，通过单位实现对成员的生老病死的保障。因此，在毛泽东时代，在城市的儿童，通过儿童父母所在单位建立托儿所、幼儿园、小学、中学等，让集体内部的儿童能够平等地享受到福利。农村的儿童通过集体平均主义的分配方式，享受口粮的分配，成为农村儿童主要的福利来源。

3. 主张全面发展的教育观

社会主义儿童观重视儿童德、智、体全面发展。毛泽东在1917年4月《新青年》杂志的《体育之研究》这篇文章中，论述了德智体全面发展观。毛泽东指出："我们的教育方针，应该使受教育者在德育、智育、体育几个方面都得到发展。"② 毛泽东注重儿童品德和政治素质的

---

① 《迎接"六一"国际儿童节，更进一步开展儿童工作》，《人民日报》1950年5月31日。

② 《毛泽东选集》第7卷，人民出版社1999年版，第226页。

提高，如大树儿童正面形象、少年英雄事迹等，其正面性是值得肯定的，但也有局限性，就是教化色彩过浓。新中国刚刚成立不久，毛泽东为新创办的《中国儿童》题词"好好学习，天天向上"。① 毛泽东注重儿童健康，而不是唯成绩论，为了提高儿童的身体素质，注重让儿童锻炼身体。新中国刚刚成立时，学生的健康营养情况较差，毛泽东于1950年6月19日给马叙伦写信提出：健康第一，学习第二。为了儿童身体健康，1951年政务院制定《关于改善各级学校学生健康状况的决定》，为落实政务院的决定，各级教育行政部门制定了具体措施：一是减轻学生课业学习，课程减少一半；二是改进学校卫生，注重文体活动；三是改善学生伙食，提高助学金的标准；四是成立体育委员会和保健委员会，加强对学校体育卫生工作的指导。

此外，宋庆龄也提出了促进儿童全面发展的思想。在儿童的德育教育方面，要使儿童了解历史，从历史中汲取光荣的传统，坚定发展的信念；在儿童智育方面，主张让儿童学习科学文化知识，担负起建设的重任。她认为幼儿园和各类学校对儿童智育的发展至关重要，鼓励发展托幼事业，并提高教师在教育中的责任意识；在体育方面，她主张儿童要有健康的身体和勇敢的精神，为此在日常生活中她注重孩子良好卫生习惯的养成，以便以健康的身体担负起建设国家的重担；在美育方面，她主张培养儿童的艺术修养和高尚的情操，她曾经致力于儿童剧团的发展，让儿童亲自参与。

4. 注重托幼事业发展

为了妇女解放，新中国注重托幼事业的发展。新中国成立之后，通过法律、政策等形式规定了妇女的产假以便照顾儿童，以法律的形式规定工厂设置哺乳室、托儿所、幼儿园等，这种认识已经超越了传统意识与境界。

以上四个方面是社会主义儿童观的主要内容，此外，毛泽东的儿童观也体现在儿童生活福利、儿童的医疗卫生福利等方面。毛泽东的儿童观为新中国儿童福利的发展奠定了理论基础。

---

① 仁敏：《马克思主义视野下的新中国儿童政策理论研究》，硕士学位论文，浙江理工大学，2014年。

二 中国传统文化中的儿童福利思想

传统文化中朴素的儿童福利思想,融入中国人的血脉,成为中国发展儿童福利制度的最朴素、最深层次的理论基础,成为中国儿童福利制度构建的思想来源。

(一)荒政—救济

中国历来是自然灾害频发的国家。从古至今历代政府都把防灾与救灾当作一项重要任务,也积累了救灾方面的一些经验,比如灾前预防、灾后重建等方面,在保障灾民的生活、稳定社会方面发挥了重要作用。"荒政指的是国家针对灾荒及其影响而制定的各项政策制度、采取的各种措施办法。"[①] 灾害发生后,政府的救助措施主要有以下几种:赈济、以工代赈、调粟等救助措施与政策。新中国成立之后,自然灾害发生频率比较高。灾害发生之后,儿童面临生存危机,如何保证儿童的生存需要,新中国政府在历朝历代救灾的基础上,针对儿童生活困难的现状,为了防止旧社会"三毛"这样流浪儿童的出现,民政部门做了大量的工作,建立社会福利机构、鼓励家庭收养、加强社会福利生产,尤其注重对孤残儿童的救助,这些都体现了政府的荒政思想。

(二)仁政—慈幼

儒家文化思想是中国传统文化的主要思想,其对新中国产生了重要影响。孔子是儒家文化思想的集大成者,他在《礼记·礼运篇》中提出了大同社会理想。在大同社会的理想中,社会是按照"天下为公"原则组织的,社会财富公有,社会成员能够分享劳动成果;在大同社会中,每个社会成员能够各得其所,建立完备的社会保障制度,儿童能够得到照顾,那些丧失劳动能力鳏寡孤独疾废者都能够得到社会的供养;在大同社会中,每个人都没有私心,对于别人的孩子也像自己的孩子一样对待;在这个社会中,家庭成员是平等的,人与人之间团结友爱,诚

---

① 徐建设、张文科:《慈善文化思想研究》,中国社会出版社2013年版,第71页。

信守法，过着和谐的生活。儒家所向往的大同社会的理想，对后世建设和谐社会的理想有着重要启发。

儒家文化思想以保民养民为根本。孔子提倡仁义礼智信，在《论语·颜渊》中把"仁"定义为"爱人"。如何做到"仁"，即"爱人"，对于封建统治者来说，就是施行仁政。儒家仁政思想对中国儿童福利思想产生了深远影响。汉代发展了儒家思想，强调民本的思想，"民为贵，君为轻，社稷次之"。唐宋时期的仁政思想体现在儿童身上主要是对妇幼的保养制度、民间慈善组织设置义学、义塾资助本族贫寒的子弟入私塾读书。在法律上，对妇幼有特殊的规定，据《旧唐书记载》，"八十岁以上、十岁以下及笃疾，犯反逆杀人应死者，上请，盗及伤人者，亦收赎，余皆勿论。九十以上，七岁以下，虽有死罪，不加刑"。元朝朱元璋创设寄养院抚恤孤老。到了清朝，慈善事业走向了繁盛，寄养院等官办慈善机构兴盛起来。以育婴堂为例，唐代时育婴堂由基督教文化传入中国，明清时期一些士大夫阶层成立育婴组织。"明清皇帝诏令各州府设置育婴机构，推动了清朝慈幼事业的发展。""育婴堂的育婴方式分为堂养、寄养、自养三种。堂养由育婴堂把弃婴留在堂内，由首事雇人喂养；寄养由首事雇人带回家养育；自养即由生母领费自乳。"①

儿童寄托着国家的希望和梦想。无论是孔子的大同社会的理想，还是孟子的兴办教育的主张，都体现出对儿童这一群体的教养思想。正如梁启超所说："少年强，则国强；少年进步，则国进步。"儒家的仁政思想对于新中国的儿童福利政策的实施起到了潜移默化的影响。从政府的角度来讲，讲仁政思想。历朝历代都把仁政作为衡量政府业绩的一个重要标尺。政府对老百姓负责，为官要为老百姓做事，这是中国人的政治哲学。新中国成立之后虽百废待兴，但迅速地把儿童工作放在一个非常重要位置，这与国家对儿童的重视息息相关。国家为了社会主义建设，培养合格的社会主义建设者和接班人，国家这个大家长，要让孩子生活得健康、快乐，为此建立救助机构，对儿童进行教育，提升妇婴的医疗卫生状况，在儿童生活保障福利、儿童教育福利、儿童医疗卫生福利、儿童参与等方面都有了新的发展，体现国家的"父爱"责任。

---

① 徐建设、张文科：《慈善文化思想研究》，中国社会出版社2013年版，第24页。

(三) 专政—教化

中国长达两千多年的封建社会，逐渐形成专制主义中央集权制，中国的最高统治者拥有最高权威，皇帝通过各级官吏来行使自己的权力。在封建社会中，立法权通过皇帝的诏令来实现。在中央集权制的国家中，随着中央集权制度的演化，也会出现中央与地方的矛盾。对于中央集权制的这种政治体制，在否定它的消极作用的同时，也要看到它在历史上的积极作用，因为是大权集中在一个人的手上，所以，有利于统一国家的社会、经济生活的各个方面，在政策执行上是有效率的。

毛泽东时代在中国历史上是一个非常重要的时期，这是从封建社会到现代中国社会转折的关键时期，是在我们党的第一代领导集体的核心毛泽东领导下进行社会主义建设实践时期。这个时期，也是中国的计划经济体制时期，从 1978 年后，中国开始了改革开放的新时代。新中国刚刚成立后，人们的观念随着社会制度的变革悄然地发生着改变。

新中国是刚刚建立的社会主义国家，要体现社会主义制度的优越性，就需要让儿童拥有健康的身体、得到良好的教育，希望他们养成良好的卫生习惯。从当时的想法来看，国家要培养德智体全面发展的共产主义接班人就需要对儿童进行全面的教化。国家制定了有关儿童福利的政策，建立了儿童福利的组织机构，制定了母婴保健的措施，推动了儿童教育、救助及相关儿童福利的发展。通过继承中国传统文化的精华，制定救助与教化政策，通过对社会主义意识形态进行重塑与整合，实现对儿童全方位的教化，在保证儿童基本生活需要的同时，保证他们成为合格的社会主义建设者和接班人；逐渐完善从幼儿园到大学的各级教育体系，培养社会主义建设需要的有文化有素质的劳动者；通过医疗卫生福利的教化，保证了儿童良好卫生习惯的养成，降低了婴儿死亡率，保证了儿童健康，提升了社会主义建设者的质量；通过思想品德的教化，让孩子自觉追求高尚思想，崇尚集体，热爱集体，为集体和国家奋斗。总之，国家这个"大家长"，通过自上而下的垂直管理对儿童多方面教化，体现了国家责任，为完成传统的儿童观向现代的儿童观的转变奠定了基础。

（四）小结

传统文化对中国儿童福利的影响是深远的，在荒政思想之下，就有了社会救济的思想，作为社会成员的儿童群体也是荒政救济的对象。在城市主要通过召开一系列救灾方面的会议，救济因自然灾害而造成的流浪儿童，在农村主要通过"五保"制度，通过救济保证儿童群体基本生存的需要；在仁政的思想之下，对儿童慈幼的实践主要体现在新中国成立之后，建立儿童福利院及儿童教养院，体现政府对儿童的责任；在专政的思想之下，为了把儿童培养成为合格的社会主义建设者和接班人，主要是对儿童进行全面的教化，为改革开放后培养了大量高素质的劳动者，另一方面，强烈的教化色彩使得儿童福利深深地打上了政治的烙印。至今中国儿童福利的救助与教化思想，尤其是教化思想突出，与毛泽东时代儿童福利的发展有直接的关系。

总之，新中国成立之后，中国共产党把马克思主义的理论运用于中国实践，产生了社会主义的福利观，针对儿童福利的实践，形成了鲜明的社会主义儿童观。社会主义儿童福利观鲜明地体现在毛泽东及宋庆龄等权威人物的论述中，从而对社会主义社会的儿童福利产生深远影响，构成了毛泽东时代儿童福利发展的直接理论基础。在传统文化的深层次影响之下，中国儿童福利形成了荒政—救济、仁政—慈幼、专政—教化的福利思想。新中国儿童福利在传统文化与现代文化的融合与激荡下，逐渐形成了1949—1978年中国儿童福利的文化与理念，构成了毛泽东时代儿童福利发展的理论基础。

三　文献回顾及述评

毛泽东时代国家重视儿童福利，但是囿于当时客观条件和主观条件的限制。在儿童福利体系建立初期，国家把儿童福利工作与妇女工作混在一起，儿童福利没有成为独立的事业，直到1958年以后，中国的儿童福利才逐渐成为相对独立的社会事业。这个时期的儿童福利能从其他工作中体现出来，如社会救助、社会保险、妇女工作等方面。

(一) 国内文献回顾及述评

法学家从"最大利益原则"来衡量什么对儿童是最好的。"在20世纪20年代,心理学家开始用'需要'表达人类的动机或欲望。"[①] 马斯洛理论是从低到高,把人的需求分为五大类,如图2—1所示。

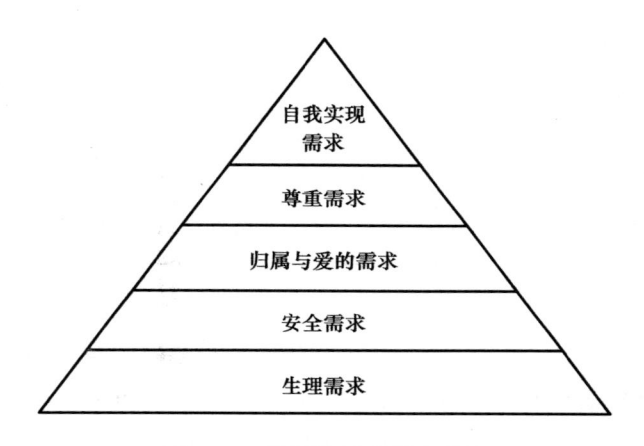

图2—1 马斯洛需求层次理论

（金字塔由下至上）生理需求／安全需求／归属与爱的需求／尊重需求／自我实现需求

按照马斯洛需求层次理论,本书把1949—1978年的中国儿童福利分为儿童生活福利、托幼事业及儿童教育福利、儿童医疗卫生福利、其他儿童福利,这里其他儿童福利包括儿童慈善和儿童参与。国内对儿童福利的综述,先从宏观上对毛泽东时代儿童福利的研究进行综述,然后再从毛泽东时代中国儿童福利具体内容的五个方面,即儿童生活福利、儿童托幼事业与教育福利、儿童医疗卫生福利、儿童慈善、儿童参与分别综述。

1. 宏观研究

从宏观上对1949—1978年中国儿童福利制度进行研究是比较少的,目前只有刘继同、陆士桢、姚建平谈及那个年代的儿童福利,但是角度各不相同。

[①] [英] 奈杰尔·托马斯（Nigel Thomas）:《儿童青少年社会工作:照管社会工作理论与实践》,田国秀、李少春、蔡鑫等译,中国人民大学出版社2010年版,第4页。

刘继同从儿童福利的类型及范式角度来谈论儿童福利，认为儿童福利的类型主要有四种，社会救助式、教养式、社会保护式、社会参与式，他认为：中国儿童福利救助特征明显，坚持教养方向，辅之以社会保护。①

在儿童政策研究方面，系统对1949—1978年儿童福利政策进行的研究是很少的。刘继同认为新中国成立后重视儿童工作，始终把它作为党和国家政治生活的核心议题之一。②刘继同梳理了1949年到2007年中国儿童福利政策及儿童福利服务的发展历程，并对儿童福利的政策特征进行了概括，指出儿童福利服务与家庭政策、家庭保障密不可分，要建立以儿童需求为中心的儿童福利体系，打破城乡二元结构，建立"普惠型"儿童福利制度。③陆士桢对新中国成立到改革开放之前的中国儿童政策进行了系统梳理及研究，指出：新中国成立之后，以《中国人民政治协商会议共同纲领》为标志，开始了新中国法制建设的步伐。1954年的《中华人民共和国宪法》推进了社会主义中国法制建设的进程。那个时代法律鲜明特点如下：一是中共中央文件及领导人讲话上升为指导性文件；二是法律层次比较低，国务院及地方行政法规具有法律效力；三是形成了中国特色儿童工作体系的框架，中国共产党—共青团—少先队的政治序列，共青团及其有关部门制定的政策或文件，被赋予法律色彩获得执行。④

刘继同研究毛泽东时代儿童福利着眼于家庭结构的新特点，他认为新中国成立后，家庭结构和功能出现了巨大变化，妇女走出家庭，走上工作岗位，政府大力兴办托幼组织，发展职工福利，使单位福利和职工福利制度成为家庭经济保障机制和社会保护功能的补充，基本上能够保障家庭生活的稳定性，所以"亿万儿童的生存发展问题并不突出，儿童

---

① 刘继同：《儿童福利的四种典范与中国儿童福利政策模式的选择》，《青年研究》2002年第6期。
② 同上。
③ 刘继同：《当代中国儿童福利政策与儿童福利服务体系（上）》，《青少年犯罪问题》2008年第5期。
④ 陆士桢、魏兆鹏、胡伟：《中国儿童政策概论》，社会科学文献出版社2005年版，第137—138页。

权利、儿童发展和儿童福利问题'隐藏'在家庭生活中"[1]。

姚建平从国家与家庭博弈的视角，系统地分析了中国儿童福利制度的发展历程，同时提出了中国儿童福利制度的基本框架。[2] 从儿童福利提供主体的角度来看中国儿童福利制度发展的历史，从研究视角上来看是新颖的。

姚建平从儿童福利思想、儿童福利政策及制度、儿童福利制度的特征等方面对计划经济时期的中国儿童福利制度进行了分析。

姚建平提出了社会主义福利意识的概念，计划经济时期的中国儿童福利受社会主义意识形态影响明显，指出"社会主义社会福利已是成为儿童福利领域占统治地位的主流意识形态"[3]。"与社会主义政治经济体制相适应，社会主义的社会福利也特别强调对人民的集体保障。"[4] 在城市，单位提供给职工比较完善的福利保障，各个单位办起自己的托儿所、幼儿园，除了举办一些集体的儿童福利事业外，计划经济时期的单位还为本单位职工的子女发放补助、节假日补贴和各种津贴。在农村，人民公社时期为不参加劳动的儿童提供口粮，保证儿童群体的基本生活需要；另一方面通过集体"公益金"的建立，为儿童的教育、儿童的医疗及贫困儿童的帮助提供资金。

在儿童福利制度方面，他对计划经济时期的儿童福利制度进行了概括，城市儿童福利方面：一是儿童福利院制度，二是半工半读学校；在农村儿童福利方面：一是农村的"五保制度"，二是家庭寄养和收养。

此外，姚建平总结了计划经济时期中国儿童福利制度城乡分割、儿童福利机构救济性和完全政府行为的特征。

正如郑功成所言：儿童福利的研究是一个长期被忽视的研究领域，由于长期的文化传统中，儿童被视为家庭的私有财产，因为儿童长期被视为家庭的责任，当家庭出现问题时，家族成员由近及远发挥着保障儿童的重要功能，为此我国儿童福利的发展已经滞后于儿童实践的需求，

---

[1] 刘继同：《国家责任与儿童福利》，中国社会出版社2010年版，第27页。
[2] 姚建平：《国与家的博弈：中国儿童福利制度发展史》，格致出版社2015年版，第18—19页。
[3] 同上书，第66页。
[4] 同上。

中国儿童福利发展滞后,"除义务教育等个别项目外,由国家提供的儿童福利迄今仍然局限于孤残儿童、流浪儿童、受艾滋病影响儿童等失去家庭保护的儿童"①。

2. 具体内容研究

下面就从宏观研究儿童福利到从具体内容方面研究儿童福利逐一综述。

第一,儿童生活福利方面。

正如前面已经界定的,儿童生活福利主要是当时内务部及以下各级部门实施的保证儿童生活需要的福利。在大同社会理想和"老吾老以及人之老,幼吾幼以及人之幼"的传统文化思想影响下,我国政府历来重视孤贫儿童救助工作。不同的学者对毛泽东时代儿童生活福利研究视角也各不相同。

陈静对毛泽东时代儿童福利的研究是基于政府责任的视角,她对新中国成立到改革开放之前中国儿童救助情况整体进行研究发现:儿童福利院成为收养性福利事业单位的主体。在计划经济时期,政府发挥主导作用,垄断儿童福利供给,公立福利院承担困境儿童救助的职责。救助孤贫儿童是新中国成立后儿童福利的重点。②陈静(2014)的研究结论和李芳辉的研究结论相似:李芳辉高度评价了新中国成立初期的孤残儿童的救助,认为在新中国成立后,包括在三年自然灾害期间,政府都对孤残儿童的抚育费用采取财政拨款的方式保障儿童都得到照顾和关怀。③

邓莎通过对1956—1966年河北省社会救助问题的分析,以文献研究方法基于河北省社会救助的一手资料介绍了河北省儿童救助情况,展现了在内务部领导下河北省民政部门的儿童救助的状况。她以保定和天津两个市的儿童教养院和儿童福利院为切入点了解河北省儿童救助情

---

① 姚建平:《国与家的博弈:中国儿童福利制度发展史》,格致出版社2015年版,第1页。
② 陈静:《我国遗弃儿童救助的法律保障研究》,硕士学位论文,西南政法大学,2014年。
③ 李芳辉:《政府视野下的孤残儿童融入社会研究——以江西省吉安市福利院为例》,硕士学位论文,南昌大学,2010年。

况,着重由儿童教养院、儿童收养院来分析儿童教育、儿童生产、儿童教养三个方面。最后她对1956—1966年河北省儿童救助做出了评价,指出:在全面社会主义建设时期,儿童救助体系基本建立起来了,但是当时儿童福利救助有明显的城乡二元性,由于新中国成立初期,政府取缔了一些慈善组织的慈善活动,增大了政府救助的力度,在一定程度上阻碍了儿童救助的发展。她尤其指出在孤残儿童的照顾、管理与经费保障方面,有值得我们目前借鉴的地方。① 由于邓莎掌握的是一手资料,其研究还是具有理论价值的。

毛泽东时代儿童生活福利的研究,除了整体上和局部地区的儿童救助情况研究外,还有从法律视角保障儿童权利的研究,李勇指出:新中国成立后,刚刚成立的新中国用法律保护少年儿童,尤其是孤儿,《中华人民共和国宪法》保障包括孤儿在内的公民的权利不受侵犯。②

王先进从儿童福利机构服务方面展开研究,指出:1949年到1978年间是儿童福利机构照顾的探索时期。新中国成立之初,国家改造和利用了国民党时期的孤儿院、育婴堂、救济院、慈善机构,使之成为新中国的公共福利机构。随着1959—1962年的三年自然灾害的发生,需要新建儿童福利机构,满足孤儿、弃婴等困境儿童的需要。"文化大革命"时期,由于内务部和地方民政部门被撤销,关闭了一些儿童福利机构。③ 到1978年底,"儿童福利院只剩下49个,收养婴幼、残疾儿童3665人"④。儿童福利机构数目减少,儿童福利机构收养的孤残儿童减少,有些儿童又重新回到社会流浪。王先进概括了毛泽东时代儿童机构照顾的特点:儿童福利机构救助人数呈现马鞍形、救助水平偏低仅能满足孤儿的基本生活需要、救助模式是封闭型的政府与集体救助、有明显的救济性。⑤

---

① 邓莎:《1956—1966年河北省城市社会救助问题论析》,硕士学位论文,河北师范大学,2012年。
② 李勇:《中国的孤儿保护》,《中国社会工作》1996年第1期。
③ 王先进:《从机构照顾到家庭寄养看我国儿童福利服务政策的转变》,《长沙民政职业技术学院学报》2007年第1期。
④ 国家统计局社会统计司:《中国社会统计资料1983》,中国统计出版社1985年版。
⑤ 王先进:《从机构照顾到家庭寄养看我国儿童福利服务政策的转变》,《长沙民政职业技术学院学报》2007年第1期。

第二，儿童托幼事业与教育福利研究方面。

教育是一个民族兴旺发达的动力，教育是提升人力资本的重要途径。没有教育福利的发展，贫困会在代与代之间传递。新中国成立初期，虽然经济比较落后，但是有办大教育的决心。目前学界对教育的研究比较多，但是从福利视角对儿童教育福利的研究却少之又少。对毛泽东时代儿童教育福利的研究主要涉及以下四个方面：一是对托幼事业的研究；二是对义务教育阶段的研究；三是对校外教育的研究；四是对民办教师的研究。

一是托幼事业研究。对毛泽东时代学前教育福利的研究主要体现在对人民公社的研究中。在"大跃进"、人民公社化运动的推动下，托儿所、幼儿园等作为社会主义国家优越性体现的新生事物在中国城市和农村有一个发展的短暂春天。罗平汉谈道：为了向共产主义过渡，中央有关部门、河北省委、保定地委和徐水县委组织100多人参加规划。1958年8月22日《关于加快社会主义建设向共产主义迈进的规划草案》编制出来，在幼儿福利方面规定："托儿所、幼儿园、幸福院、食堂、校舍、剧场、电影院、洗澡堂、花园等设施应有尽有。"[①] 王来青指出：1958年8月6日，毛泽东主席到河南省新乡七里营视察，河南省委书记史向生向毛泽东汇报了嵖岈山卫星人民公社的情况，史向生向毛泽东汇报了《嵖岈山卫星人民公社的试行简章（草案）》，这个章程规定：公社统一核算，统一分配生产资料和公共财产，"社员分配实行工资制和口粮供给制"[②]。这个章程还规定，在公社内设置幼儿园、敬老院、公共食堂等福利单位。

二是义务教育福利研究。这方面研究更多是从教育的视角分析义务教育的公平性，义务教育阶段教师的福利，义务教育的历史、现状及存在的问题，但是从福利视角对义务教育进行的研究较少。俞贺楠全面回顾义务教育制度的发展，从福利视角对中国义务教育制度的政策过程进行分析，并对我国义务教育发展进行了展望，他指出：义务

[①] 罗平汉：《天堂实验：人民公社化运动始末》，中共中央党校出版社2006年版，第183页。

[②] 王来青：《全国第一个人民公社兴衰录（下）》，《四川党的建设》（城市版）2010年第11期。

教育福利作为儿童教育福利的一个主体。义务教育具有"公平性、公益性、福利性等特点"[①]。孟庆瑜对我国农村义务教育面临的问题进行了梳理,他认为在农村义务教育资金投入、保障水平、中小学预算、教师收入保障等方面存在突出问题,并针对存在的问题提出了建议。[②]

三是校外教育研究。儿童校外教育方面,沈明德回顾了儿童校外教育60年的历程,总结了儿童校外教育的经验,有以下几点:其一是校外教育发挥着不可替代作用;其二是少年儿童校外教育的基础是革命传统思想和历史文化遗产;其三是坚持少年儿童校外教育的公益性;其四是校外教育应注重学生的思想道德教育和现代科学技术的教育;其五是需要加强校外教育的法制化建设。

四是民办教师研究。民办教师这个概念最早出现在1962年教育部的330号文中。王献玲给民办教师下了一个定义,在概念界定的基础上,对中国民办教师做了系统分析,梳理了民办教师的历史渊源、产生与发展、治理整顿、巨大贡献、队伍的艰难维系、问题的最终解决等问题。[③]

第三,儿童医疗卫生福利方面。

专门对毛泽东时代儿童医疗卫生福利进行研究是很少的,儿童医疗卫生福利散见于这个时期的医疗卫生福利的发展中。挖掘现有资料,主要体现在以下几个方面:

一是儿童少年卫生学学科建设方面。正是在毛泽东医疗卫生思想的指导下,中国的儿童医疗卫生福利起步发展。

刘宝林对我国儿童少年卫生学学科建设进行了回顾与展望。他认为:1951—1959年是我国在学习苏联的基础上,进行学科建设的重要时期。这一时期在借鉴苏联做法的基础上各地陆续建立省、市、县级卫生防疫站,下设学校卫生科(组),小学设卫生室。1957年后使用的是

[①] 俞贺楠:《福利视域下的中国义务教育制度政策过程探析》,《湖南社会科学》2012年第3期。

[②] 孟庆瑜:《当前我国农村义务教育面临的突出问题和对策建议》,《教育理论和实践》2008年第5期。

[③] 王献玲:《中国民办教师始末》,知识产权出版社2008年版,第1—44页。

四院校联合编写的教材《儿童少年卫生学》。①

刘宝林认为：1959—1966 年是进行教材建设、推出现场教学、进行科研研究的关键时期。② 1960 年，卫生部将"学校卫生学"更名为"儿童少年卫生学"。1960 年，叶恭绍主编出版的《少年儿童卫生学》，是面向专业本科生使用的教材。1965 年出版第二版《儿童少年卫生学》，"我国儿少卫生学已基本形成了结合本国实际以儿童少年生长发育和学校常见病流行病学为重点的格局"③。1959 年强调教学的"生产性"，注重农村实践，1959—1962 年由于自然灾害的发生，现场教学次数减少。20 世纪 60 年代，儿少卫生学的教师投身儿童卫生学的研究，出现了一批有价值的论文。

刘宝林认为：1966—1978 年这段时期，由于"文化大革命"，全国医学院儿少卫生教研室很少有人搞这方面的研究，教研室也被迫解散，全国高校坚持学科工作的人所剩无几。④

二是毛泽东时代卫生保健财政体制方面。刘继同认为，1949—1978 年计划经济体制之下实行高度集中的财政体制，统收统支，生产性财政体制明显；1949—1978 年中国医疗卫生具有"福利"性质；1949—1978 年，药品价格由政府控制。⑤ 徐明明、刘继同对中国 60 年卫生财政的研究进行述评，指出在新中国成立初期，政府及社会各界认为政府应该在卫生领域承担责任，把卫生事业性质定位为福利性。⑥

三是毛泽东医疗卫生思想与特点。李廷磊、徐振鲁指出：实现基本的、人民群众能够负担得起的、平等的初级卫生保健是毛泽东卫生思想的客观要求。⑦ 朱建童阐述了毛泽东医疗卫生思想的内容和特点，指出

---

① 刘宝林：《我国儿童少年卫生学学科建设的回顾与展望》，《中国学校卫生》2006 年第 12 期。
② 同上。
③ 同上。
④ 同上。
⑤ 刘继同：《中国卫生保健财政体制 60 年发展过程与结构性特征》，《医学与社会》2011 年第 8 期。
⑥ 徐明明、刘继同：《中国卫生财政研究 60 年文献述评》，《中国卫生经济》2015 年第 4 期。
⑦ 李廷磊、徐振鲁：《毛泽东卫生思想的现实思考》，《医学与哲学》1996 年第 3 期。

毛泽东医疗卫生思想强调预防为主,开展爱国卫生运动;坚持以人为本,把医疗卫生的重点放在农村;发挥政府主导作用,加强妇幼保健工作;坚持中西医结合,实现中西医协调发展。毛泽东的这些医疗卫生思想对于目前加强医疗卫生建设仍然有启发意义。①

值得一提的是,毛泽东时代的医疗卫生福利中,有对儿童的规定。肖爱树以农村医疗卫生事业为研究对象,对儿童医疗卫生事业的发展情况按照时间线索进行了论述,对新中国成立初期、人民公社时期、"文化大革命"后农村合作医疗时期、市场经济体制下的农村医疗卫生进行了比较系统的论述。②

第四,儿童慈善方面的研究。

在中国,儿童慈善的历史也是由来已久。在中国古代社会,儿童是享受福利的,比如在原始社会,儿童可以免费享受猎物,充分体现了儿童福利性。新中国刚刚成立之初,百废待兴。在复杂的国际国内环境中,儿童慈善在我国缓慢地发展着。周秋光指出:新中国对慈善事业的态度明朗,除了改造民国时期留下来的旧有慈善机构,而且也新建了一批社会福利机构,用于安置老弱病残,解决他们的生活困难。③ 1954年,新中国的慈善事业逐渐走向衰落,这与国际国内环境息息相关,也与国家对慈善事业的认识息息相关。20世纪50年代中期,形成了社会主义阵营与资本主义阵营两大阵营对峙的局面,由于一部分慈善机构是西方国家提供资金投资兴办的,这种情况下,国家把这样的慈善机构看成是西方国家对我们进行渗透的糖衣炮弹,因而否定了慈善事业,取缔了西方国家投资兴办的慈善机构,而且国内地主阶级、进步人士举办的慈善事业也受到很大影响。"文化大革命"时期,慈善事业更是淡出了人们的视线,直到20世纪80年代之后,随着国家对待慈善态度的改变,中国慈善事业逐步发展。在1954年到20世纪80年代中国慈善事业的停滞主要表现在以下三个方面:一是没有真正意义上的民间慈善组织,官办色彩浓厚,成为官方社会福利的重要组成部分;二是没有出现

---

① 朱建童:《浅析毛泽东医疗卫生思想的内容和特点》,《职业技术》2014年第1期。
② 肖爱树:《农村医疗卫生事业的发展》,江苏大学出版社2010年版。
③ 周秋光:《中国慈善简史》,人民出版社2006年版,第363页。

有组织的、大规模的、经常性的慈善活动。直到十一届三中全会之后，人们的思想解放，才有了中国慈善事业发展的春天。中国慈善事业的缓慢步伐，也影响了中国儿童福利事业的进步与发展。因为儿童福利事业的发展，需要多方主体合力发挥作用才有好的发展。

总之，周秋光对中国慈善事业的研究，范围非常广，从一定程度上来说，他是从福利史的视角对福利进行研究。

第五，儿童参与方面的研究。

学界对儿童参与方面的研究整体薄弱，对毛泽东时代儿童参与的内容就更少。从目前收集的资料来看，主要涉及儿童参与青少年宫等校外设施及当时的儿童参与儿童节庆祝活动等方面的内容。王敏从教育学视角研究新中国60年儿童节，从儿童节确立的背景、意义出发，描述儿童节的变迁趋势，指出：新中国成立到改革开放之前，中国儿童福利的政治色彩浓厚，政治教化色彩明显。改革开放之后，儿童节的主题转化为儿童权利方面。最后指出要重新界定政府、幼儿园等多方的角色，寻找解决儿童服务事业的出路。[①]

直到目前，在儿童参与方面，鲜见的有史秋琴的研究。参与权是儿童权利的重要方面，儿童参与作为全球儿童发展的目标。中国作为儿童权利公约的缔约国，非常重视儿童权益的保护，制定《儿童发展纲要》，各地制定儿童发展规划；广泛传播儿童参与的理念；创新儿童参与的载体；积极开展儿童参与的国际合作。但是现实生活中儿童参与渠道不畅，存在着儿童参与方面的问题，比如社会上存在忽视儿童参与权的现象，成人往往忽视儿童的感受，摆布、强制儿童按照大人的意愿做事情。史秋琴等对儿童参与与公民意识进行研究，从儿童参与的理念出发，分析了儿童生活各个领域的参与与儿童研究中的儿童参与，最后指出了儿童参与中的行动策略。提倡儿童参与的原因是多方面的，一是儿童有权参与，二是参与是儿童健康发展的需要，三是儿童对儿童群体问题最有发言权，四是儿童参与是提高儿童群体素质的有效途径和方法，五是儿童参与是形成平等公民的前提。儿童参与的指导原则至关重要，良好的儿童参与可以激发儿童群体的潜能和智慧，为此，儿童参与贯彻

---

① 王敏：《新中国六十年中的儿童节研究》，硕士学位论文，南京师范大学，2010年。

以下原则：一是明确活动的目的，二是确定活动要素，三是明确参与的过程，四是整理活动记录。按照这样原则的儿童参与是有意义和有效的儿童参与。①

评估儿童参与，主要涉及针对参加活动儿童的评估、对工作人员的评估、对社区人员的评估三个方面。史秋琴等指出："家庭是儿童参与的最基础的社会环境，是对儿童影响最早、影响时间最长的社会子系统，对儿童的发展具有特别重要的意义。"② 家庭参与是整个社会参与的基础，在儿童家庭参与中，家长的教养方式、家庭关系、家庭结构、家庭活动等都会影响到儿童各方面的发展。儿童参与家庭有文化差异，儿童参与家庭需要儿童具备一定的能力，同时家长的支持也至关重要。学校是儿童生活的重要领域，因此学校中的儿童参与也非常重要。但是目前儿童主要是被动地参加学校活动，很少参与学校教育内容及学校管理等方面的工作，儿童在学校的参与遇到困难。为儿童提供参与学校的途径，也会提升儿童的社会责任感，促进儿童的社会化。儿童作为社会的一员，有权利参与社会。对于儿童参与社会，英法两国有成功的实践，英国北爱尔兰建立儿童和青少年专员，法国在1979年成立儿童和青少年的城市议会。现实生活中，成年人对儿童参与社会事务充满了担心，但是鼓励和支持儿童参与社会事务是儿童福利发展的必然趋势。为了促进儿童参与家庭、参与学校、参与社会，要树立儿童优先的原则，要有促进儿童参与的行动策略，坚持实事求是的原则逐步推进，计划要有科学性、可操作性、综合性、可持续性。

3. 述评

虽然国内学者对毛泽东时代儿童福利进行宏观研究角度不同，但都为推动毛泽东时代儿童福利研究奠定了理论基础。从学者的研究中，我们看到了毛泽东时代儿童福利发展的一些方面，启发了儿童福利研究的视角与思路。陆士桢对毛泽东时代的儿童法律和政策进行了汇总，涉及法律和儿童保护、儿童教育、儿童医疗卫生、儿童娱乐等各个方面的具

---

① 史秋琴、曾凡林、陈建军：《儿童参与与公民意识》，上海文化出版社2007年版，第20—21、38—39页。

② 同上书，第46页。

体政策，为研究毛泽东时代儿童福利的管理奠定了基础，让我们看到了毛泽东时代儿童福利的发展。刘继同通过梳理毛泽东时代的儿童福利政策，提出了要建立以儿童需求为中心的儿童福利体系，打破城乡二元结构，建立"普惠型"儿童福利制度，启发了毛泽东时代儿童福利体系的研究。姚建平从国与家博弈的视角，对毛泽东时代儿童福利思想、儿童福利政策、儿童福利制度的特征进行了分析，为全面深入评析毛泽东时代儿童福利提供了借鉴。

从具体方面对毛泽东时代儿童福利的研究，涉及儿童生活福利、儿童托幼事业与教育福利、儿童医疗卫生福利、儿童慈善、儿童参与五个方面，这些方面的研究成果对于描绘毛泽东时代儿童福利内容的具体现状及问题提供了参考。

但是对于毛泽东时代儿童福利的研究不足也是非常明显的，主要体现在以下几个方面：

第一，研究文献少，研究薄弱。总体而言，国内学者对儿童福利的研究成果是丰硕的，尤其是从20世纪90年代中国加入联合国《儿童权利公约》以来，从法学角度对儿童权利方面的研究日渐增多，中国学者对儿童权利研究逐渐成为学界热点。但是对于1949—1978年中国儿童福利的研究文献偏少，研究比较薄弱。文献综述时多是从相关文献中去涉猎相关的信息，以完成对毛泽东时代儿童福利的研究综述。

第二，研究缺乏整体、全面认识和系统梳理。学界对毛泽东时代儿童福利制度挖掘不够，对中国儿童福利制度缺乏整体认识，仅有研究是从某一地区局部情况进行研究；学界对毛泽东时代儿童福利缺乏系统梳理，仅有研究是从毛泽东时代儿童福利具体方面进行研究；对毛泽东时代儿童福利整体分析不全面，对其机制、特色、地位及作用认识不清。对中国儿童福利的体系认识不清晰，这与学界对儿童福利概念认识模糊有关，也与理论研究滞后有关，更与我国儿童福利制度滞后有关。直到今天，对中国儿童福利体系的研究仍缺乏系统性，整体性。

第三，研究缺乏儿童福利视角。整体而言，以往对毛泽东时代儿童福利研究偏重于儿童政策视角，对儿童政策研究得比较多，对儿童福利研究得较少；从儿童教育方面进行的研究比较多，从儿童生活福利、儿童医疗卫生福利、儿童慈善、儿童参与等方面进行的研究很少；从义务教育视角做出的研究比较多，从托幼事业及校外教育、农村业余教育视角做出的研究很少。

总体而言，国内学界系统对毛泽东时代儿童福利的研究是理论空白，即使有个别研究也是把毛泽东时代儿童福利放在特定的研究课题中做出分析与判断，这种理论研究的薄弱状态亟待从理论上对毛泽东时代儿童福利做出系统全面的分析。

通过查阅大量的一手资料，在1949—1978年的《人民日报》对妇女问题和儿童福利的报道中，可以了解一些中国儿童福利发展的片段；在《新中国妇女》杂志对新中国儿童福利发展的某一方面的报道中，如医疗、保健、幼儿园建设、小学等各个方面，可以再现和审视那个时代的儿童福利。此外，笔者还进行了档案资料的收集与整理。笔者从整体上对毛泽东时代儿童福利进行分析，在特定历史环境中对毛泽东时代儿童福利的系统、管理、理念、机制、特色做出了科学的分析与判断，在此基础上，就毛泽东时代儿童福利对目前儿童福利的启示做出全面的梳理，以期推动中国儿童福利的发展与进步。

（二）国外相关文献研究及述评

了解国外学者对毛泽东时代儿童福利的研究，有助于我们更好地认识那个年代儿童福利的现状。国外直接关注中国1949—1978年社会福利的著作，目前查到的仅有两本。第一本是狄克逊（Dixon）1981年版的《中国的社会保障制度（1949—1979）》，该书介绍了1949—1979年的中国社会福利实践；第二本是黄黎若莲和麦夸里（MacQuarrie）合编的《中国的福利制度：广州考察》，该书经过实地考察描述了广州的福利服务。国际学报上，偶有个别文章讨论中国福利问题，如1978年怀特（Whyte）和帕里什（Parish）的《当代中国的乡村和家庭》。

国外学者关注中国儿童福利问题，但西方学者囿于对中国国情、中国文化、中国学术术语等各方面的了解不够，研究中国儿童福利逻辑和理论框架并不是一件容易的事情，对中国儿童福利研究凤毛麟角，尤其是以中国1949—1978年的儿童福利为研究对象的更是寥寥无几。

第三章 儿童福利体系的构建

作为福利国家理论的奠基人，蒂特马斯终生致力于公平与正义的社会改良运动。他主张研究社会政策要放在特定的社会环境中去考察，不能在真空中考察，社会政策的研究不能独立于对社会的整体研究。研究毛泽东时代儿童福利体系的构建，离不开对当时历史背景的分析。1949—1978年是一个大变革的时代，这个时代的儿童福利的考察离不开对政治、经济、文化、社会、国际环境等各个因素的考察。

一 时代背景

（一）社会主义经济基础的奠定

新中国建立初期，可谓是千头万绪，百废待兴，贫困问题与失业同在，"全国各大城市的治理，基本上都有一个相同的主题——救济贫民、难民和庞大的失业人群"[1]。"全国失业工人共有1220231人，失业知识分子188261人，共计1408492人。此外，还有半失业者255769人，将失业者120472人。"[2] 当时的财政经济困难，"1949年人民政府的全面财政收入仅相当于303亿斤小米，财政支出达到567亿斤小米，造成了国家财政收支极度不平衡"[3]。

我国社会主义制度的建立是通过社会主义改造得以实现的。我们党

---

[1] 李小尉：《新中国建立初期的社会救助研究》，社会科学文献出版社2012年版，第90页。

[2] 中国社会科学院、中央档案馆：《中华人民共和国经济档案资料选编 劳动工资和职工保险福利卷（1949—1952）》，中国社会科学出版社1994年版，第203页。

[3] 武力：《中华人民共和国经济史（上）》，中国经济出版社1999年版，第179页。

的第八次全国代表大会上明确指出当时生产力水平比较低,已经不能满足人们生活的需要,为了解决低下的生产力不能满足人们需求的现实问题,新中国急需提高社会生产力的水平,满足人们日益增长的文化生活的需要。虽然经过了新中国成立初期的社会主义建设,经济有了发展,但是对于脱胎于半殖民地半封建社会的中国而言,"生存权、发展权是最基本最重要的人权"①。

新中国成立之后,随着"一五"计划推进,中国工农业总产值提高,1952—1957年中国经济发展情况如表3—1所示:

表3—1　　　　1952—1957年中国经济增长与发展情况②

项目	1957年	1957年比1952年增长(%)
工业总产值	704亿元	128.6
农业总产值	537亿元	24.8
社会商品零售总额	474.2亿元	71.3
人均国内生产总值	168元	41.18
取得的成就	职工的劳保、医疗、福利、住宅状况得到很大改善	

由表3—1可以看到:1957年比1952年工业总产值增长128.6%,农业总产值增长24.8%;人均国内生产总值增长41.18%,职工的劳保、医疗、福利、住宅状况得到很大改善,这为儿童福利的发展奠定了经济基础。

由图3—1可以看到:虽然经过"文化大革命"的破坏,1965—1976年中国工农业总产值还是逐年增长,农业总产值1976年比1965年增加了65.4%,工业总产值1976年比1965年增加了125.2%。国民经济的发展也为儿童福利的发展奠定了物质基础。

由图3—2可以看到:毛泽东时代中国GDP有很大的增长,1977年GDP比1949年增加了1248.5%,经济发展是儿童福利发展的基础。新

---

① 中共中央文献研究室编:《十五大以来重要文献选编》,人民出版社2000年版,第64页。

② 萧国亮:《中华人民共和国经济史》,北京大学出版社2011年版,第96页。

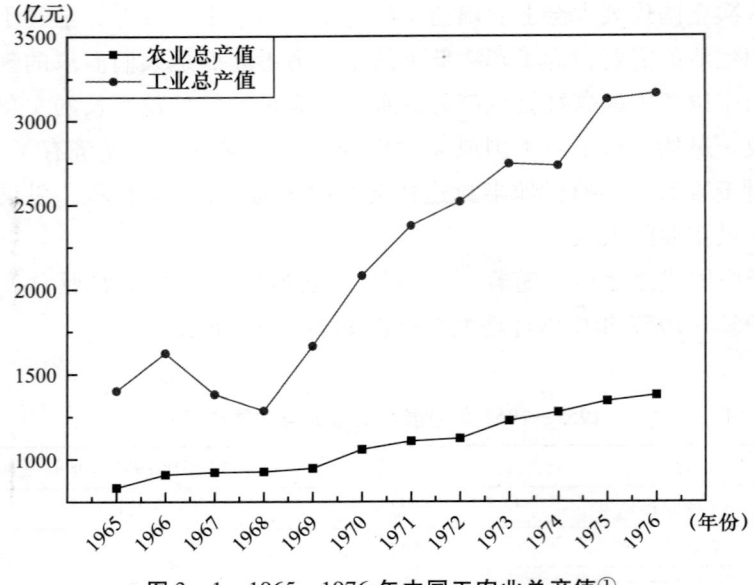

图 3—1　1965—1976 年中国工农业总产值①

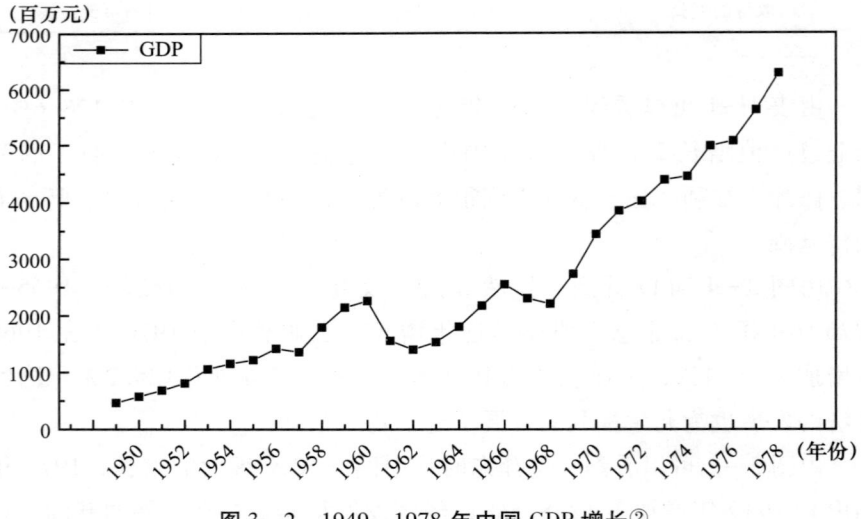

图 3—2　1949—1978 年中国 GDP 增长②

---

① 武力：《中华人民共和国经济简史》，中国社会科学出版社 2008 年版，第 146—147 页。
② 根据国家统计局历年统计资料整理。

中国成立之后，虽然受政治的影响，经济发展有浮动，但整体来说经济发展水平提高了，这为儿童福利的发展奠定了经济基础。

（二）社会主义政治制度的建立与巩固

新中国成立之后，旗帜鲜明地提出走社会主义道路。从马克思、列宁到毛泽东对社会主义的理解有共同的方面：认为公有制、计划经济、按劳分配是社会主义的基本特征。认为社会主义社会是共产主义社会的低级阶段，经过社会主义的发展，就可以过渡到共产主义社会。当时全国上下的共识是：要建设的社会主义社会，一定体现社会主义制度的优越性，要随着经济的发展，逐步提高人们的生活水平、福利水平，要实现人人平等的社会，要让儿童成为社会主义社会的主人，不再像旧社会那样流浪街头。建设社会主义社会，需要大量合格的社会主义建设者和接班人，为此要把儿童教化成为德、智、体全面发展的人。让儿童健康、快乐地成长，也是社会主义国家重要的职责和使命。正是这些职责和使命，使得刚刚成立的新中国，对儿童福利的各个方面加强了建设，提高了儿童的生活质量。

新中国成立之后，党和政府关怀儿童，以学前教育为例：托儿所、幼儿园，针对儿童的身心特点，从各方面教育儿童；家长改进了教育方法，更加注意了对子女的教育；国家主张依靠群众力量，办群众性儿童福利事业。城市推广多种多样的街道托儿站、幼儿园；农村继续发展亲邻相帮、农忙托儿小组和农忙托儿所、幼儿队等多种多样的托幼组织。全国根据勤俭办所精神，改善托儿所经营管理，提高业务水平，降低收费标准。举办一般以日托为主，辅之以少量全托的托儿组织。[①] 据此可以看出：新成立的社会主义中国是关心儿童的，希望通过和谐家庭的构建、依靠群众自己的力量，发展群众性的儿童福利事业，实现对儿童的关爱，体现社会主义制度的优越性，巩固社会主义政治制度。

（三）社会主义福利观的确立

自 1919 年以来，中国在各种思想的激荡中选择了马克思主义理论。

---

① 《勤俭建国勤俭持家为建设社会主义而奋斗》，《人民日报》1957 年 9 月 11 日。

新中国成立之后，中国共产党人把马克思主义理论应用于中国实际，产生的毛泽东思想在中共七大上被确定为党的指导思想。毛泽东思想中有关社会福利的思想逐渐成为社会主义的福利观，成为指导儿童福利的指导思想。社会主义福利观源于马克思主义的社会福利理论，产生于中国社会福利的实践。

毛泽东的社会福利思想可以概括为三个方面：（1）平等的社会福利观。毛泽东平等的社会福利思想主要体现在对分配制度的主张上，一方面，毛泽东主张按劳分配，主张在收入上不要拉开太大的差距，他说："我们的提法是既反对平均主义，也反对过分悬殊。"① 毛泽东把合作化和集体化看成是战胜两极分化有力的武器，反映在儿童福利上，主张通过集体福利来实现儿童福利。（2）统筹兼顾的社会保障思想。1956年4月25日毛泽东在《论十大关系》关于国家、生产单位和生产者个人的关系中鲜明地体现了社会福利思想：要兼顾国家、集体、个人的关系，"拿工人讲，工人的劳动生产率提高了，他们的劳动条件和集体福利就需要逐步改进"②。从这里可以看出，毛泽东主张随着经济发展水平的提高，逐渐改善人民生活状况，逐渐改善集体福利状况，这一点成为1949年到1978年中国社会福利建设的基本原则。毛泽东的社会福利思想主张"学会统筹兼顾、学会弹钢琴"，要兼顾各种开支情况，统筹安排生产费、管理费、公积金、公益金的比例。③（3）新中国成立初期毛泽东重视法制建设。这一点可以从新中国成立后我国社会保障法律制度的发展历程看出来。1953年我国对《中华人民共和国劳动保险条例》进行修改，对保险的征集、管理和标准都做出了明确规定。1954年宪法明确了公民权利受法律保护，明确了社会福利对人民群众中的作用。只可惜后来"左"的错误发展，最终走向了法治的对立面，给国家的社会福利建设造成了很大影响。

此外，毛泽东的社会福利思想还涉及维护农民利益的思想。毛泽东不仅重视农民的政治地位，也重视农民的物质利益。1950年6月，国

---

① 《毛泽东文集》第8卷，人民出版社1996年版，第253页。
② 同上书，第272页。
③ 同上书，第267页。

家实施《中华人民共和国土地改革法》，保障了农民的生活，提高了农民的生活质量，促进了农村经济的发展。

（四）"国家—单位"保障制度的构建

新中国成立后建立的社会保障制度与旧中国社会保障制度并没有直接继承关系，中国社会保障制度是参照苏联模式建立，从而成为国家保险型的社会保障制度。社会保障制度的建立，是通过国家颁布一系列重要法律实现的，比较重要的法律法规有：1951年政务院颁布《中华人民共和国劳动保险条例》确立城市职工的劳动保险制度；1952年政务院颁布《关于全国各级人民政府、党派、团体及所属单位的国家工作人员实行公费医疗预防的指示》建立了公费医疗制度；1956年《高级农业合作社示范章程》在第一届全国人民代表大会第三次会议上通过，确立"五保"制度。在毛泽东时代，国家通过颁布一系列法律，逐渐建立了国家主导，城乡集体承担责任的社会保障制度。

到20世纪60年代末，我国社会保障制度逐渐进行调整，例如：县、乡、村三级医疗保障网建立；公费医疗和劳保医疗调整；城镇职工的退休制度从劳动保险中独立出来等。直到1968年国家撤销内务部之前，国家为了维持城市单位的生存与发展，维持农村集体的公益金和公积金的提留，在社会保障中承担着主要责任。在1968年内务部被撤销之后，尤其是1969年财务部发布《关于国营企业财务工作中的几项制度的改革意见（草案）》规定："国营企业一律停止提取劳动保险金，原在劳动保险金开支的劳动保险费用改在企业营业外开支，形成待遇标准按照国家政策规定执行，所需费用由企业实报实销的'企业保险'模式。"① 国家—单位保障制度的重心向企业转移，企业承担了单位职工社会保障的所有事务，社会保障走向了自我封闭的单位保障，直到20世纪80年代，社会保障才从国家—单位保障制度逐渐转向国家—社会保障制度。正如郑功成指出："考察中国社会保障制度50多年的实践，在改革开放前的30年所走过的历程是从国家责任发展到国家与单位责任并重的进程，进入改革开放时期后20年来则是一个逐渐走向国

---

① 张海鹰：《社会保障辞典》，经济管理出版社1993年版，第549页。

家主导与社会各方共担责任的进程。"①

反观整个计划经济时期的中国社会保障制度,郑功成鲜明地概括出这个时期中国社会保障制度呈现的国家负责、单位包办、板块分割、封闭运行、全面保障的特点。国家负责:在计划经济时期,国家通过维系企业的生存,并通过价格补贴的方式,使企业职工能够享受到企业的社会福利;板块分割:在国家—单位保障制度之下,国家保障、城镇单位保障和农村集体保障形成社会保障的三大板块;封闭运行:由于户籍制度的存在,城乡之间、干部与群众之间、不同所有制单位之间的人不能享受到其他板块的社会保障,社会保障处于分割的状态;全面保障:城镇企业向本单位职工提供的是从生到死的保障,保障内容丰富,包括住房福利、教育福利、贫困救助、价格补贴、公共食堂等各个方面,农村则依靠集体提供的公益金,向农村居民提供基于生存需要的口粮分配、免费合作医疗、短暂公共食堂及免费托儿所、幼儿园教育等各个方面。②

(五) 福利国家的影响

1942年英国发表《社会保险及相关服务》(又称为《贝弗里奇报告》),该报告致力于英国通过建立完善的社会福利制度,解决社会面临的各种社会问题,报告为英国建立比较完善的社会福利制度提供了指导。《贝弗里奇报告》是社会保障史上的里程碑,对欧洲其他国家建立社会福利制度产生了深远影响。从第二次世界大战结束到20世纪70年代初,几乎所有的西方国家都宣扬自己要建立福利国家。二战后建立起来的福利国家都是高税收、高福利,注重国家、企业、个人的责任分担。西方国家的社会福利政策,是随着西方国家经济的发展而逐渐建立的,增强了国民的认同感。

在东西方阵营对立的时代,新中国成立后建立了社会主义国家,为了体现社会主义制度的优越性,为了让本国人民生活得更好,有了赶英超美的战略,有了让人们过上好日子的理想。由于建立福利国家的条件

---

① 郑功成:《从企业保障到社会保障——中国社会保障制度变迁与发展》,中国劳动社会保障出版社2009年版,第4页。
② 郑功成:《中国社会保障制度变迁与评估》,中国人民大学出版社2002年版,第10—11页。

没有具备，最后只能使中国的福利之路走上了曲折发展的道路，这也昭示了社会福利的一个基本规律：社会福利制度必须与经济发展水平相适应，如果福利水平过高或过低，都只能回到低下的社会福利水平。20世纪70年代之后，西方福利国家的改革也验证了这一点。

毛泽东时代儿童福利就是在这样的时代背景下，构建了那个年代儿童福利的框架体系，在此基础上从法律依据、行政管理、经济投入三个方面实现了对儿童福利的管理。

二　体系

儿童福利制度是为了满足儿童的需求，儿童需求是儿童福利事业发展的动力。彭华民指出："在个体的社会成员的需求集合成为一种集体的、可表述的社会需求的时候，社会福利制度成为需求满足的重要手段。"[①] 正如马克思所言，"需要是人的本质属性"。人的需要具有客观性、社会性、个体性。作为儿童这个群体，也是遵循着人类需要的基本规律。所以社会福利制度的发展也要满足儿童群体需求，这也是国家的职责与使命。

围绕着儿童生活需求、托幼事业与儿童教育需求、儿童医疗卫生需求、儿童参与需求四个主要的方面，把1949—1978年的中国儿童福利分为儿童生活福利、托幼事业与儿童教育福利、儿童医疗卫生福利、其他儿童福利四个方面的内容（见表3—2）。

表3—2　　　　　　　　1949—1978年中国儿童福利体系

1949—1978年中国儿童福利体系	儿童生活福利	城市儿童生活福利	城市儿童救济
			儿童福利机构
			多子女家庭津贴与救济
			城市儿童凭票供应比较充分的物资
			生育保险中儿童照顾的规定

---

① 彭华民：《社会福利与需求满足》，社会科学文献出版社2008年版，第3页。

续表

1949—1978年中国儿童福利体系	儿童生活福利	农村儿童生活福利	农村集体分配保障儿童生活
			农村救灾和扶贫缓解儿童贫困
			农村"五保"制度救济儿童
			临时救助保证农村住宿生粮食等生活必需品的供应
			家庭寄养和收养照顾孤残儿童
	托幼事业与儿童教育福利	托幼事业	城市托幼事业
			农村托幼事业
		义务教育福利	小学教育福利
			中学教育福利
			个案研究：1970年卢龙县农村部分地区中小学儿童及失学儿童统计
		相关教育福利	儿童校外教育
			业余少年儿童识字班
	儿童医疗卫生福利	儿童医疗保障制度	劳保医疗制度下儿童享受的医疗福利
			公费医疗制度下儿童享受的医疗福利
			农村合作医疗制度下农村一般儿童医疗待遇
			孤残儿童医疗福利
		儿童保健	儿童免疫
			传染病防治
		儿童医疗卫生服务	妇幼保健站
			儿童医院
			儿童卫生
	其他儿童福利	儿童慈善	国内进步人士推动的儿童慈善
			国际宗教组织对中国儿童的慈善活动
			中国儿童慈善曲折发展的原因
		儿童参与	城市儿童享受青少年宫等福利设施参与校外教育
			参与劳动
			儿童参与少年儿童组织

（一）儿童生活福利

分配制度理论在马克思主义理论中占有重要位置，"在马克思的社会主义理想中，在社会分配中占有重要位置的是社会福利。社会总产品如果被视为社会资源，那么，这种社会资源在分配和再分配中要扣除各种公共开支。这些扣除被国家制度化为满足社会成员需要的工具，不仅保障了社会生产的正常运行，也保障了社会成员基本需求的满足"①。马克思理论认为：第一，在未来共产主义社会，应该实行各尽所能、按需分配的原则，而且他认为这是人道主义的分配原则。第二，在未来的共产主义社会，人人是平等的，只是社会分工的不同。第三，人们的脑力和智力的差别，根本不能影响人们需求满足的差别。第四，满足人的需求，就是为了实现人的自由而全面的发展。

为此，按照马克思主义理论，儿童群体，虽然不劳动，体力差，但是不能影响其分配情况；儿童福利领域，应该按照儿童群体的需求对儿童按需分配，这是马克思主义的题中应有之义。

毛泽东作为开国领袖，深谙中国国情，在马克思主义中国化方面具有很深的造诣。新中国成立伊始，他把马克思提出的按劳分配和按需分配，应用于中国实际。在人民公社时期，对于儿童这个群体分配原则就是按需分配，最初的时候，按照和大人一样的标准来分配，后期认识到这种平均主义的分配方式不能调动人们生产与劳动的积极性，就开始按照成人的一定比例来分配，但总体来说是按照儿童需求来分配，从粮食方面保证了儿童基本的生存。

毛泽东时代，城市构建了相对于农村比较完善的儿童生活福利网。1949—1978年间的几次全国城市救济福利工作会议，确定了救济和集体福利事业工作。城市儿童可以凭票得到比较充分的物资供应；儿童救济保障了城市儿童的基本生活；社会福利院和儿童福利院，收养无依无靠的孤儿、弃婴、残疾儿童；多子女家庭津贴与救济实现了对城市多子女家庭中儿童的生活保障；生育保险中关于妇女产假的规定保障了妇女照顾儿童生活的需要。在农村，农村集体分配保障儿童生活；农村救灾和扶贫，缓解儿童贫困；农村"五保"制度救济了无依无靠的孤儿、残疾儿童；临时救助保证农村住宿生粮食等生活必需品的供应；有些地区的家庭寄养和收养照顾孤残儿童。由此可见，毛泽东时代城市和农村儿童生活保障虽然没有实现制度化，但也基本建立起来，

---

① 彭华民：《社会福利与需求满足》，社会科学文献出版社2008年版，第60页。

如表 3—3 所示。

表 3—3　　　　　　　1949—1978 年中国儿童生活福利

1949—1978 年中国儿童生活福利	城市儿童生活福利	城市儿童凭票得到较充分的物资供应
		城市儿童救济
		儿童福利机构
		多子女家庭津贴与救济
		生育保险中儿童照顾的规定
	农村儿童生活福利	农村集体分配保障儿童生活
		农村救灾和扶贫缓解儿童贫困
		农村"五保"制度救济儿童
		临时救助保证农村住宿生粮食等生活必需品的供应
		家庭寄养和收养照顾孤残儿童

（二）托幼事业与儿童教育福利

按照马斯洛需求层次理论，儿童不仅有获得生活资料、维持生存的需要，也有接受学龄前教育、义务教育等各种教育福利需求。就儿童发展需要而言，教育应该是免费的，应该是一种福利，否则总有一些儿童由于教育经费的问题被排斥在教育的大门之外，出现有的儿童需求不能得到满足的情况。在毛泽东年代，主张免费的义务教育，但是另一方面也主张群众办学，多种形式办学。

受教育权是儿童的基本权利，公共教育是儿童福利的题中应有之义。新中国成立之前，"在全国 5 亿人口中，80% 以上的人是文盲，学龄儿童入学率只有 20% 左右……幼儿教育和特殊教育更为落后，1946 年幼儿园仅有 13 万幼儿，盲聋哑学校仅仅有学生 2322 人"[①]。

新中国成立到改革开放之前这段时间，中国共产党非常重视大众教育的发展，1956 年 3 月，中共中央、国务院发布《关于扫除文盲的决定》，要求各地在 5 年到 7 年内对年龄在 14 岁至 50 岁以上的人进行扫

[①] 刘翠宵：《中华人民共和国社会保障法治史（1949—2011）》，商务印书馆 2014 年版，第 54 页。

盲，在农村地区，大量的扫盲班纷纷建立，推动了大众教育的发展。"到 1965 年，小学入学率为 89%，而世界低收入国家平均为 73%，中下等收入国家平均为 78%；1965 年，中学入学率为 24%，而世界低收入国家平均为 20%，中下等收入国家平均为 26%。"①

除了中小学免费的义务教育，托儿所、幼儿园等托幼组织也有了发展。以 1974 年的如东县为例。随着农业学大寨运动的发展，如东县逐步推广了长沙公社举办幼儿班的经验。到 1974 年上半年，全县以生产队或联队为单位，举办幼儿班三千四百七十多个，入班幼童六万三千多人，入班率达百分之八十；同时，农忙托儿所和常年托儿所发展到两千两百多个，入托婴幼儿一万八千三百多名。② 在计划经济时期，从小学到大学的免费教育，为全体国民提供了平等竞争的机会，许多寒门学子通过国家助学金得以顺利完成学业，成为新中国的建设者。

1949—1978 年中国托幼事业与儿童教育福利发展情况如表 3—4 所示。

表 3—4　　　　　　1949—1978 年托幼事业与儿童教育福利

1949—1978 年托幼事业与儿童教育福利	托幼事业	城市托幼事业
		农村托幼事业
	义务教育福利	小学教育福利
		中学教育福利
		个案研究：1970 年卢龙农村部分地区中小学儿童及失学儿童统计
	相关教育福利	儿童校外教育
		业余少年儿童识字班

（三）儿童医疗卫生福利

儿童医疗卫生福利是儿童福利中非常重要的内容，直接影响着儿童的生活质量。儿童医疗卫生福利包括儿童医疗保障制度、儿童保健制度

---

① 国家统计局社会统计司等编：《中国社会发展资料：客观、主观、国际比较》，中国统计出版社 1992 年版，第 374 页。

② 新华社报道，1974 年 10 月 20 日。

及儿童医疗卫生服务等方面的内容。朱鸣认为:"医疗卫生或医疗保健是儿童福利制度中一项重要内容,包括儿童健康服务体系,涉及儿童基本医疗、医疗救助、商业保险、母婴保险、学校卫生服务等,还包括对那些有特殊需要的儿童提供的医疗卫生帮助,比如,预防和治疗有精神疾病的儿童、儿童心理疾病的预防和治疗,对这类儿童家庭的辅导,以及其他儿童健康问题而采取的措施等。"[1]

儿童发病率高,对医疗卫生方面有更强的需求。我国儿童医疗卫生福利呈现城乡二元结构特征,分为城市和农村两大板块。城镇儿童医疗保障制度开始于20世纪50年代的职工家属的医疗保险制度和公费医疗制度,全民所有制企业职工的孩子可享受报销50%医疗费用的待遇。在农村,合作医疗制度的建立为农村儿童构建了保健、卫生、医疗的县乡村三级卫生体系。1949—1978年中国儿童医疗卫生福利体系如表3—5所示。

表3—5　　　　　　1949—1978年中国儿童医疗卫生福利

1949—1978年中国儿童医疗卫生福利	儿童医疗保障制度	劳保医疗制度下儿童享受的医疗福利
		公费医疗制度下儿童享受的医疗福利
		农村合作医疗制度下农村一般儿童医疗待遇
		孤残儿童医疗福利
	儿童保健	儿童免疫
		传染病防治
	儿童医疗卫生服务	妇幼保健站
		儿童医院
		儿童卫生

(四) 其他儿童福利

其他儿童福利,在这里主要是指儿童慈善和儿童参与。儿童慈善是社会慈善事业的重要组成部分,是面向儿童的慈善公益事业,一般是指政府给予的保障以外的、由社会捐赠支持的部分,是人们自愿地为儿童

---

[1] 朱鸣:《儿童健康与社会责任》,上海社会科学院出版社2010年版,第43—44页。

奉献爱心，救助儿童的行为和社会事业。儿童参与是根据《联合国儿童权利公约》中参与权的条款而定义的，指的是儿童自愿发表观点、参与决策、实施行动以此来实现自身和其他儿童的利益。

在毛泽东时代，儿童慈善主要包括新中国成立初期的宗教慈善，以及国内进步人士推动的慈善，儿童参与主要包括城市的儿童能够走出校园，享受青少年宫等硬件设施，积极参加校外活动。虽然能够享受青少年宫的孩子只限于北京、上海等发达的城市地区，但是儿童参加青少年宫却是社会参与的重要途径，其意义是深远的，这为改革开放之后全国青少年宫的发展起到了模范带头作用。在农村，儿童参与的重要途径就是参与集体劳动，从而参与集体经济中粮食的分配。儿童参与劳动不是强制的，但是对于儿童粮食的分配是每个集体经济组织都要做的事情，这为农村儿童融入集体、享受集体福利提供了重要借鉴，也启发我们：只有发展集体经济才能为儿童提供完善的福利。毛泽东时代儿童慈善和儿童参与的具体情况如表3—6所示。

表3—6　　　　　　1949—1978年中国其他儿童福利

1949—1978年中国儿童补充福利	儿童慈善	国内进步人士推动的儿童慈善
		国际宗教组织对中国儿童的慈善活动
		中国儿童慈善曲折发展的原因
	儿童参与	城市儿童享受青少年宫等福利设施参与校外教育
		参与劳动
		儿童参与少年儿童组织

三　管理

新中国成立是中国共产党综合治理国家的开始。如何治理国家，如何取得民众的支持，这是摆在中国共产党面前的一个重要课题。中国共产党领导国家的过程，也是建构其合法性的过程。中国共产党在毛泽东时代对中国儿童福利的管理，也是其社会建设的重要内容。1949—1978年对儿童福利的管理主要体现在法律依据、行政管理和经济投入三个方面。

(一) 法律依据

毛泽东时代儿童福利法律依据不仅涉及宪法、婚姻法、工会法等法律，也涉及通知、决定、暂行办法等准法律。

1. 宪法对保护儿童权益的规定

保护儿童权益是我国宪法的一项重要内容，新中国成立后的四部法律都对此做出相关规定。通过表3—7来系统看一下各种法律对儿童权利的重视及关注。

2. 婚姻法对儿童利益的保护

1931年11月颁布《中华苏维埃共和国婚姻条例》（以下简称《婚姻条例》）在保障儿童权益方面做出了规定，使私生子的身份合法化。1950年5月颁布《中华人民共和国婚姻法》是在1931年《婚姻条例》的基础上发展起来的。1950年3月3日政务院第22次政务会议通过《中华人民共和国婚姻法》，包括部分对儿童利益保护的条款和规定。

一是离异家庭儿童权益的保护原因：父母双方离婚，要保护儿童权益，这是我国司法工作的基本原则。父母双方一旦离婚，对孩子的身心健康一定会造成影响，甚至影响很大。为了孩子身心健康成长，国家有义务有责任用法律的手段保护他们，使其不受到虐待、歧视，确保孩子权利的实现。从法律的规定来看，我国1954年宪法第3章"公民的基本权利和义务"的第96条规定："婚姻、家庭、母亲和儿童受国家的保护。"

表3—7　　　　　　　　　宪法对儿童权益的保护情况

时间	会议	纲领、会议、法律	保护儿童权益内容	意义
1949年	中国人民政治协商会议	《共同纲领》	第48条规定："注意保护母亲、婴儿和儿童的健康"	标志着中国儿童的权益从此有了法律的保障
1954年	中华人民共和国宪法（1954年）	第一届全国人民代表大会第一次会议	第46条规定："……国家培养青年、少年、儿童在品德、智力、体质等方面全面发展。"；第49条规定："婚姻、家庭、母亲和儿童受国家的保护。……禁止破坏婚姻自由，禁止虐待老人、妇女和儿童"	这些规定从法律上保障儿童的合法权益不受侵犯，谁违反了法律，就要受到法律的惩罚

续表

时间	会议	纲领、会议、法律	保护儿童权益内容	意义
1954年	中华人民共和国宪法（1954年）	第一届全国人民代表大会第一次会议	第3章"公民的基本权利和义务"第96条规定："婚姻、家庭、母亲和儿童受国家的保护"	
1954年	中华人民共和国宪法（1954年）	第一届全国人民代表大会	第94条规定："中华人民共和国公民有受教育的权利。国家设立并且逐步扩大各种学校和其他文化教育机关，以保证公民享受这种权利。国家特别关怀青年的体力和智力的发展"	

二是离异家庭儿童抚养权的确定。1950年婚姻法第6章"离婚后子女的抚养和教育"第20条规定："父母与子女间的血亲关系，不因父母离婚而消灭。离婚后，子女无论由父方或母方抚养，仍是父母双方的子女。"夫妻的婚姻关系可以因离婚而解除，但是，父母与子女间的血亲关系不能用法律手段来解除。

三是离异家庭儿童抚养责任界定。1950年婚姻法第6章"离婚后子女的抚养和教育"第20条规定："离婚后父母对于所生的子女，仍有抚养和教育的责任。"同时规定："离婚后；哺乳期内的子女，以随哺乳的母亲为原则。"这一点体现了保护子女利益的原则，使哺乳期的孩子不至于因父母离婚而受到影响，这也有利于婴儿的健康成长。哺乳期后的子女，要从保护子女利益的角度出发，结合父母双方的情况，综合考虑父母双方的物质利益、政治、思想品德以及其他各个方面的情况，合情合理合法地加以解决。父母双方离婚，如果有未成年的子女，就要解决抚养费的问题。为此，1950年婚姻法第21条对此做出了规定。费用支付的办法，可以是付现金或实物或代小孩耕种分得的田地等。这里明确子女的生活费原则上由父母双方共同负担，如果女方抚养子女，男方负担一部分或全部的抚养费。

四是父母不抚养子女的规定。1950年婚姻法第4章第13条做出了父母有教育抚养子女义务的规定，没有成年的子女有权向不承担抚养责任的父母索要抚养费。

五是非婚生子女的权益维护。在中国的封建社会，非婚生子女得不到法律的保护，甚至有的孩子一生下来就受到歧视和遗弃。新中国成立之后，承认非婚生子女是无辜的，应该和婚生子女一样享受正常的权利。1950年婚姻法第4章第15条对非婚生子女的权利做出规定，任何人不得歧视非婚生子女，而且与婚生子女享受同等权利。一旦被证明亲子关系后，非婚生子女的生父应该承担子女必需的生活费和全部或部分教育费，直至子女18周岁。非婚生子女与生父母的关系一般是不需要证明的，但是必要时，可以通过物证和其他人证加以证明。这样既保护了非婚生子女的生活，也有利于孩子和母亲的身心健康。非婚生子女除了有权向父母索要生活费，还有继承父母遗产的权利，任何人不得以任何借口加以剥夺。我国婚姻法对非婚生子女的规定，废除了旧社会对非婚生子女的歧视，保护了非婚生子女的权利。

1950年5月1日颁布的《中华人民共和国婚姻法》，虽以调整婚姻关系为主，但是这部法律以保护妇女和子女合法权益为核心，保障儿童福利的实现。1950年的婚姻法是新中国仅次于《中华人民共和国宪法》的大法，被外国学者称为"恢复女性人权的宣言"，体现了鲜明的时代特征，不仅对夫妻关系进行了规范，也对处于家庭中的孩子有了新的看法和认识。孩子是家庭的重要成员，是新中国的主人，家庭和国家的建设者和接班人。新时期的妇女要身体力行地培养革命接班人，培养孩子爱国、爱劳动的情怀。

3. 《中华人民共和国工会法》对儿童权利的保护

1950年6月29日《中华人民共和国工会法》颁布，共5章26条，明确规定了工会在国家的法律地位和原则。该工会法第7条和第10条对此做出了规定。第7条规定工会有改善职工物质和文化生活设施的责任，第10条规定："各级政府应拨给中华全国总工会、产业工会与地方工会必要的房屋与设备，作为工会办公、会议、教育、娱乐及举办集体福利事业等之用。"[①]

计划经济时期，工会肩负着做好生产工作、关心职工生活的重要任

---

① 《中华人民共和国工会法》（1950年6月28日），2015年9月30日，http://wenku.baidu.com/link? url = UUzJHxHkypZiilOGcU4s3CeN2rLcR-sPn6gIA8l7cYyBMYAvrPT7xH3NFRjcuQw6Wp1 - - Q76FSAM5ePS0Z7JrRBW35cj_ GuRwgkMBIGFA77。

务。儿童福利作为职工生活福利的一个重要组成部分，受到工会的高度重视。当时工会重视儿童福利工作的原因有以下几个方面：一是培养儿童的马克思、列宁主义的世界观以及共产主义的思想，这是工会组织工作的一项重要任务。二是工会对全体群众无微不至的关心，了解职工的困难，用法律解决职工的困难，这是工会组织工作的重要任务。职工对子女的教育是他们生活中的一件大事，因此，工会本着关心职工的角度应该关心儿童，做好儿童工作。三是职工群众在教育下一代时有很多困难，比如儿童因家庭负担不能上学，上学后不能很好地学习、逃学偷懒，假期中无人照顾等方面的问题，这些都会影响职工的生产和生活情绪，因此，做好儿童工作与搞好生产、做好工作有直接联系。所以，要做好儿童工作，这对于鼓舞职工的生产、工作情绪有很大作用。

工会从多方面做好儿童工作，第一，组织职工儿童入学，并督促家长让儿童好好学习。有的职工因家务事情多，常让大龄儿童在家哄孩子，工会就应该帮助家长把小孩送到托儿所，使适龄儿童能够上学；因家务事常常使孩子不能坚持上课，工会应该学用法律武器解决其料理家务的困难，使上学儿童不至于旷课，有的儿童虽然上学，但不好好学习，经常迟到旷课，工会应帮助家长加强对其教育，使其好好读书。使儿童能够正常上学并好好读书，被当时的工会认为是非常重要的责任。第二，帮助学校、帮助职工教育儿童。儿童入学后，不能把教育儿童的责任全部推给学校，工会应该帮助学校及职工加强对儿童的教育。首先，工会对儿童的父母加强教育，使他们能正确地教育子女，组织有儿童的父母交流育儿经验，组织教育儿童的专题报告会，对没有尽到教育责任的父母提出批评教育，帮助其改正缺点。其次，工会还要了解入学儿童的学习情况，有条件的还组织儿童学习检讨会，组织学习较好的儿童做报告，以启发他们学习。第三，组织儿童课外文化活动。课外或者假期，工会可以组织儿童进行看电影、参观、演出、合唱、舞蹈、体育比赛等活动。通过这些活动，培养他们的文化艺术体育才能。在假期，特别是暑假，工会可以有计划配合有关部门组织夏令营或者爬山等活动。通过这些活动提高儿童的思想认识、锻炼孩子的体质。第四，在工会图书馆中，可开设儿童图书分馆或者儿童书架，通过这种方式组织他们的课外阅读，必要时还可以组织读书报告会，这被认为是向儿童进行教育的很好方式。第五，工会可组织各种讲演报告会，还可以向儿童作通俗的时事政治报告，或组织儿童自己演讲，以增进儿童各方面的知识。

在计划经济时期，工会作为政府的一个重要部门，在协助处理工会会员关系、发放职工福利、教育儿童等方面发挥了重要作用。工会成立专门的儿童工作委员会，重视儿童工作的管理，推动了儿童福利的开展。

4. 《中华人民共和国劳动保险条例》规定举办集体儿童福利

1953年《中华人民共和国劳动保险条例》第17条对举办集体儿童福利事业做出规定："集体劳动保险事业的规定：乙、各企业工会基层委员会得根据各该企业的经济情况及工人与职员的需要，与企业行政方面或资方共同办理疗养所、业余疗养所、托儿所等集体劳动保险事业。详细办法在实施细则中规定之。丙、中华全国总工会可举办或委托各地方或各产业工会组织举办下列各项集体劳动保险事业。一、疗养所；二、休养所；三、养老院；四、孤儿保育院；五、残废院；六、其他。"[①] 明确规定了实行劳动保险业务的工会与企业行政或资方共同举办托儿所等集体事务。

5. 初步确立面向城镇家庭的补贴制度

1953年5月，财务部、人事部发出《关于统一掌管使用多子女补助费与家属福利费等问题的联合通知》，开始建立面向城市家庭的津贴制度。《关于统一掌管使用多子女补助费与家属福利费等问题的联合通知》指出："最近我们检查中央及地方某些部门，发现在掌管使用工作人员家属福利费、工资制工作人员多子女补助费上存在着若干问题，亟待解决。这些问题表现在：有的将福利费中的家属生活补助费与家属医药费机械地分开使用；工资制人员多子女补助费与福利费在掌管使用上机械分开，就目前情况来看，也是不完全妥善的。福利费、多子女补助费有的亦未做到迅速地按级向下发放，严重地存在着层层积压的现象。一九五二年结余之福利费，中央财政部一九五二年十九日（52）财计

[①] 《中华人民共和国劳动保险条例》（1953年1月2日），2015年8月26日，http://court.gmw.cn/lawdb/show.php? file_ id=80&key=%C0%CD%B6%AF。

范字第一五七号通知《一九五二年度财政收支年终清理及决算编报的几项规定》内第七项一节中规定的精神,是项费用的结余款准予不上缴、不冻结、继续使用,但有些地区或部门未能贯彻执行。"①

这是对多子女家庭照顾的福利补贴政策,该政策存在以下两个方面的主要问题:(1)分开使用家属生活补助费与家属医药费;分开使用福利费职工多子女补助费;(2)多子女补助费和福利费存在着被积压的现象。针对这些问题,要对多子女家庭的补贴要求合并使用,提出了解决问题的方案:(1)为了尽可能适当合理地解决供给制、工资制人员家属生活困难问题,县以上各级人民政府可以统一使用职工家属的医药费、生活补助费及子女的补助费。(2)国家迅速地把多子女福利费发放到县以上人民政府,做到专款专用,不得积压福利费,否则不能解决职工面临的生活困难。(3)1952年福利费(按在编制以内及经批准的非编制人员的实有人数为依托所预算的福利费)结余款,如已被冻结上缴,则应迅速解冻,仍退还原单位管理,也可以交给大区或省(市)在必要时统筹使用。

1954年政务院《关于各级人民政府工作人员福利费掌管使用办法的通知》对政府工作人员福利费预算与掌管使用问题、福利补助对象问题、福利费的用途、补助的原则和标准、福利补助工作中应注意的事项等各方面都做出了规定。该通知指出:为了解决各级政府工作人员及其家属生活困难补助方面存在的问题,解决职工家属的生活困难,做出了相应规定:凡是职工的子女、不满16周岁的弟弟和妹妹、必须由职工负担的其他亲属中的幼童都是补助的对象,由此可见:政府工作人员的子女、弟弟和妹妹、其他亲属中的幼童生活是有保障的。当政府工作人员由于子女多或者子女教育费等原因,生活出现困难时,国家通过福利费来解决。

1957年国家实行《国务院关于国家机关工作人员福利费掌管使用的暂行规定的通知》,废止了1954年《关于各级人民政府工作人员福利费掌管使用办法的通知》,规定:职工福利费解决包括子女患病的医

---

① 中央人民政府财政部、人事部:《关于统一掌管使用多子女补助费与家属福利费等问题的联合通知》,《山西政报》1953年第12期。

药费困难和其他由于多子女造成的生活困难,并制定了"困难大的多补助,困难小的少补助"的原则。

6. 其他儿童法规及政策

除了以上的法律、法规、政策对儿童福利的规定,1949—1978年儿童法规、政策对儿童权益保护、儿童医疗、儿童教育都有所规定(详见表3—8、表3—9、表3—10):

表3—8 　　　　　　1949—1978年中国儿童保护法规[①]

时间	政策或法规	内容及意义
1949年9月29日	《中国人民政治协商会议共同纲领》	第47条:"有计划有步骤地实行普及教育。"第48条:"提倡国民体育,推广卫生医药事业,并注意保护母亲、婴儿和儿童的健康"
1949年12月23日	政务院发布《全国年节及纪念日放假办法》	政务院规定6月1日放假半天。1950年为新中国成立后的第一个儿童节。1956年3月16日发布通知,把半天假改为一天
1953年2月20日	《关于严惩强奸幼女罪犯的指示》	要求人民法院明确人民政府和人民群众要关心儿童的健康。要求从严惩治强奸幼女的罪犯
1954年9月7日	《中华人民共和国劳动改造条例》	设置少年犯管教所对少年犯进行教育改造
1954年9月21日	《关于处理奸淫幼女案件的经验总结和对奸淫幼女罪犯的处刑意见》	对奸淫幼女从严惩处
1956年2月7日	《对少年犯收押界限、捕押手续和清理等问题的联合通知》	少年犯管教所的收押界限、少年犯捕押的法定手续、清理各地少年犯管教所收押范围
1957年4月30日	《关于1955年以来奸淫幼女案件检查总结》	对利用教养关系奸淫幼女的,或有犯罪前科的,教唆青少年奸淫幼女的,从重处罚
1957年5月24日	《关于城市中当前几类刑事案件审判工作的指示》	对未成年犯罪,贯彻教育为主、惩罚为辅的方针。对于儿童犯罪,区别不同情况。情节严重,适当刑罚;情节较轻的,交家长、学校等管教;对于无家可归的,交给收容教育部门
1960年4月21日	《关于少年儿童一般犯罪不予逮捕判刑的联合通知》	一般犯罪儿童,一般不逮捕判刑,对他们进行收容教养

---

① 陆士桢、魏兆鹏、胡伟:《中国儿童政策概论》,社会科学文献出版社2005年版,第140—142页。

表3—9　　　　1949—1978年中国儿童医疗保健的政策和法规①

时间	政策或法规	内容及意义
1949年9月29日	《中国人民政治协商会议共同纲领》	第48条："提倡国民体育，推广卫生医药事业，并注意保护母亲、婴儿和儿童的健康"
1951年8月6日	《关于改善各学校学生健康状况的决定》	调整学生日常学习及生活的时间、减轻学生课业学习与社团活动的负担、改进学校卫生工作、注重体育、娱乐活动、改善学生伙食管理办法
1954年6月11日	《关于学校保健工作的联合指示》	推动学校保健工作开展，各级学校普遍建立保健组织
1954年8月24日	《关于在全国中小学中推行儿童广播体操的联合指示》	儿童广播体操推行
1960年	全国高等医学院校试用教材	"学校卫生学"改名为"儿童少年卫生学"
1960年1月4日	《关于保护学生视力的通知》	对儿童视力保护进行了规定
1961年4月13日	《关于防止学生肺结核、肝炎传染病的通知》	学校定期对学生进行健康检查、对传染病早发现、早隔离、早治疗
1964年1月	《青少年体育锻炼标准》	对改善学生体质发挥着重要作用

表3—10　　　　1949—1978年中国儿童文化教育政策和法规②

时间	政策或法规	内容及意义
1949年9月29日	《中国人民政治协商会议共同纲领》	国家"有计划、步骤地实行普及教育"
1951年10月1日	《关于改革学制的决定》	新学制强调教育为国家建设服务，向工农敞开大门；确定干部学校、业余学校在学制中的地位；保证各科技术学校的相互衔接
1952年3月1日	《幼儿园暂行规程》《幼儿园暂行教育纲要》	"贯彻了幼儿园教育幼儿和便于母亲参加工作的双重任务和教养并重的方针"，为建立学前教育体系奠定了基础
1952年3月18日	《小学暂行规程（草案）》	规范小学教育
1952年3月18日	《中学暂行规程（草案）》	

---

① 陆士桢、魏兆鹏、胡伟：《中国儿童政策概论》，社会科学文献出版社2005年版，第143—147页。

② 同上书，第148—154页。

续表

时间	政策或法规	内容及意义
1956年10月	《小学语文教育大纲》	
1952年11月15日	《关于接办私立中等学校和小学的计划》	国家开始接办中小学工作
1953年6月30日	"身体好，学习好，工作好"	三好教育标准确定
1957年6月19日	《关于正确处理人民内部矛盾的问题》	德育、智育、体育全面发展的教育方针
1958年5月30日	《我国应有两种教育制度、两种劳动制度》	实行半工半读的学校教育制度和工厂劳动制度
1959年5月24日	《关于试验改革学制的规定》	
1959年6月	《关于学校几项评比竞赛和建立就学秩序的报告》	扭转"大跃进"下违背教育规律和儿童特点的做法
1963年3月23日	《全日制小学暂行工作条例》《全日制中学暂行工作条例（草案）》	指出小学教育的任务：为社会建设培养劳动后备力量和高一级学校培养合格的新生
1978年1月11日	《关于办好一批重点中小学施行办法》	实行差别发展，以效率带动质量

7. 小结

法律、法规、政策是儿童福利发展的保障，从上述的法律和政策可以看到：第一，法律对儿童的福利做出了比较全面的规定。法律主要涉及1954年《中华人民共和国宪法》、1950年《婚姻法》、1950年《中华人民共和国工会法》。这些大法从根本上对儿童福利做出了总体规定。第二，一些具体的政策从儿童保护、儿童医疗卫生、儿童教育等具体方面对儿童福利做出了规定。儿童保护方面，如1953年2月20日《关于严惩强奸幼女罪犯的指示》、1954年9月《关于处理奸淫幼女案件的经验总结和对奸淫幼女罪犯的处刑意见》。儿童文化教育政策，如1952年《幼儿园暂行规程》和《幼儿园暂行教育纲要》、1963年3月《全日制小学暂行工作条例》和《全日制中学暂行工作条例（草案）》。儿童医疗保健的政策，如1951年8月6日《关于改善各学校学生健康状况的决定》。这些政策具有"准法律"性质，由于中国的特殊国情，像条例、规章、规定、通知等政策也具有法律效力，在毛泽东时代，这些政策贯彻落实得较好。第三,城乡不平衡。有些政策是从某一方面保障干部及其职工的生活,如 1951 年《中华人民共和国劳动保险条例》、1953 年《关于统一掌管多子女补助与家庭福利等问题的联合通知》、1957 年《国务院关于国家机关工作人员福利费掌管使用的暂行规定的通知》、1955 年《关于国家机关工作人员子女医疗问题的通知》等。对于城镇职工及其子女来说,这些法律和政策的制定,有力地保障了他们的生活,尤其是城市多子女家庭,家庭福利费的开支是有保障的,针对多子女家庭存在的问题,都提出了切实解决办法。这些法律和政策从基本生活、医疗费用、教育等几个重要方面对城市儿童的福利给予保障,体现了城乡差别,也体现了当时优先发展工业,发展生产而给职工的福利保证。

(二) 行政管理

新中国成立初期,中国社会福利工作处于建设阶段,社会救助与社会福利的管理机构也是从无到有、救助项目由多到少,管理程序也逐渐规范。1949 年 10 月 19 日,中华人民政府委员会第三次会议决定,任命谢觉哉为内务部部长,其内设机构情况如图 3—3 所示:

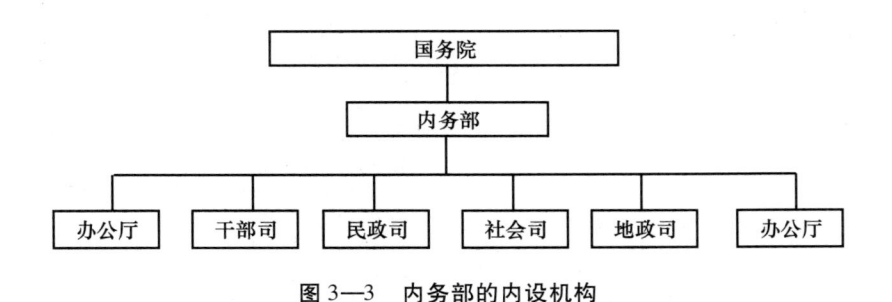

```
                    ┌─────────┐
                    │  国务院  │
                    └────┬────┘
                         │
                    ┌────┴────┐
                    │  内务部  │
                    └────┬────┘
    ┌───────┬───────┬────┼────┬───────┬───────┐
  办公厅  干部司  民政司  社会司  地政司  办公厅
```

图 3—3 内务部的内设机构

内务部内设机构中主管社会福利的是社会司。社会司除了做社会福利工作,还负责社会救济等其他工作。在 1949—1978 年,内务部负责儿童社会福利工作,但是内务部也曾在 1969 年被撤销,直到 1978 年民政部的成立才使社会福利工作步入正轨,如表 3—11 所示。

表 3—11　　　　　1949—1978 年内务部主要变化

时间	名称	具体工作及变化情况
1949 年	中央人民政府内务部	管理全国民政工作
1953 年	内务部增设救济司	将社会司所管的社会福利和社会救济中的农村部分移交给救济司，把残疾儿童教养工作交由救济总会管理
1969 年	中华人民共和国内务部	被撤销
1978 年	中华人民共和国民政部	成立

从表 3—12 可以看出：

表 3—12　　　　　1949—1956 年内务部管理职责变迁

时间	机构、会议、通知等	内设机构	管理职责变化
1949 年 11 月	成立内务部	设办公厅、民政司、社会司等六个单位	内务部主管民政工作救助，以救灾和政权建设为工作重点；民政司主管社会福利；大区设民政局，省设民政厅，专署和县设民政科
1950 年 7 月	第一次全国民政会议		内务部工作重点：地方政权建设、优抚、救灾
1952 年 6 月	周恩来总理指示		卫生部直接指导中国红十字总会
1953 年 8 月		内务部增设救济司和户政司	救济司管理以前由社会司所管社会福利和社会救济工作中农村部分；救济总会管理残疾儿童教养工作
1954 年 2 月	政务院发出《关于民政部门与各有关部门的业务划分问题的通知》		教育部门接办正规聋哑学校；民政部门负责救济为主的、原附属在生产教养院内的学校；3 岁以上幼儿教育由教育部门管理；3 岁以下托儿所由卫生部门管理；私立托儿所、街道托儿站由民政部门管理；机关托儿所由各机关管理；民政部门减免城市和农村贫困病人医疗费
1954 年 9 月	中央人民政府内务部改为中华人民共和国内务部		地方上设民政机构，省和自治区设民政厅，直辖市设民政局，县设民政局（科）
1954 年 11 月—1955 年 1 月	第三次全国民政会议		内务部主要业务：优抚、复员、救灾、社会救济

续表

时间	机构、会议、通知等	内设机构	管理职责变化
1955 年 5 月	调整内务部机构	办公厅、财务干训司、优抚局、农村救济司、城市救济司、民政司、户政司	社会司改名为城市救济司；救济司改名为农村救济司，主管农村的自然灾害救济和农村的社会救济
1955 年 11 月	周恩来总理指示		中国人民救济总会与中国红十字会合署办公；内务部负责中国人民救济总会管理的国内救济工作，中国红十字会负责国际救济工作；内务部将负责盲人福利会和新成立的聋哑人福利会筹备委员会
1956 年 6 月	国务院重新核定内务部编制		适应游民改造任务和城市贫民移民、灾区移民工作需要

1. 内务部兼职做儿童福利

儿童福利工作不是民政工作重点，内务部在兼职做儿童福利工作。救济是民政主要的工作。1949 年 11 月成立的中央人民政府内务部以救灾和政权建设工作为重点，大区设民政局，省设民政厅，专署和县设民政科，形成自上而下的垂直管理系统。1949—1956 年这个时期没有提出福利问题，儿童福利只是附在救助中。

2. 部门分割

当时的部门分割，以麻风村和麻风病人为例，1954 年《关于民政部门与各有关部门的业务划分问题的通知》（以下简称《通知》）对此做出了不同规定：民政部门管理麻风村和生活困难的麻风病人；卫生部门管理麻风病人的收容与治疗。这样的管理很容易造成部门之间的扯皮，影响病人的治疗与福利的发展。上述《通知》的第 2 条指出：卫生部门管理精神病人治疗；民政部门管理已经治愈但无家可归的精神病人。由此可以看出：对精神病这个群体的管理，就涉及卫生部与民政部两个部门，看似卫生部和民政部都在管精神病人，实际上容易出现管理的真空与漏洞。上述《通知》第 5 条指出：教育部门负责 3 岁以上的幼儿教育；卫生部门负责 3 岁以下的托儿所；机关管理本单位托儿所；民政部门负责私立托儿所、街道托儿站。托幼事业的管理被分散在民政、教育、卫生三个部门。儿童,看似有多个部门在管,民政部门、教育部门、卫生部门,但是对于儿童这个群体,这样细地划分管理部门,无疑对推动儿童福利的发展是不利的。

3. 缺乏专门管理机构

毛泽东时代,没有专门管理儿童福利的机构。儿童福利工作分散在民政、卫生、教育、工会、妇联等各个部门。

4. 城乡分割管理格局逐渐显现

1956年6月,国务院同意设立农村救济司和城市救济司,这样城乡社会救济分置的格局出现。到1958年城乡分治的福利格局出现。1958年"大跃进"之后,对福利的提法逐渐增多,也设立农村救济福利司和城市救济福利司。1958年8月,国务院把农村救济司改为农村救济福利司、将城市救济司改为城市社会福利司。1966—1978年间,内务部管理职责又发生了变化,具体情况如表3—13所示。

表3—13　　　　　　1966—1978年内务部管理职责变迁

时间	机构、会议等	管理职责变化
1966年5月	"文化大革命"	内务部机关运动
1968年12月11日		内务部撤销,在京设机关留守处外,其他同志下干校
1972年3月	国务院	公安部:行政区划、收容遣送等; 财政部:救灾、救济、优抚、拥军优属等; 卫生部:盲人、聋哑人、麻风病人、精神病人的安置、教育和管理
1978年3月5日	第五届全国人民代表大会	设立民政部:办公厅、政治部、优抚局、农村社会救济司、城市社会福利司、民政司、政府机关人事局和中国盲人聋哑人协会
1978年9月16日	第七次全国民政会议	明确民政工作任务:生产救灾、社会救济和社会福利等工作

由表3—13可以看出:"文化大革命"时期,内务部被撤销,人员下放,因此,社会救济和社会福利工作受到影响,虽然有些地方的民政干部坚守岗位,但是这个时期的内务部工作由于缺乏组织领导而陷于困境。1972年提出了分级管理,把内务部的工作分散。儿童收容遣送由公安部负责、儿童救济由财政部负责、卫生部负责聋哑儿童的安置与管

理。从这个分工可以看到：分工是混乱的，卫生部负责盲人、聋哑人的教育和管理工作，财政部来负责救灾工作。

到1978年5月中华人民共和国民政部正式成立，下设农村社会救济司、城市社会福利司、民政司、中国盲人聋哑人协会等部门。从这里看到：当时农村是社会救济司，城市是社会福利司，把城市与农村分开管理。城市是福利，农村是救济，体现了城乡不同的发展理念。

1978年第七次全国民政会议明确了生产救灾、社会救济、社会福利作为民政工作主要任务。到1978年从机构设立的情况来看，已经把城市和农村作为一体考虑，成立社会救济和社会福利司，不再单设城市和农村不同的管理机构。

结合表3—11、表3—12，审视毛泽东时代儿童福利的行政管理，思考如下：

1. 内务部内设机构变迁频繁

1949年11月，中央人民政府内务部成立。在1949—1978年这三十年间，内务部的主要职能几经变化，部门调整频繁，但是主要的管理职能是民政救助工作，初期是民政司来管社会福利工作，在内部成立初期，以救灾和政权建设为重点，设立自上而下的管理体系。1953年8月，内务部设置救济司，负责农村社会救济和社会福利工作，这部分工作以前由社会司负责。救济总会管理残疾儿童。1954年2月政务院《关于民政部门与各有关部门的业务划分问题的通知》规定了聋哑学校、幼儿教育、托儿所等的负责部门。1954年9月，《中华人民共和国宪法》建立中华人民共和国内务部替代原来的中央人民政府内务部，民政厅设在省、自治区，民政局设在直辖市，民政局（科）设在县城。1954年11月至1955年1月在北京召开第三次全国民政会议，救灾、社会救济被列入民政工作的主要任务。1955年5月，国务院在机构调整中把救济司改名为农村救济司，主管农村救济和救灾工作；社会司改名为城市救济司，负责城市的救济工作。由表3—12还可以看出1955年11月和1956年6月内务部其他内设部门职能的变化情况。

2. 政府起主导作用

在基层，主要是地方政府发挥巨大作用。1958年人民公社成立之后，人民公社作为政社合一的组织，既是生产单位，又是福利单位。中共八届六中全会《关于人民公社若干问题的决议》规定：人民公社是集生产、分配、生活福利功能于一身的政社合一的组织。人民公社作为行政管理体系中的重要组成部分，在儿童福利发展方面发挥着重大作用。在城市，人民公社在某种程度上减轻了国有企业的负担，1959年12月17日《河北省关于城市公社问题向中央的报告》中："石家庄市、天津市有的公社还试办了将国营企业中部分生活福利事业交公社统一管理，减轻了大厂的负担，国营企业也从原料上（主要是下角废料）、技术上和设备上支援了公社工业。"① 当时认为人民公社比街道组织更有利于发挥功能，充分肯定了人民公社的作用。

除了政府主导作用，群众性组织在福利中也发挥了重要作用。新中国成立之后，积极参与社会救助的群众性组织主要包括中华人民救济总会、中国红十字会、中国福利资金会、全国总工会、全国妇联。中国人民救济总会于1950年在京成立，它是群众性救助组织的代表，其前身是1945年成立的中国解放军救济总会。在该组织成立初期，曾经建立大批收容孤儿、残疾儿童、流浪儿童的生产教养院。

毛泽东时代行政管理中强调国家作用。而儿童福利的发展需要发挥国家、社会、市场、家庭四位一体的作用，我们可以看到：在当时的中国，社会组织发育不完善，再加上强调国家的"父爱"，而忽视社会组织或者慈善组织的作用，家庭的育幼养老的功能由于受到妇女参加工作的影响而弱化，在计划经济体制之下，市场更无从谈起。所以，新中国的儿童福利发展政府起到了至关重要的作用。

（三）经济投入

笔者无从找到1949—1978年专门针对儿童福利的统计数据，但是可以找到这段时期国家对民政的支出情况，如图3—4所示：

图3—4所示的民政开支指的是民政部和地方民政部门的总开支，包含了社会福利项目以及行政工作人员的开支等各项内容，但是缺少福利方面的具体分项的支出情况。因此，笔者也无从知晓改革开放之前，

---

① 《河北省关于城市公社问题向中央的报告》，1959年12月17日，石家庄市档案馆档案，档案号：1-2-233。

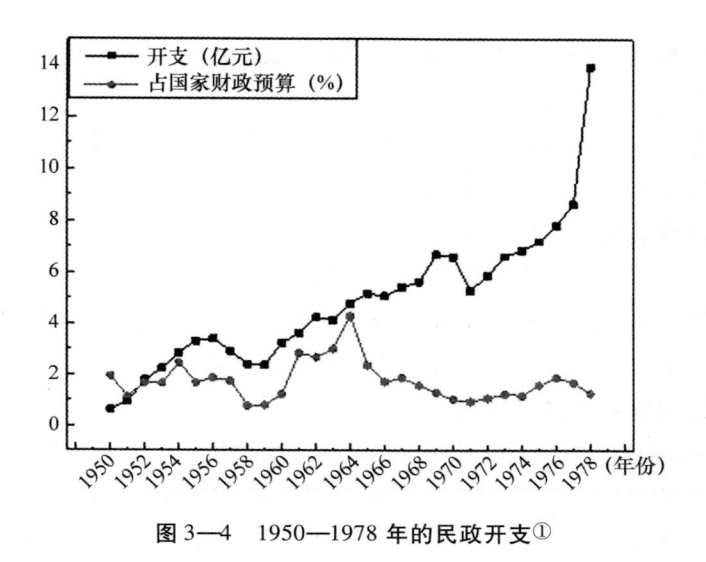

图 3—4　1950—1978 年的民政开支①

国家在社会福利，儿童福利方面的具体开支情况。但可以肯定地说：毛泽东时代对儿童福利的投入不足，以 1956 年小学教育事业费中的福利费为例，主要是依靠小学杂费收入来解决福利费问题，只有确保小学杂费的收入计划完成，才能保证教师福利费的开支，笔者通过访谈也证实了这一点。

从图 3—4 中可以看出，1963 年国家对民政的支出占国家预算的 2.99%，1964 年国家对民政的支出占国家预算的比例最高，达到了 4.27%，1965 年国家对民政的支出占国家预算的比例下降到了 2.35%，其他的年份国家对民政的支出占国家预算的比例都比较低。1949 年到 1978 年的很多年份，民政开支都不到国家预算的 2%。"在 1978 年全国有人口 9.6 亿，当年国家在民政事业的费用平均每人不足 1.5 元。"②

由于城乡二元分割的存在，国家用于城镇职工的劳动保险和福利资金占有很大比例，"1978 年，劳动保险和福利资金总额为 78.1 亿元，即工资的 13.7%。1979 年，开支为 107.3 亿元，即工资的 16.6%（《中国

---

① 民政部大事记编辑委员会编：《民政部大事记》，民政部，1988 年，第 734 页。
② 黄黎若莲：《边缘化与中国的社会福利》，商务印书馆 2001 年版，第 62 页。

劳动统计年鉴 1995》：526 页）。相反，这两年的民政开支分别仅为 13.92 亿元和 18.8 亿元"①。

政府采取社会福利责任分化的政策，把社会福利的责任分散在各个部门，比如上到国家的教育部、卫生部等部门，下到基层的人民公社、城市街道委员会、单位，这样也分散了一部分权力。内务部在发展中国福利事业的时候，一直倡导发挥群众的积极性，国家是最后可以依靠的堡垒。即使举办社会福利事业，也主张发展社会福利生产，让儿童、残疾人参加生产，国家一直倡导自力更生获取生存的资料，这就减轻了国家发展福利事业的经济压力。

对于 1949—1978 年集体福利事业，在基层，需要发挥单位、人民公社等集体的筹资责任。在城市发展集体福利事业，有单位的资金保障，从企业中提取；在农村发展集体福利事业是从农村集体经济中提取公益金。以 1959 年石家庄城市人民公社的资金来源为例，"生活问题的解决赖于生产的迅速发展，为了更好地发展公社生产，在资金上首先应强调社员自筹，同时国营企业也需给公社必要的帮助。为此，在国营企业的厂长资金中抽出 10%交公社统一使用，以加速生产的发展，在生产提高的基础上把公共福利事业搞好"②。有了企业的资金保障，人民公社才有条件来保障托儿所、幼儿园等儿童福利事业的发展。以 1959 年石家庄市桥东人民公社对托儿所的经费补助为例，1959 年 12 月 17 日《河北省关于城市公社问题向中央的报告》中："石家庄市桥东人民公社大兴分社对食堂、托儿所的经费补助每月即达一千九百多元。"③ 报告当时指出随着生产的发展，会逐渐增加对集体生活福利事业的补助。

搞好集体福利事业，贯彻勤俭节约、精打细算的精神，实行经济核算，建立健全必要的财务制度和其他管理制度。"为了把群众的集体生活福利事业办好，公共食堂、托儿所、幼儿园、生活服务站，都必须认

---

① 黄黎若莲：《边缘化与中国的社会福利》，商务印书馆 2001 年版，第 62 页。
② 《中共石家庄市委关于城市人民公社若干问题的意见（初稿）》，1959 年 1 月 26 日，石家庄市档案馆档案，档案号：1-1-445。
③ 《河北省关于城市公社问题向中央的报告》，1959 年 12 月 17 日，石家庄市档案馆档案，档案号：1-2-233。

真贯彻勤俭节约、精打细算的精神，实行经济核算，建立健全必要的财务制度和其他管理制度，严格开支，杜绝浪费。"①

1961年9月30日，《中共石家庄市委办公室关于城市人民公社的规模和公社工业所有制性质问题的调查（草稿）》谈到人民公社资金来源，涉及儿童福利的资金来源。在谈到调整盈余分配问题时说："利润分配要少提多留，公社向直属企业提取利润的比例一般应为纯利润的70%—90%，但也要视其生产情况和发展前途适当地高于或低于这个比例。分社向直属企业可提30%—50%左右的利润；对生产小商品利润小、开支大、供销不稳定、生产不正常、收入少的单位，可提10%左右；对那些较小的修配服务单位，应予以照顾，尽量少提或不提。"②"企业留成比例的用项，一般应以60%用于扩大再生产，40%用于生活福利、文教卫生和奖励等开支。"③

公社工业管理局作为公社的管理部门，要收取一定的管理费，"公社从直属企业和分社提取的利润总数中拿出10%上缴公社工业管理局，作为管理费和兴办改制企业，以及各公社平衡之用"④。

福利事业费大体可以分为三类：第一类是由中央直接掌管的，经过省委和人民政府报请拨的，即特大自然灾害救济费；第二类是由中央开支标准，由地方做预算的，如抚恤费金、残疾金、养老金等，这一类一定要按法令规定的标准做预算，保证开支，不能减少；第三类是由中央规定任务，由地方政府自行掌管，这一类占多数，如普通自然灾害救济费、社会救济费、烈军属和荣复军人补助费、教养费、福利费等，这一类各地可以根据实际情况做预算，但应保证中央关于民政工作任务要求的实现。依当时的福利费的分类，第三类是中央规定任务，而地方政府是自行掌管的，因此在当时福利费跟地方有很大关系，当时地方在办福利时还是发挥了很大作用的，主要是省级和市级

---

① 《中共石家庄市委关于进一步巩固提高城市人民公社的意见》，1959年9月25日，石家庄市档案馆档案，档案号：1-1-445。

② 《中共石家庄市委办公室关于城市人民公社的规模和公社工业所有制性质问题的调查（草稿）》，1961年9月30日，石家庄市档案馆资料，档案号：1-2-361。

③ 同上。

④ 同上。

政府，而当时的县一级政府由于经济条件的限制在发展福利中的作用是有限的。到了20世纪70年代，省、市儿童福利费的支出逐渐得以明确。以河北省为例，1977年7月12日，河北省革命委员会民政局的残老儿童福利费57483841元。邢台地区民政局抚恤救济事业费，预算执行情况预报表显示，1977年1月14日，残老儿童福利经费6611元，其他救济福利事业费为1151251元；1977年2月28日，石家庄地区残老儿童福利费为56000元；1976年3月20日，保定市民政局残老儿童福利费119089元。①

---

① 《儿童福利费支出情况》，1976年，河北省档案馆档案，档案号：935-4-101。

第四章 儿童生活福利

儿童生活福利是指为了保障儿童的基本生活而采取的政策、救济、福利措施、建立的机构与实施的津贴等。

新中国成立之后，主要是内务部采取政策与措施保障了儿童基本生活。在城市：通过发行票证保障儿童生活物资需求；通过召开全国城市救济福利工作会议，开展城市儿童救济工作；建立儿童福利院、儿童教养院、婴幼院；进行社会福利生产，发展残疾儿童福利；建立多子女家庭津贴；在生育保险中加强对儿童的照顾；在农村：农村集体经济为儿童分配粮食及其他生活物品，保障了儿童基本生存需要；通过农村"五保"制度救济儿童；建立孤儿院、生产教养院；通过临时救助保障师生等粮食生活必需品的供应。首先来看城市儿童生活福利。

一 城市儿童生活福利

新中国刚刚成立后，救灾任务十分繁重，"一九四九年有灾民四千万人，一九五〇年三千三百万人，一九五一年三千万人，一九五二年二千七百万人，一九五三年三千四百余万人"[1]。内务部陈其瑗副部长1950年7月24日在全国民政会议上的报告中总结一年来救灾工作指出：1949年自然灾害主要是水灾，面临严重的自然灾害，刚刚成立的中央人民政府做出了保证"不饿死人"的口号，在救灾中发扬互助共济的精神、采取以工代赈的做法，借着自然灾害的发生，大兴水利工程。面对着严重的自然灾害，国家注重对儿童的救助。

---

[1] 李荣时：《民政统计历史资料汇编》，民政部计划财务司，1993年，第581页。

（一）儿童救济

我国是一个自然灾害频发的国家，尤其是水灾、旱灾和冰雹，影响了人们的正常生活，民政部贯彻生产自救、互助共济的原则，加强对灾民的救济。表4—1、表4—2、表4—3所示是20世纪60年代城市社会救济的情况：

表4—1　　　　　　　1961年城市社会救济情况一览[①]

地区	定期救济人数（人）	临时救济人数（人）	无依无靠孤老（人）	多子女缺劳动力（人）
合计	119700	397310	81139	234390
北京市	12007	17927	8714	8717
河北省	16335	32271	14054	28650
山西省	578	18668	1831	13346
内蒙古自治区	772	10865	785	4383
辽宁省	7031	10332	1661	5823
吉林省	1793	14933	2667	7168
黑龙江省	9848	25039	2881	22868
上海市	7768	17100	3835	5423
江苏省	4038	29988	3606	12090
浙江省	5571	14024	5157	9803
安徽省	2760	9384	1640	7360
山东省	4913	40044	4624	22740
河南省	7707	37945	4455	14932
湖北省	6991	6347		
湖南省	5499	9594	248	8462
广东省	5545	14325	5521	9798
广西壮族自治区	2342	17576	2389	3541
四川省	10710	36176	8038	26763
陕西省	514	11470	814	7171

---

① 李荣时：《民政统计历史资料汇编》，民政部计划财务司，1993年，第350页。

续表

地区	定期救济人数（人）	临时救济人数（人）	无依无靠孤老（人）	多子女缺劳动力（人）
青海省	6921	13839	8107	8877
宁夏回族自治区	57	9463	112	6475

从表4—1可以看到：1961年城市社会救济的人群主要包括无依无靠孤老、多子女缺劳动力，还包括临时救济和定期救济的其他需要救济的人群。1961年国家共救济多子女缺劳动力234390人，其中河北省救济多子女缺劳动力的人数最多，达到了28650人。四川省、黑龙江省、山东省救济多子女缺劳动力人数都比较多，分别达到了26763人、22868人、22740人。

表4—2　　　　1962年城市社会救济情况一览①

地区	定期救济人数（人）	临时救济人数（人）	无依无靠的孤老（人）	多子女缺劳动力（人）
合计	1058806	1666388	534088	1159161
北京市	43176	52333	23023	32911
河北省	47545	60286	25613	49429
山西省	28482	21019	4859	13602
内蒙古自治区	6556	34418	5761	24337
辽宁省	89998	82355	31907	62868
吉林省	23436	51812	9872	32607
黑龙江省	175008	57854	34916	74528
上海市	83186	127944	39166	41136
江苏省	64232	160961	51889	116704
浙江省			8559	17541
安徽省	19943	56832	11410	33172
福建省	18307	35521	10981	22551
江西省	28416	85453	15260	44102

① 李荣时：《民政统计历史资料汇编》，民政部计划财务司，1993年，第351页。

续表

地区	定期救济人数（人）	临时救济人数（人）	无依无靠的孤老（人）	多子女缺劳动力（人）
山东省	64680	310368	60533	223904
湖北省	75492	105848	39389	78179
湖南省	53200	92211	34975	65410
广东省	34039	90701	33913	48452
广西壮族自治区	16612	4111	15578	25018
四川省	59246	132320	34768	104737
云南省	20020	15391	4570	9210
陕西省	16866	14114	897	10757
甘肃省	45427	32857	6548	19776
青海省	35377	34197	28302	5305
宁夏回族自治区	9562	7482	1399	2925

结合表4—1和表4—2可以看到：1962年城市社会救济的人群与1961年城市救济的人群是一样的，不过救济各类人群的数目变化很大。国家救济多子女缺劳动力的人数增加幅度很大，1961年到1962年间增加了924231人，这与当时自然灾害发生较多、多子女家庭生活陷入困境有很大关系。1962年救济多子女缺劳动力人数比较多的省份依次是山东省、江苏省、四川省，人数分别达到了223904人、116704人、104737人。

表4—3　　　　　　1963年城市社会救济情况一览①

地区	定期救济人数（人）	临时救济人数（人）	无依无靠的孤老（人）	多子女缺劳动力（人）
合计	967168	2357854	583614	1616421
北京市	23226	62448	11216	28622
河北省	71139	148015	34441	111434
山西省	12425	24248	6864	14468

① 李荣时：《民政统计历史资料汇编》，民政部计划财务司，1993年，第352页。

续表

地区	定期救济人数（人）	临时救济人数（人）	无依无靠的孤老（人）	多子女缺劳动力（人）
内蒙古自治区	15191	28781	8486	19918
辽宁省	132796	131912	49889	106171
吉林省	31808	84882	20771	51227
黑龙江省	111000	121038	31740	119014
江苏省	105447	480470	100447	278989
浙江省	27889	70134	25115	41374
安徽省	30961	95888	25467	62159
福建省	34377	60475	23229	38891
山东省	39275	143797	28552	122483
河南省	36217	139890	24597	103779
湖北省	75492	105878	39389	78197
湖南省	40930	90161	30498	60182
广东省	49861	180753	56376	104928
四川省	89250	226777	37666	157725
云南省	10286	57760	8249	43198
陕西省	3676	29723	3805	19156
甘肃省	20879	38735	6096	35068
青海省	3017	24789	8349	13418
宁夏回族自治区	2026	11300	2372	6020

由表 4—3 可以看出：1963 年城市社会救济多子女缺劳动力人数达到了 1616421 人，比 1961 年明显增加，比 1962 年救济多子女缺劳动力的人数也增加了不少。1963 年救济多子女缺劳动力人数比较多的三个地方依次是江苏省、四川省、山东省，人数分别达到 278989 人、157725 人、122483 人。

由表 4—1、表 4—2、表 4—3 可以看出：那个时期临时救济人数比较多，可是没有实现制度化救济；对于多子女家庭救济人数比较多，多子女家庭津贴体现的是对多子女家庭照顾的理念。无论从那个时代的生育津贴、产假及多子女家庭的照顾与服务，都可以看出是鼓励生育的。

这几个表格主要是城市儿童救济的数字，但是没有直接的有关儿童的统计数据，当时的儿童问题与老弱病残问题放在一起。当时城市对儿童是负有救济责任的，尤其是对于那些孤儿。为了深入分析1961—1963年的救济情况，特制图4—1、图4—2。首先看图4—1。

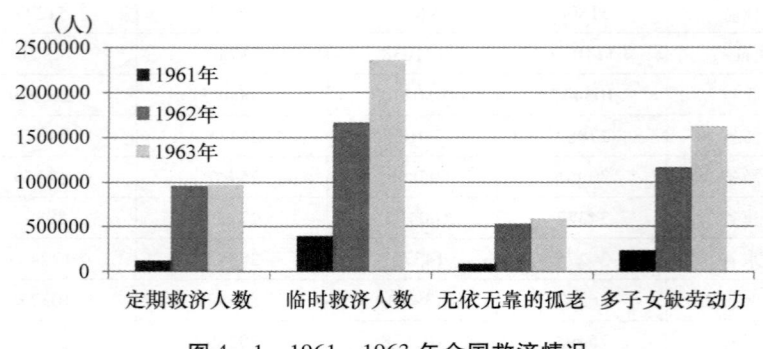

图4—1 1961—1963年全国救济情况

由图4—1可以看出：1961—1963年定期救济人数、临时救济人数、无依无靠的孤老、多子女缺劳动力救济人数都呈现逐年增加的趋势，其中，1963年临时救济人数达到了2357854人，多子女缺劳动力救济人数达到了1616421人。

由图4—2可以看出：1962年各地多子女缺劳动力救济人数都迅速增加，这与1959—1962年三年自然灾害有关。1963年江苏省是中国各地救济多子女缺劳动力最多的省份，1963年救济多子女缺劳动力人数达到了278989人，比1962年的116704人增加了162285人。1962年到1963年各地救济多子女缺劳动力除山东外，其他省（区、市）都显上升趋势。

城市临时救助对象和救助街头乞讨人员，当时对救助对象的认定还是比较严格的，从《石家庄市民政局1958年民政工作计划要点（草稿）》中可以看到："救济对象，市区内一般只限于丧失劳力无法维持生活的孤老病残或劳力长期患病经过组织生产仍不能自救解决的贫困户，缺乏劳力户，应通过生产解决。"[1]

---

[1] 《石家庄市民政局1958年民政工作计划要点（草稿）》，1958年，石家庄市档案馆资料，档案号：30-1-145。

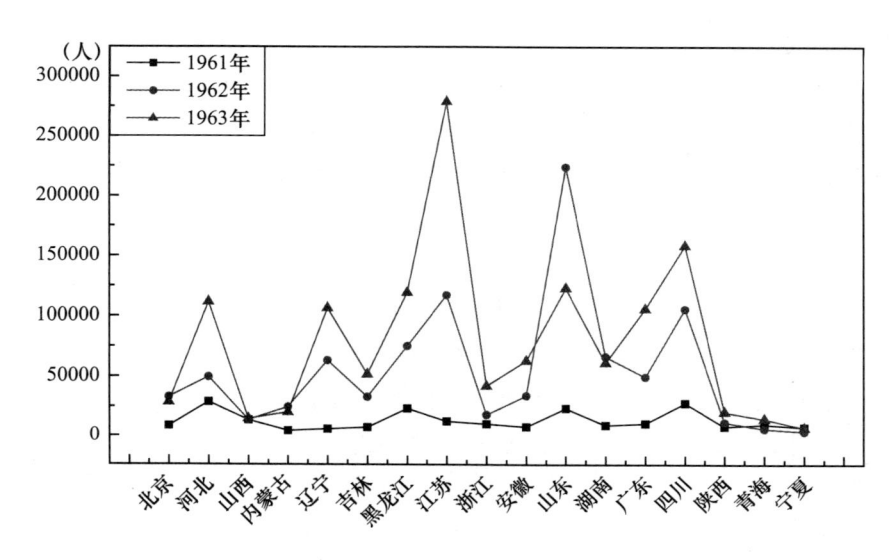

图4—2　1961—1963年各地多子女缺劳动力救济

（二）儿童福利机构

中国社会福利收养单位是在20世纪50年代后期和60年代初期建立起来的，当时称为生产教养院，1958年后更名为社会福利院。当时社会福利事业单位在维护稳定、巩固新生政权方面发挥了重要作用。"社会收养事业单位主要包括社会福利院、儿童福利院、精神病人院、敬老院和其他收养性单位。"① 当时的社会福利事业主要是以下两类：一类是社会福利院。民政部门在城镇举办，专门收养城镇的孤儿、残疾儿童和弃婴。社会福利院对孤儿以养为主，辅之以教育，养与教相结合。二类是儿童福利院。民政部在城市举办的以孤儿为收养对象的社会福利单位，专门收养无家可归、无生活来源、无法定赡养人的孤儿和收养自费家庭无力看管的残疾儿童。"一九七八年恢复民政部以来，在改革开放方针的指引下，倡导社会福利社会办，在城市实行了由封闭型向开放型、救济型向福利型、单纯供养向供养康复型的方向转变。"②

1951年5月，在全国城市救济福利工作会议上，政务院政治法律委

---

① 李荣时：《民政统计历史资料汇编》，民政部计划财务司，1993年，第196页。
② 同上。

员会批准《关于城市救济福利工作报告》规定：改造旧有福利设施，加强对私立救济机构管理。到1953年10月，全国共"改造了旧的'慈善'机关419处，调整旧救济团体1600多处"①。"据1956年的统计，全国生产教养院176所，收养人员84000多人，其中婴幼儿2万多人。"②

新中国成立之后，在儿童福利领域，民政部门一方面接管了国民党统治时期的育婴堂、孤儿院、救济院等机构，取缔宗教组织及其他非政府开办的儿童福利机构。改造国民党留下的旧有福利机构和外国津贴救济机构，改造的目的是为了使这些机构符合人民利益。另一方面中央人民政府在改造旧有的儿童福利机构的同时，还积极筹办新的儿童福利机构。自此，面向城市居民的民政福利事业起步，保障无依无靠的孤儿、弃婴。

在社会主义改造初期，教养院人员成分特别复杂。第二次全国民政工作会议，明确了救济对象，在城市是那些无依无靠、无法维持生活的残、老、孤、幼。教养院严格审查收容对象，对那些有劳动能力的人，希望他们能够自食其力。1956年3月16日内务部《关于改善城市残老、儿童教养院工作的通知》中谈道："各城市的残老、儿童教养工作，过去是有一定成绩的。残老的生活有了保障，享受到国家对他们的关怀；儿童受到国家的教养，有的走上工作、生产岗位。但在工作上还存在着一些缺点：诸如有的把残老、儿童和游民混合在一起，尚未分开教养与改造，有的要儿童与孤残在劳动生产上负担上缴任务，以及生活条件较差等等。甚至有些被我们接收过来的旧教养院、教养单位，仍然维持着原状。"③儿童教养院存在着下列问题：把幼儿与残老、游民混合在一起；儿童教养院上缴生产所得，弱化了福利性质；生活供养标准在有些地方过高或过低。内务部要求各省、自治区、市应迅速改变教养院的这种状况，通知规定"一、凡是游民、残老、儿童混合在一起的教养机构，应

---

① 中华人民共和国民政部：《民政部大事记（1949—1986）》，山东省临沭县印刷厂，1988年，第68页。

② 姚建平：《国与家的博弈——中国儿童福利制度发展史》，上海格致出版社2015年版，第73页。

③ 法律出版社法规编辑室：《保护妇女儿童合法权益法规摘编》，法律出版社1983年版，第29页。

该以分开设立为原则"①。设立儿童教养院养育和教养孤儿和流浪儿童，如果某些地方流浪儿童和孤儿较多，那么就要考虑把孤儿和流浪儿童尽量分开教养；设立婴幼院或者在儿童教养院内设置育婴机构以实现对婴幼儿的教养。"二、必须明确残老院和儿童教养院是社会福利机构，不是国家生产机构。"② 教养院为了培养儿童的劳动观念，需要搞生产活动。国家供给儿童的生活费，教养院儿童的生产收入不需要上缴，而是用于为儿童添置必要的生产设备、增加文化娱乐等集体福利，从而改善儿童的生活条件。儿童教养院加强儿童文化教育，争取在教养院能够接收到相当于小学毕业程度的教育。"三、生活供给标准应保持一般群众生活水平。按北京的物价指数暂规定为：伙食费一周岁半以内的婴儿每人每月12元，一周岁半以上至七周岁的幼儿每人每月9元5角，儿童每人每月7元，残老每人每月7元。婴幼儿、儿童和残老每人每月衣服、杂支、学习和医药等费4元。"③ 各地的具体供给标准根据当地物价指数推算，省和自治区民政部门可根据具体情况调整供给标准。举例来说，为了贯彻内务部《关于改善城市残老、儿童教养院工作的通知》，河北省民政厅根据结合物价指数，适当提高了院内儿童生活标准，指出："衣服、杂支和医药费除内务部规定每人每月四元外，另增加一元，款项多少可按其用途大小，具体掌握。"④ 以上标准没有超过内务部制定的标准。

　　社会主义改造完成之后，随着经济发展水平的提高，按照第四、五、六次全国民政工作会议精神和全国残、老、儿童教养及精神病人收容疗养工作湖北现场会议确定的方针和任务，1956年内务部《关于改善城市残老儿童教养院工作的通知》指出生产教养院内的儿童不再与老人混住在一起，分开管理，分设残老院和儿童教养院。1956年河北省民政厅贯彻内务部的精神与第六次全国民政工作会议的精神，整顿已有混合性教养机构，把各个教养院中适合学习的儿童都集中到保定市儿童教养院。

---

① 法律出版社法规编辑室：《保护妇女儿童合法权益法规摘编》，法律出版社1983年版，第29页。
② 同上书，第30页。
③ 同上。
④ 河北省档案馆档案，档案号：935-2-118。

1958年第四次全国民政会议之后,许多城乡孤老残幼的社会福利事业有了很大发展。"在市、专区所在地或较大的县重点设立儿童福利院,分片负责附近地区的收容工作。"① 1959年召开的湖北会议上明确提出不要再提"教养"两个字,以后改成社会福利院或养老院。1960年,第六次全国民政工作强调:"要办好已有的社会福利事业,并且应该根据需要和可能适当地发展。"②

表4—4是1956年全国儿童生产教养机构和生产情况。表4—4描述了全国各个省市的儿童生产教养机构数、职工人数、年末实有儿童数以及包括儿童、一般老残、盲人、聋哑、精神病人的生产总值(元)情况。为了深入了解儿童生产教养机构年末实有儿童数以及生产总值情况,特制图4—3、图4—4。

表4—4　　1956年全国儿童生产教养机构和生产情况③

地区	单位个数（个）	职工人数（人）	年末实有儿童数（人）	生产总值（元）（包括儿童、一般老残、盲人、聋哑、精神病人）
合计	217	5938	19236	6922481
北京市	1	125	438	75585
天津市	1	82	332	26239
河北省	5	101	248	156711
山西省	2	112	166	272801
内蒙古自治区	6	36	57	84893
辽宁省	1	277	245	118861
吉林省	3	140	5888	94652
黑龙江省	3	121	302	11524
上海市	1	766	1445	88516
江苏省	6	592	3626	187358
浙江省	14	184	986	356220
安徽省	39	361	1683	834077

① 孟昭华、谢志武:《中国民政社会思想史》,上海交通大学出版社2009年版,第479页。
② 同上书,第480页。
③ 李荣时:《民政统计历史资料汇编》,民政部计划财务司,1993年,第197页。

续表

地区	单位个数（个）	职工人数（人）	年末实有儿童数（人）	生产总值（元）（包括儿童、一般老残、盲人、聋哑、精神病人）
福建省	4	269	966	101646
江西省	12	123	379	170253
山东省	1	226	412	186480
河南省	15	130	324	355844
湖北省	18	291	711	1111455
湖南省	9	191	649	80716
广东省	27	360	270	69636
广西壮族自治区	2	35	130	40896
四川省	10	880	3064	1622277
贵州省	18	122	688	392780
云南省	1	56	298	14091
陕西省	1	159	295	196828
甘肃省	6	83	225	139964
青海省	2	17	128	41876
新疆维吾尔自治区	9	99	581	90302

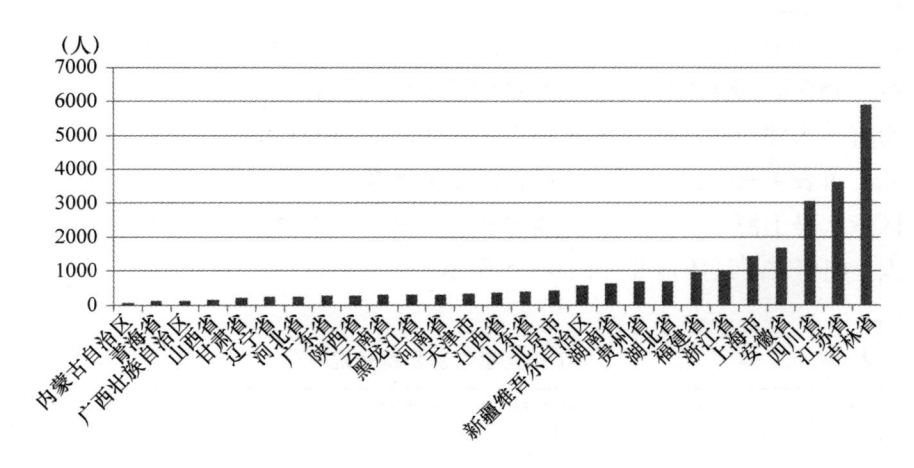

图4—3 1956年末全国儿童生产教养机构实有儿童数

由图4—3可以看出：1956年末全国儿童生产教养机构实有儿童数最多的三个省份依次是吉林省、江苏省、四川省，实有儿童数分别达到

5888人、3626人、3064人。实有儿童数最少的四个省份依次是内蒙古自治区、青海省、广西壮族自治区、山西省，实有儿童数分别为57人、128人、130人。

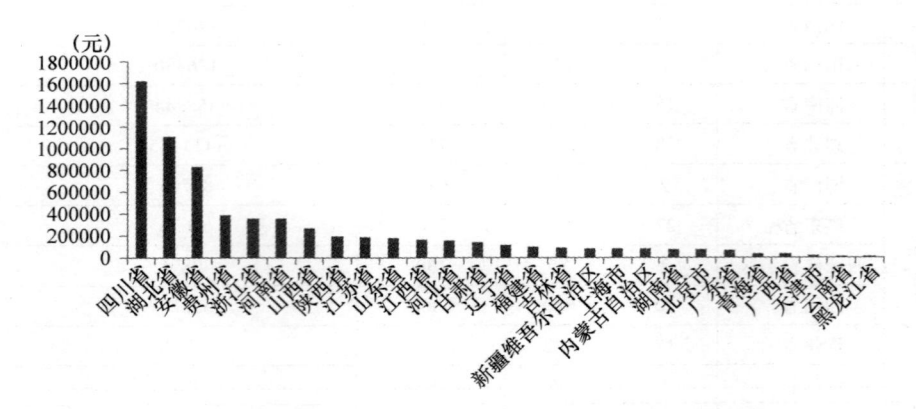

图4—4　1956年末全国儿童生产教养机构生产总值（包括儿童、一般老残、盲人、聋哑、精神病人）

由图4—4可以看出：1956年末全国儿童生产教养机构生产总值（元）（包括儿童、一般老残、盲人、聋哑、精神病人）最多的三个省份依次是四川省、湖北省、安徽省，生产总值分别达到1622277元、1111455元、834077元。生产总值最少的三个省市依次是黑龙江省、云南省、天津市，生产总值分别为11524元、14091元、26239元。

由表4—5可以看出：1957年儿童教养机构年末实有人数最多的地区依次是上海市、四川省、福建省，年末实有人数分别为1241人、622人、610人。具体情况如图4—5所示。

表4—5　　　　　　　1957年儿童教养机构情况[①]

地区	单位人数（个）	工作人员（人）	年末实有人数合计（人）	婴儿（人）	幼儿（人）	儿童（人）
合计	20	1234	4162	949	315	2898
北京市						

---

① 李荣时：《民政统计历史资料汇编》，民政部计划财务司，1993年，第199页。

续表

地区	单位人数（个）	工作人员（人）	年末实有人数合计（人）	婴儿（人）	幼儿（人）	儿童（人）
天津市						
河北省	1	9	110			110
内蒙古自治区	1		31			
辽宁省	2	49	397	1	12	384
上海市	3	507	1241	283	172	786
江苏省	2	26	295	36	4	255
浙江省	1	22	112	48	10	54
福建省	2	437	610	457	14	139
山东省	1	16	106	3	25	78
湖北省	1	2	48		4	44
湖南省	2	66	341	63	26	252
广东省	1	3	46	46		
四川省	1	66	622	10	24	588
陕西省	2	31	203	2	18	183

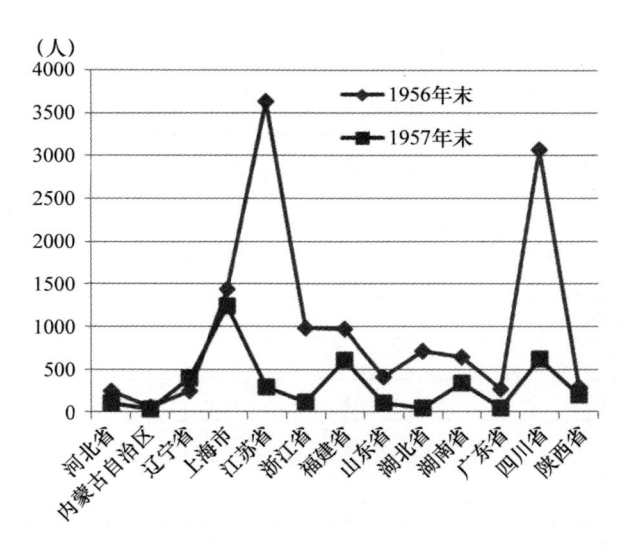

图4—5 1956年末与1957年末全国儿童生产教养机构实有儿童数

由图4—5可以看出：相对于1956年末，1957年末全国儿童生产教养机构实有儿童数除辽宁省有小幅增加外，其他省份都在减少，尤其是江苏省和四川省减少的幅度最大，分别为3331人、2442人。一个重要的原因是1957年反右派斗争扩大化，政治领域的斗争对儿童生产教养机构的收养儿童及生产情况造成负面影响。

由表4—6可以看出：1959年儿童福利院最多的三个省份依次是辽宁省、江苏省、广东省，分别是12个、11个、11个。儿童福利院收养人数最多的依次是新疆维吾尔自治区、江苏省、四川省，分别达到了5170人、4194人、2404人。由此可以看到：毛泽东时代儿童福利事业地区发展不平衡。

表4—6　1959年全国城市社会福利事业单位之儿童福利院情况①

地区	儿童福利院 单位数（个）	人数（人）
合计	101	27964
北京市	1	55
河北省	2	250
山西省	1	57
内蒙古自治区	1	44
辽宁省	12	1898
吉林省	2	629
黑龙江省	2	1082
上海市	2	558
江苏省	11	4194
浙江省	4	1009
安徽省	1	1684
福建省	8	1105
江西省	2	250
山东省	1	287
河南省	1	830
湖北省	2	670

① 李荣时：《民政统计历史资料汇编》，民政部计划财务司，1993年，第200页。

续表

地区	儿童福利院 单位数（个）	人数（人）
湖南省	2	402
广东省	11	1991
广西壮族自治区	2	149
四川省	8	2404
贵州省	6	725
云南省	6	919
陕西省	2	246
甘肃省	5	1090
青海省	1	102
宁夏回族自治区	1	164
新疆维吾尔自治区	4	5170

以上是整体上对全国儿童福利事业机构进行的描述，下面以河北省为例，管窥全国儿童教养院的情况。根据1959年3月21日《关于改进儿童教养院工作的意见（草稿）》可以看到：1958年底天津、保定儿童教养院统计，收容儿童250人。

第一，收养情况及教养方针。（1）儿童教养院收养情况。儿童教养院收养范围扩大，无人抚养的儿童、流浪儿童、自己家长无法照管的儿童等都是儿童教养院主要收容的对象。（2）儿童教养院教养的方针：1949—1978年的儿童教养院贯彻"教育与生产劳动相结合"的方针。在这样的教养方针指导下，儿童教养单位一方面组织儿童参加生产和生活，另一方面又组织儿童学习文化知识。目的是把儿童培养成为有社会主义觉悟的有文化的劳动者，成为敢想、敢说、敢做、勇于坚持真理，敢于革新创造的具有共产主义觉悟的一代新人。（3）儿童教养院的孩子要对他们进行文化知识、思想道德、劳动教养的训练。保证基本的生活、指导就业、建立少先队组织。[1]

---

[1]《关于改进儿童教养院工作的意见（草稿）》，1959年3月21日，河北省档案馆档案，档案号：935-5-188。

第二，细化具体要求。（1）文化知识方面：儿童需要达到小学毕业的文化程度。儿童能够升入初中的鼓励他们继续上学，不能升入初中的，鼓励他们参加劳动，去当服务员或者去当学徒。（2）政治思想教育方面：鉴于教养院儿童成分比较复杂，有必要在生产和生活中加强儿童的劳动纪律教育和思想政治教育，以避免儿童在思想上的不良情绪和懒惰心理和习气。（3）劳动观念教育方面：儿童教养院注重儿童劳动观念的培养，希望儿童在劳动中养成良好习惯，往往考虑儿童的年龄和体制安排相应的劳动形式。儿童的劳动时间不能太长，不同年龄阶段的儿童，其劳动时间和劳动强度应该有所不同。对于9岁以下儿童，教养院安排轻微的劳动；对于9—13周岁的儿童每次劳动时间不能超过2个小时，每周劳动时间不能超过6个小时；对于14—16周岁的儿童，每次劳动时间不能超过3个小时，每周劳动时间不能超过12个小时。[①]

第三，支配劳动生产收益。劳动生产收益，主要用于儿童的集体福利，首先保证每个儿童吃饱、穿暖，保持一定的营养，能正常发育。如改善伙食，过年过节发糖果费等。其次用于改善儿童的教育条件，如购买学习用品，文体用品等。

第四，配备教师。儿童教养单位在当地文教部门的指导下，配备教师，并提高教师的教学质量。儿童教养院要保证教师在假期中得到轮流休息，保证教师足够的备课时间和正常的教学活动，以免影响儿童学业。

第五，要建立少先队的组织。儿童教养院通过少先队组织的建立，充分调动儿童的积极性和主动性，培养儿童严格自律观念，提升儿童管理自己的能力和水平。

第六，要加强工作人员的思想政治教育。通过组织儿童教养院工作人员参加政治学习使他们认识到：儿童教养工作是培养祖国花朵的崇高事业。要端正态度，把儿童当作自己的子女弟妹，要坚决杜绝以粗暴打骂行为代替说服教育的做法。

表4—7、表4—8、表4—9、表4—10、表4—11、表4—12、表

[①]《关于改进儿童教养院工作的意见（草稿）》，1959年3月21日，河北省档案馆档案，档案号：935-5-188。

4—13 统计了 1960—1963 年全国城市儿童福利事业单位中婴幼儿福利院、社会福利院、儿童福利院、儿童教养院数量，以及收养少年儿童、婴幼儿、残疾儿童的数目。

表 4—7　　　　　　　　1960 年全国城市婴幼儿福利院①

地区	婴幼儿福利院					
	单位数合计（个）	收养人员合计（人）	少年儿童（人）	婴幼儿（人）	顽劣儿童（人）	残疾儿童（人）
合计	331	58525	30209	24717	3068	531
北京市	2	116		62		54
河北省	10	509	263	120	35	91
山西省	3	142	128	14		
内蒙古自治区		171	162	9		
辽宁省	22	1850	685		1165	
吉林省	3	1293	920	41	280	52
黑龙江省	7	1733				
上海市	6	986		986		
江苏省	32	8561	1183	7378		
浙江省	14	4073	246	3827		
安徽省	29	6901		6901		
福建省	12	1282	360	375	517	30
江西省	4	617	347	148	122	
山东省	17	1476	1476			
河南省	19	1587	1587			
湖北省	16	774	140	521	75	38
湖南省	6	3898	1819	1750	234	95
广东省	29	4618	3484	720	332	82
广西壮族自治区	3	499	226	111	149	13
四川省	13	2282	2282			
贵州省	7	782	645		137	
云南省	18	1594				

① 李荣时：《民政统计历史资料汇编》，民政部计划财务司，1993 年，第 202 页。

续表

地区	婴幼儿福利院					
	单位数合计（个）	收养人员合计（人）	少年儿童（人）	婴幼儿（人）	顽劣儿童（人）	残疾儿童（人）
陕西省	2	310	188	63		59
甘肃省	41	10020	10020			
青海省	9	1371		1371		
宁夏回族自治区	1	159	108	34	9	8
新疆维吾尔自治区	6	921	613	286	13	9

由表4—7可以看到：1960年全国城市婴幼儿福利院主要收养少年儿童、婴幼儿、顽劣儿童、残疾儿童。其中收养少年儿童人数最多，达到了30209人，其次是婴幼儿，达到了24717人，再次是顽劣儿童和残疾儿童，其中残疾儿童占比很小。以湖南省为例，1960年，湖南省城市婴幼儿福利院总共6个，总计收养3898人，收养少年儿童1819人，收养婴幼儿1750人，收养顽劣儿童234人，收养残疾儿童95人。1960年是国家自然灾害严重的一年，因此收养少年儿童数多也是正常的。

表4—8　　1961年全国城市社会福利事业单位收养残疾青年人数[①]

地区	社会福利单位（个）		残疾青年人数（人）
	社会福利院（个）	养老院（个）	
北京市		15	
河北省	11	52	294
山西省	15		327
内蒙古自治区	10	12	102
辽宁省	7	23	202
吉林省	13		281
黑龙江省	1	14	114
上海市	3	1	43

---

① 李荣时：《民政统计历史资料汇编》，民政部计划财务司，1993年，第203页。

续表

地区	社会福利单位（个）		残疾青年人数（人）
	社会福利院（个）	养老院（个）	
江苏省	18	21	777
浙江省	7	1	363
安徽省	49		594
福建省		30	
江西省		29	
山东省		37	
河南省	38	1	502
湖北省	37		806
湖南省		8	126
广东省	25	4	996
四川省	22	22	1437
甘肃省	7	6	269
青海省	3	1	151
新疆维吾尔自治区	5		291

由表4—8可以看到：1961年全国城市社会福利事业单位收养残疾青年人数比较多的三个省份依次是四川省、广东省、江苏省，分别达到了1437人、996人、777人。这些地区收养残疾青年人数多，这与地方经济发展水平高有很大关系。

表4—9　　1961年全国城市社会福利事业单位之儿童福利院情况[①]

地区	儿童福利单位（个）		收养儿童数（人）		
	儿童福利院	婴幼院	少年儿童	婴幼儿	残疾儿童
合计	366	51	38474	15135	2358
北京市		2	150	50	
河北省	5		365	90	50
山西省	2	1	105	28	17

① 李荣时：《民政统计历史资料汇编》，民政部计划财务司，1993年，第204页。

续表

地区	儿童福利单位（个）		收养儿童数（人）		
	儿童福利院	婴幼院	少年儿童	婴幼儿	残疾儿童
内蒙古自治区	2		109	8	146
辽宁省	10		783	161	139
吉林省			808	68	29
黑龙江省	5		950	130	90
上海市		6	67	395	336
江苏省	11	21	1252	3533	301
浙江省	13		298	1337	
安徽省	51		4929	1683	420
福建省	15		1787	348	
江西省	3				
山东省	2		240		
河南省	24		1584	163	180
湖北省	3	11	263	3873	159
湖南省	13	5	839	326	56
广东省	42		3349	854	197
广西壮族自治区	3		245		
四川省	18	5	4684	1010	110
贵州省	6		835		
云南省	31		2003		
陕西省	2		221		
甘肃省	84		9493	774	104
青海省	12		1363	128	
宁夏回族自治区	1		77	36	7
新疆维吾尔自治区	8		1675	140	17

由表4—9可以看到：全国城市社会福利事业单位之儿童福利院情况，儿童福利单位主要是儿童福利院和婴幼院；收养儿童主要包括少年儿童、婴幼儿、残疾儿童，其中收养少年儿童仍然占有很大的比例，收养少年儿童的数目达到了38474人，其次是婴幼儿，达到了15135人，其中残疾儿童较少，有2358人。

表4—10　　　1962年全国城市儿童福利收养单位数统计　　（单位：个）①

地区	社会福利院	幼婴院	儿童福利院	儿童教养院
北京市	2	1		1
河北省	19		7	7
山西省	16	1		
内蒙古自治区	16		2	
辽宁省	7	1	35	15
吉林省	14			6
黑龙江省	1			5
上海市	3	5		10
江苏省	19	16	5	5
浙江省			11	
安徽省	52		41	4
福建省	21	5	8	2
江西省	77		4	3
山东省	35		11	2
河南省	43		15	4
湖北省	29	8	272	7
湖南省	1	2	14	1
广东省	9	3	29	1
广西壮族自治区	21		13	4
四川省	57		60	7
贵州省	5		7	
云南省	16		25	
陕西省	8	1	1	
甘肃省	9		57	2
青海省	4		11	1
宁夏回族自治区			1	
新疆维吾尔自治区	5		8	

由表4—10可以看到：1962年全国城市儿童福利收养单位主要包括

---

① 李荣时：《民政统计历史资料汇编》，民政部计划财务司，1993年，第205页。

社会福利院、幼婴院、儿童福利院、儿童教养院。以儿童福利院为例，各地儿童福利院数量差别很大，比如，当年湖北省儿童福利院数为272个，而陕西省、宁夏回族自治区才1个。数字背后反映了地方经济发展水平的差异对儿童福利院的发展产生了影响。地方经济发展水平与当地儿童福利的发展水平往往呈现出正相关的关系。

表4—11　1962年全国城市社会福利事业单位之收养儿童数统计

（单位：人）①

地区	收养儿童				
	健全婴幼儿	残疾婴幼儿	健全少年儿童	残疾少年儿童	流浪儿童
合计	9052	1076	43298	4644	7812
北京市	53	4		69	94
河北省	34	42	295	152	211
山西省	53	5	105	18	25
内蒙古自治区	13	4	121	9	1
辽宁省	361	23	1660	108	920
吉林省	71	27	842	19	589
黑龙江省	61		945	44	528
上海市	1083	53	83	22	449
江苏省	1535		929	328	577
浙江省	1140				
安徽省	760	173	2783	335	323
福建省	218	42	401	751	511
江西省	76	8	347	79	237
山东省	105	20	923	80	301
河南省	168	64	1100	1330	241
湖北省	1113	311	12008	507	496
湖南省	193	36	541	59	35
广东省	464	146	2893	138	371
广西壮族自治区	82	12	804	25	255

---

① 李荣时：《民政统计历史资料汇编》，民政部计划财务司，1993年，第206页。

续表

地区	收养儿童					
	健全婴幼儿	残疾婴幼儿	健全少年儿童	残疾少年儿童	流浪儿童
四川省	773	67	5671	282	884
贵州省	81		576		106
云南省	96	1	1218	27	316
陕西省	40	20	165	62	17
甘肃省	324	12	6290	163	179
青海省	85	5	755	12	123
宁夏回族自治区	14		78	22	
新疆维吾尔自治区	56	1	1765	23	23

由表4—11可以看到：1962年全国城市社会福利事业单位收养的儿童涉及健全婴幼儿、残疾婴幼儿、健全少年儿童、残疾少年儿童、流浪儿童等儿童群体。健全少年儿童、健全婴幼儿占收养儿童的很大比例。收养的健全少年儿童数最多，达到了43298人。其次是健全婴幼儿，占9052人。1962年收养流浪儿童人数较多，达到了7812人。收养残疾少年儿童的人数较1961年有了增加，但是占比仍然比较低。

表4—12　　　1963年全国城市儿童福利事业单位情况　　（单位：个）[1]

地区	儿童福利事业单位数			
	社会福利院	儿童福利院	婴幼院	儿童教养院
合计	489	553	32	147
北京市	4		1	1
河北省	15	9		6
山西省	17		1	2
内蒙古自治区	15	2		3
辽宁省	8	34		13
吉林省	16			2

---

[1] 李荣时：《民政统计历史资料汇编》，民政部计划财务司，1993年，第207页。

续表

地区	儿童福利事业单位数			
	社会福利院	儿童福利院	婴幼院	儿童教养院
黑龙江省	1	5		2
上海市	2	5		1
江苏省	21	4	16	8
浙江省	6	7		2
安徽省	55	24		7
福建省	33			15
江西省	26	4		3
山东省	39	3		2
河南省	92	15	1	8
湖北省	29	272	8	7
湖南省	2	8	4	6
广东省	27			34
广西壮族自治区	9			
四川省	36	57		18
贵州省	13	6		1
云南省		28		2
陕西省	8	1	1	1
甘肃省	12	49		2
青海省	3		10	
宁夏回族自治区			1	
新疆维吾尔自治区			9	

由表4—12可以看到：1963年全国城市儿童福利事业单位类型与1962年相同，但是社会福利院、儿童福利院、婴幼院、儿童教养院数目与1962年相比有变化，个别地区变化明显。以儿童福利院为例，1963年儿童福利院达到了553个。这与1959—1961年三年自然灾害有关系，也与自然灾害之后，国家调整经济，为儿童福利事业发展提供较之前更好的经济基础有联系。

表4—13　　1963年全国城市社会福利事业收养儿童情况① 　　（单位：人）

地区	收养儿童合计				
	健全婴幼儿	残疾婴幼儿	健全少年儿童	残疾少年儿童	流浪儿童
合计	7019	1868	39433	4545	10119
北京市	29	78	3	1	105
河北省	20	28	400	54	685
山西省	34	3	97	17	22
内蒙古自治区	23		93	9	29
辽宁省	151	12	1400	95	1086
吉林省	68	24	890	26	469
黑龙江省	65	15	889	35	631
上海市	1382	50	26	23	172
江苏省	1053	497	928	295	774
浙江省	428	161	149		188
安徽省	313	215	2355	294	702
福建省					1500
江西省	81	10	382	28	165
山东省	46	8	1195	112	197
河南省	81	65	922	133	325
湖北省	1113	311	12008	507	496
湖南省	91	89	410	28	177
广东省	413	171	2259	2210	445
广西壮族自治区					
四川省	868	65	6282	336	746
贵州省	84	15	405	20	175
云南省			1500		400
陕西省	22	16	216	84	65
甘肃省	423	28	4448	192	266
青海省	78	7	666	19	97
宁夏回族自治区	6		99	3	8
新疆维吾尔自治区	127		1411	24	194

---

① 李荣时：《民政统计历史资料汇编》，民政部计划财务司，1993年，第208页。

由表4—13可以看到：1963年全国城市社会福利事业收养儿童仍然包括健全婴幼儿、残疾婴幼儿、健全少年儿童、残疾少年儿童和流浪儿童。健全少年儿童的数目仍然很大，占到了39433人，其次是流浪儿童，占到了10119人，健全婴幼儿，占到了7019人，残疾少年儿童和残疾婴幼儿占比仍然比较小。

整理表4—7、表4—8、表4—9、表4—10、表4—11、表4—12、表4—13各项数据，绘制图4—6、图4—7、图4—8、图4—9、图4—10、图4—11、图4—12、图4—13、图4—14，对各项数据进行统计、分类比较，得出当时的福利机构走势情况。

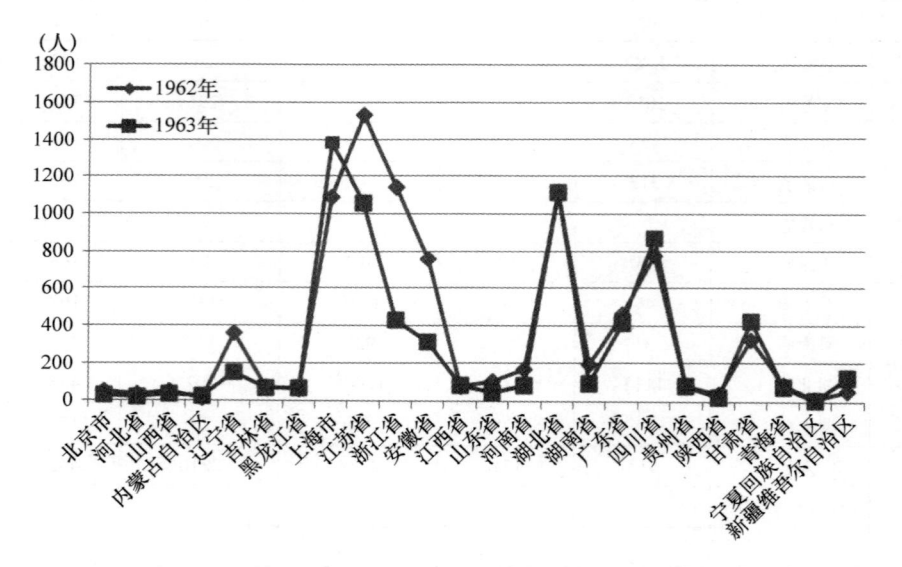

图4—6　1962年和1963年各地社会福利事业收养健全婴幼儿数量对比

由图4—6可以看出：1962年和1963年各地社会福利事业收养健全婴幼儿数量整体保持稳定，其中，辽宁省、江苏省、浙江省、安徽省1963年收养健全婴幼儿数量反而减少了。

由图4—7可以看出：1962年和1963年各地社会福利事业收养残疾婴幼儿数量整体保持稳定，其中，北京市、安徽省、湖南省、广东省、甘肃省增加幅度比较大，其他省市变化不是很明显。

由图4—8可以看出：1962年和1963年各地社会福利事业收养健全

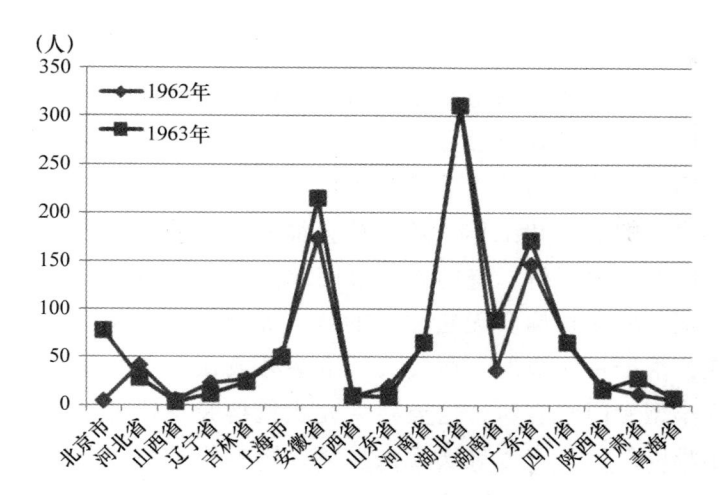

图4—7　1962年和1963年各地社会福利事业收养残疾婴幼儿数量对比

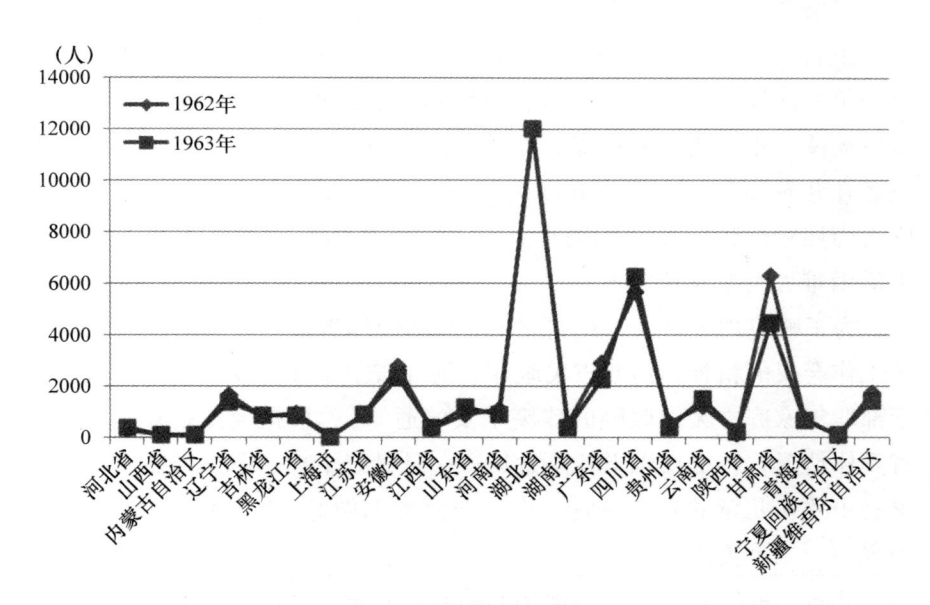

图4—8　1962年和1963年各地社会福利事业收养健全少年儿童数量对比

少年儿童数量整体保持稳定，其中，甘肃省降低幅度比较大，其他省市变化不是很明显。

1959年儿童福利院收养范围扩大，可以收养职工家庭和干部家庭中的残疾儿童。1959年12月1日，中华人民共和国内务部、中华人民共和国卫生部《关于注意收容干部、职工家庭中无力照管的残废子女问题的通知》中提出：最近有不少群众、机关企业职工和解放军军官等给国务院来信要求政府设立专门机构，集中收养他们无法治愈的残疾子女。属于这部分的残疾儿童，为数虽然不多，但分散在各个家庭里，影响家长的生产和工作。随着社会福利事业的发展，需要逐步地解决这个问题。据了解，有的省、市民政部门已经或正在准备建立专门机构，把一些家长确实无法照顾的残疾儿童收容起来。各省、市民政部门应该根据具体情况，在较大城市举办或在原有儿童福利事业单位内成立小型专门收容所，这类残疾儿童机构是很需要的，但收容时必须限于难以医治，家庭确实无法照管，影响家长生产、工作的残疾儿童。生活费用原则上由家长负担，如家庭经济确有困难不能负担时可酌予减免。残疾儿童福利机构由民政部负责领导，医务人员由民政部门配备，尽可能地为残疾儿童进行矫形、医治等工作。[1] 1960年，全国第六次民政工作会议的报告强调："对婴幼儿要改进护理工作，减低发病率。根据需要和可能，在较大的城市可以建立残疾儿童福利院，或者在儿童福利院内附设残疾儿童收养所，收容一部分干部、职工家庭无力照顾的残疾儿童和畸形儿童。儿童生活费由其家庭供给，家庭生活困难者酌予减免。"[2]

为了响应内务部、卫生部的号召，贯彻1960年全国第六次全国民政工作会议的精神，河北省民政厅、河北省卫生厅转发《中央关于收容干部职工家庭中无力照顾的残废子女的通知》，根据通知精神，结合该省具体情况，特提出以下几点意见：一是做好干部、职工及解放军军官家庭中残疾儿童的调查摸底工作，全面考虑做好1960年发展这项工作的规划。二是天津、保定两市，可结合摸底由现有儿童福利院随时收容残疾儿童，取得经验，为各地举办的残疾儿童福利院创造条件。现有社会福利院和残老教养院的市，也应设立儿童福利院或部，收容残疾儿童。三是各地卫生部门，对残疾儿童福利机构应配备义务人员，当地医

---

[1] 《关于注意收容干部、职工家庭中无力照管的残废子女问题的通知》，1959年12月1日，河北省档案馆档案，档案号：935-5-188。

[2] 李荣时：《民政统计历史资料汇编》，民政部计划财务司，1993年，第610页。

院要积极配合儿童福利院在残疾儿童医治、矫形方面发挥积极作用。尽可能为残疾儿童解除痛苦，在尽可能条件下，使其早日恢复健康。医疗费用原则上由家长负担，如家长经济确有困难不能负担时，可由儿童福利机构酌予补助。① 当时以及后来的十几年，儿童福利院主要面向的是无依无靠的孤儿、流浪儿童群体，而对于身体有残疾，父母健在，而且父母有劳动能力的儿童进入儿童福利院需要申请，这可以从"军队退休干部郭兴要求女儿入保定市儿童福利院问题"的案件中清楚地看到。1971年1月16日，保定市军队退休干部郭兴家有一个十五岁的患脑炎病的孩子，他本人也有病，他和孩子连吃饭都不能自理，他想让女儿来儿童福利院。②

随着儿童福利院收养范围的扩大，儿童福利院也收养残疾儿童，由于资料掌握有限，仅以1962年和1963年各地社会福利事业收养残疾少年儿童情况为例，如图4—9所示：

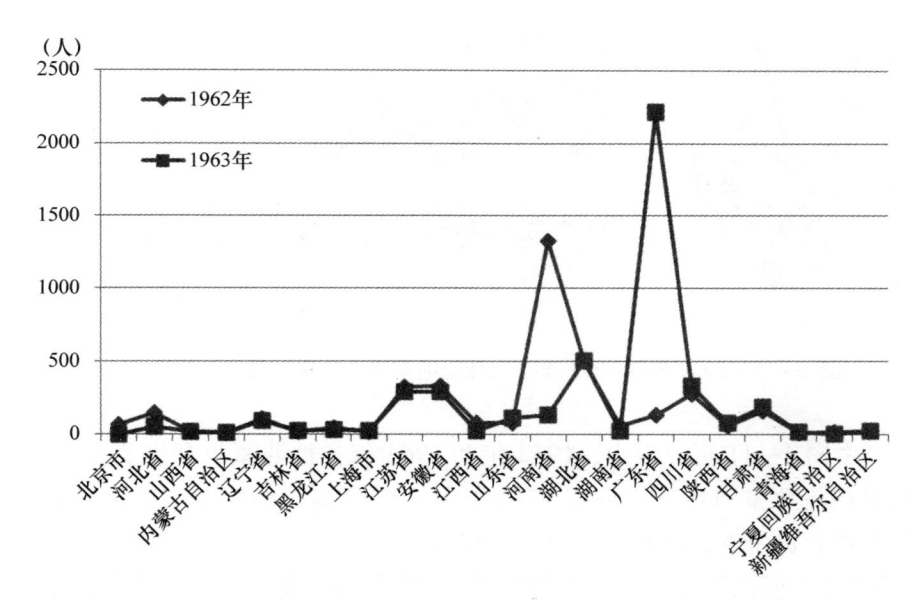

图4—9　1962年和1963年各地社会福利事业收养残疾少年儿童数量对比

---

① 《关于收容干部职工家庭中无力照顾的残废子女的通知》，河北省档案馆档案，档案号：935-5-188。
② 河北省档案馆档案，档案号：935-4-22。

110 | 中国儿童福利研究：1949—1978

由图4—9可以看出：1962年和1963年各地社会福利事业收养残疾少年儿童数量整体保持稳定，其中，只有河南省、广东省变化幅度比较大，河南省残疾少年儿童数量减少了1197人，广东省残疾少年儿童数量增加了2072人，其他省（区、市）变化不是很明显。

由图4—10可以看出：1962年和1963年各地社会福利事业收养流浪儿童数量有些省（区、市）变化比较明显，如河北省、安徽省、福建省收养流浪儿童数量都有大幅增加，而上海市、四川省收养流浪儿童数量降低了，其他省（区、市）变化不是很明显。

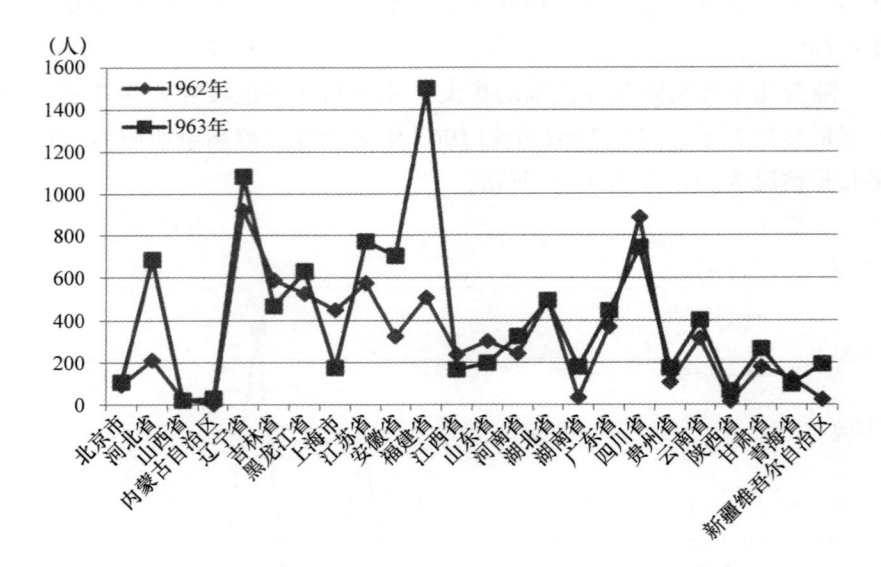

图4—10　1962年和1963年各地社会福利事业收养流浪儿童数量对比

由图4—11可以看出：1962年和1963年各地儿童福利事业单位社会福利院数量有些省（区、市）变化比较明显，如福建省、河南省、广东省、贵州省社会福利院数量都有大幅增加，河南省增加最多，增加了49个。而江西省、广西壮族自治区、四川省社会福利院数量降低了，江西省降低最多，减少了51个。其他省（区、市）变化不是很明显。

由图4—12可以看出：1962年和1963年各地儿童福利事业单位幼婴院数量基本没变化，只有湖南省增加了2个。

由图4—13可以看出：1962年和1963年各地儿童福利事业单位幼

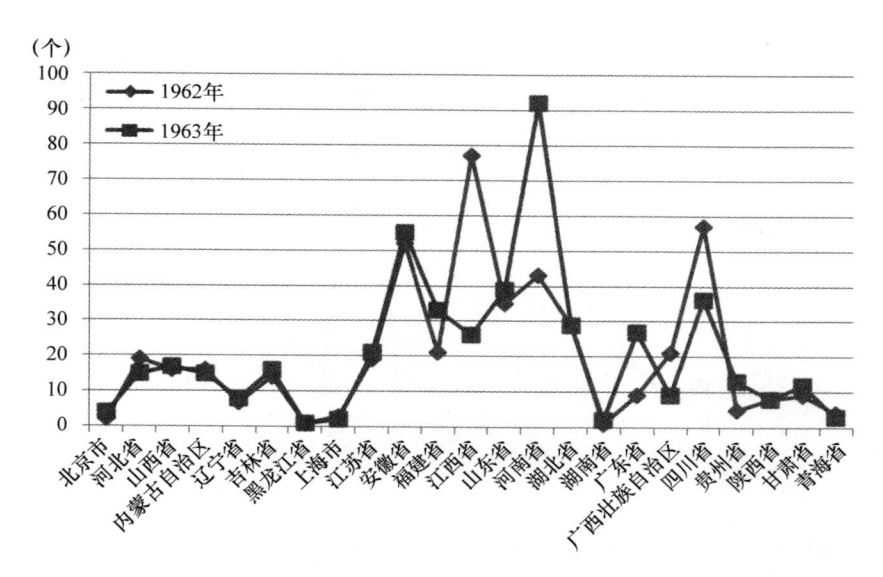

图 4—11　1962 年和 1963 年各地儿童福利事业单位社会福利院数量对比

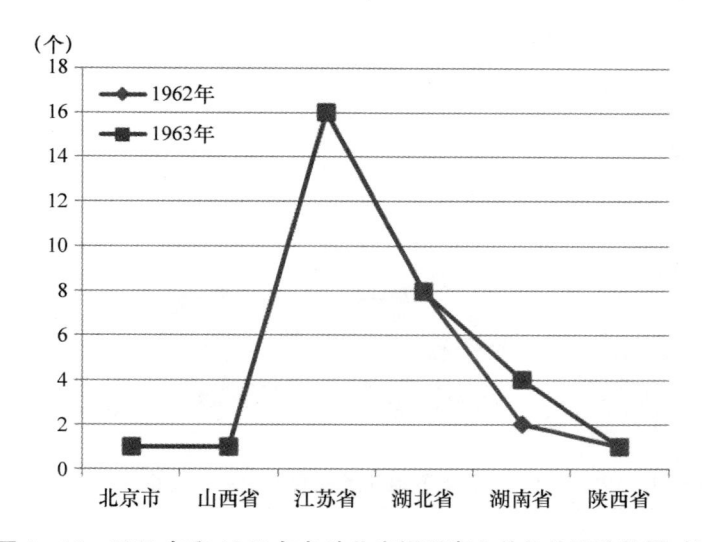

图 4—12　1962 年和 1963 年各地儿童福利事业单位幼婴院数量对比

婴院数量基本没变化，只有安徽省减少了 17 个。

由图 4—14 可以看出：1962 年和 1963 年各地儿童福利事业单位儿童教养院数量有些省（区、市）变化比较明显，如江苏省、安徽省、

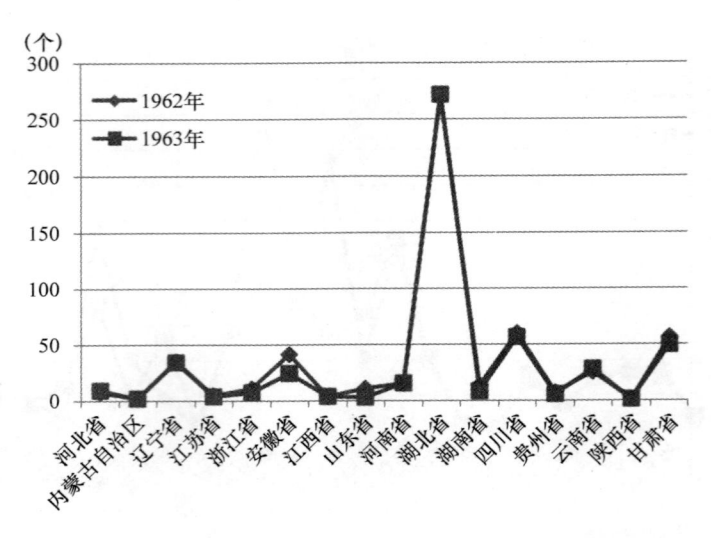

图 4—13　1962 年和 1963 年各地儿童福利事业单位儿童福利院数量对比

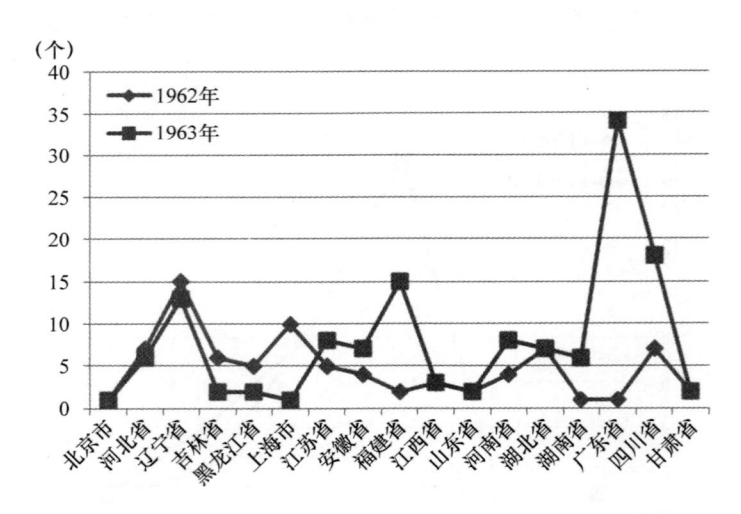

图 4—14　1962 年和 1963 年各地儿童福利事业单位儿童教养院数量对比

福建省、河南省、湖南省、广东省、四川省儿童教养院数量都增加了，增加数量最多的是广东省，增加了 33 个，但吉林省、黑龙江省、上海市儿童教养院数量反而减少了，减少最多的是上海市，减少了 9 个，其他省市变化不是很明显。

1963 年召开的全国民政工作会议针对当时社会上流浪儿童、孤儿比较多的现实情况提出:"省、专区和大中城市民政部门应该办好儿童教养院,作为收容教养流浪儿童的场所。"因此,这个时期各地方民政部门儿童福利院、残疾儿童福利院、城市儿童福利事业都有了较大发展。为什么救济和福利的有关统计的表格到1964年就戛然而止,这与当时的政治形势是息息相关的。1964年"四清"运动开始,开始是"小四清",从清工资、清账目等开始,后来是"大四清",涉及清政治、清经济等内容,我们国家的战略中心,开始从经济领域转向阶级斗争,为"文化大革命"的爆发埋下了伏笔,因此对福利的注意力逐渐减弱,到"文化大革命"时期,民政负责的福利工作几乎停滞,尤其是在1969年内务部被撤销之后,福利工作陷于停滞,很多民政部门和民政干部受到影响。"文化大革命"时期,社会福利事业遭到不同程度的破坏,儿童福利事业也受到影响。

除了儿童福利机构对儿童生活福利问题的解决外,社会福利生产在解决部分残疾儿童和贫困儿童生活方面也发挥了积极作用。社会福利生产主要面向残疾人就业,由国家、集体或者其他社会团体举办的生产经营活动。福利企业是进行福利生产的单位,"它是以安置残疾人就业为主要目的,且具有社会福利企业性质的特殊企业"[1]。组织社会福利生产的初衷:新中国刚刚成立,很多人生活在贫困边缘,都靠政府救济是不能解决问题的,所以采取"以工代赈"方针,通过自己的劳动与生产解决自身的问题。1958年全国第四次民政工作会议明确了社会福利生产概念,明确肯定组织社会福利生产是使老、弱、病、残从贫穷走向富裕的根本道路,指出这不是权宜之计,而是一项长期福利事业。在四次全国民政会议之后,全国各个城市和农村出现了通过社会福利生产解决儿童生活问题的高潮,推动了儿童福利发展。1959年第五次全国民政工作会议指出福利生产单位可以分为四种,第一种是社会保障性的生产单位,第二种是为社会福利事业服务的生产单位,第三种是生产自救的生产单位,第四种是改造型的生产单位。其中与儿童相关的有两类:第一类是专门安置残疾人、保障残疾人就业为主

---

[1] 孟昭华、谢志武:《中国民政社会思想史》,上海交通大学出版社2009年版,第484页。

的社会保障性的生产单位；第二类是像假肢生产、聋人助听器等为福利事业服务的生产单位。1959年反右派斗争扩大化，社会福利生产遇到困难，有些地区部分福利企业亏损甚至倒闭；部分地区把福利企业变成国营企业，改为企业之后，按照企业标准来进行经济核算，使得一些福利企业出现大量辞退残疾人的现象，使得一部分残疾人走上了吃救济的老路。社会福利生产随着中国政治、经济、社会条件的变化，走过了一条曲折的道路。

　　新中国成立之后，福利事业和福利企业并行发展，为推动儿童福利发展做出了贡献。"中国的社会福利企业是为了安置具有一定劳动能力的残疾人员劳动就业而举办的具有社会福利性质的特殊企业，国家对社会福利企业实行减税免税的特殊政策。"[①] 新中国成立以后，福利企业从无到有、从少到多、从国家主办到国家和社会共同主办，逐步发展起来。唐山市是河北省中等城市福利生产开展较好、规模较大、获利较多、干部力量也比较强的一个市。1965年初，"市、区共有社会福利生产单位10个（市属7个、区属3个、全民所有制8个、集体所有制2个），2722人，其中国家干部77人，占总人数的2.8%；以工代干75人，占总人数的2.7%；生产人员2570人，占总人数的94.5%。在生产人员中：党员62人，占2.4%，团员86人，占3.3%，群众2322人，占94.3%；劳动人民2193人，占85.3%，反属、犯属277人，占10.8%，四类分子100人，占3.9%；优抚、救济对象1694人，占66%；一般市民、职工家属876人，占34%；盲人80人，占3.1%，聋哑人107人，占4.1%，老弱残340人，占13.2%，健全人2043人，占79.6%"[②]。唐山市社会福利生产也积累了一些经验，一是社会福利生产是自救性质的。是解决城市烈军属、荣复军人和贫困户的生活困难、减轻社会救济的重要方式。二是社会福利生产解决了困难户生活问题，节约了国家救济开支。"1964年，唐山全市社会福利生产单位仅开发救济对象（生产人员）1000人的工资达45万元，解决了连同他们家

[①] 李荣时：《民政统计历史资料汇编》，民政部计划财务司，1993年，第283页。
[②] 《关于当前唐山市社会福利生产情况的调查和今后意见的报告（草稿）》，河北省档案馆档案，档案号：935-5-321。

属 5000 人的生活问题。如果不组织福利生产，按每人每月救济 7 元计算，则全年需要多开支救济款 42 万元。同时，1961 年以来，市民政局还平均每年抽出 35000 元的生产利润用于社会救济，弥补了救济费的不足。"社会福利生产调动了社会困难户的积极性，为社会建设贡献了他们的力量，并创造了物质财富。"1960 年以来，唐山全市社会福利生产单位累计完成产值达 2200 多万元，完成生产利润 260 多万元。"困难户通过参加劳动，提高了思想觉悟，改变了精神面貌。[①] 三是组织大规模的福利生产是不适宜的，因为民政部门不是生产部门。

（三）多子女家庭津贴与救济

1953 年 5 月，财政部、人事部发布《关于统一掌管多子女补助与家庭福利等问题的联合通知》，初步确立了面向城镇家庭的补贴制度。1953 年 5 月，中央人民政府、人事部、财政部《关于统一掌管使用多子女补助费与家属福利费等问题的联合通知》指出：发现中央级地方某些部门在掌管使用工作人员家属福利费、工资制工作人员多子女补助费上存在若干问题，问题表现在：有的将福利费中的家属生活补助费与家属医疗费机械分开。福利费、多子女补助费严重地存在着层层积压现象，没有迅速地按级向下批发。关于 1952 年结余的福利费，中央财政部门 1952 年 12 月 19 日（52）财计范字第 175 号通知《一九五二年财政收支年终清理及决算编报的几项规定》内第 7 项第 1 节中规定，该项费用的结余款不上缴、不冻结，继续使用，但是有些地方或部门未能贯彻执行。为了解决这些问题，进一步做好工作人员家属福利，特作如下规定：一是为了尽可能适当合理地解决供给制、工资制人员家属生活困难问题，县以上各级人民政府可将所领到的工资制工作人员及子女补助费和其他各项福利费（即家属生活补助费、家属医药补助费）合并在一起统一掌握并使用。供给制一方参加工作，其子女不享受保育、保姆费待遇者的多子女困难问题，亦得按照《关于解决工资制工作人员多子女困难问题的通知》管理。二是关于 1953

---

① 《关于当前唐山市社会福利生产情况的调查和今后意见的报告（草稿）》，河北省档案馆档案，档案号：935－5－321。

年的福利费，多子女的福利费应按数迅速发放到县以上人民政府专管使用，不得层层扣留与积压。各级人民政府、人事部门应主动地解决工作人员家属困难，必须纠正将福利费结余，而工作人员困难得不到解决的现象。三是1952年福利费（按在编制以内及经批准的非编制人员的实有人数为依托所预算的福利费）结余款，如已被冻结上缴，则应迅速解冻，仍退还原单位管理使用。如有必要时，可由大区或省（市）做部分适当的调剂，合理使用。此项解冻余款，亦不与1953年福利费相抵消。

　　1951年2月26日，政务院公布的《劳动保险条例》第14条对职工因公死亡或因公负伤死亡，其直系亲属的抚恤费发放情况进行了规定，此外，还对职工因公负伤死亡的救济费做出规定。无论是抚恤费还是救济费，都跟职工直系亲属的子女人数有关系。① 从这里可以看到：因工死亡工人供养的直系子女越多，其抚恤费的金额越大，城市的儿童即使生活在多子女家庭其生活也是有保障的。这一点也可以从1953年劳动部《中华人民共和国劳动保险条例实施细则（修正草案）》中看到：职工因公死亡，除了付给丧葬费，每月还需要付给直系亲属抚恤费，"其供养直系亲属1人者，为死者本人工资25%；2人者，为死者本人工资40%；3人或3人以上者，为死者本人工资50%"。1953年劳动部《中华人民共和国劳动保险条例实施细则（修正草案）》比1951年政务院颁布的《劳动保险条例》更加明确了随着工人供养子女的增多，其抚恤金也随之增多，并做出了具体的量化规定。②

（四）城市儿童凭票得到比较充分的物资供应

　　毛泽东时代是中国的计划经济时期，一切都纳入计划。粮食、食品、布匹等生活必需品等都需要凭票供应。在物资短缺的年代，有钱不见得能够买到自己所需要的东西，只有凭票才能买到东西。票证存在时

---

① 《中华人民共和国劳动保险条例》（1951年2月26日），2015年10月31日，http://www.law-lib.comlawlaw_view.aspid=686。

② 同上。

间比较长，从20世纪60年代到1978年这段时期，票证经济一直存在。根据访谈得知：在毛泽东时代，商品短缺，为了化解人民需要与商品供应短缺的矛盾，于是国家发行票证，票证主要针对非农业户口，通过票证，能够买到紧缺的商品。

票证供应时代，票证主要面向非农业人口，鲜明地体现了城乡的差距。根据访谈了解到：在毛泽东时代，日常生活都离不开票证。城市的票证比农村要多，面向农村的票证却很少，比如说布票，1976年江西补助儿童布票，从1967年"南昌市民民用布票、儿童补助布票、线票发放数量登记表"的发放表可以看到：不同家庭补助布票的情况各不相同，当时五星二队的住户少的能够领到农业布票1份，多的能够领到农业布票6份。城市人口凭着票证可以买到国家计划供应的物品。由于城市票证相对农村要丰富得多，城市非农业人口享受票证的物资也就多。城市儿童，比农村儿童幸运的是能够凭票享受到食品、粮食等更多物资的供给。以北京市为例，1963年北京市发行儿童食品补助粮票，在1960—1966年的北京地区通行有齿孔的粮票。

今天，票证作为一种记载毛泽东时代的证据，已经走进了历史的博物馆，但是，在那个凭票供应物品的时代，票证在满足儿童生活需要方面发挥了重要的作用。

（五）生育保险中与儿童照顾相关的规定

生育保险是通过向生育妇女提供医疗服务、产假、生育津贴等待遇，这使妇女得到在生育期间的基本生活权利，以保障新生儿得到母亲照顾。从这个角度来说，生育保险中对儿童的保障和照顾，也属于儿童福利的内容。新中国成立以来，生育保险中对儿童照顾的规定体现在以下法律和规定中。

新中国成立后，当时由于受苏联鼓励生育政策的影响，国家对节育和人工流产采取严格的控制措施，"导致人口自然增长率在1950年至1954年间从19‰上升至25‰"[①]。鼓励生育的政策对人口的增长起到了

[①] 刘翠霄：《中华人民共和国社会保障法治史（1949—2011）》，商务印书馆2014年版，第17页。

助推作用,到了20世纪60年代末,人口增长带来的上学、住房、就业等压力凸显。国家为了防止人口过度膨胀,采取政策控制人口增长速度,出台政策规定每个家庭最多生育两个子女。"整个70年代,城乡推行'晚、稀、少'的政策,允许每个家庭最多生育两个子女,使得全国总和生育率由1970年的5.7‰下降到1980年的2.4‰,同期人口自然增长率由26‰下降到12‰。"[1]

1953年1月2日政务院修正公布《中华人民共和国劳动保险条例》,其中第3章"各项劳动保险待遇的规定"第16条对生育保险做出了规定:女职工生育时产假总共56天,休产假期间工资照常发放。女职工小产、难产、双生都有假期的保证,而且工资照发。职工所在的企业负担女职工的检查费与接生费。如果休完产假仍然不能工作的,按照疾病待遇处理。除了产假、工资待遇之外,还有生育补助费,规定:"女职工与女职员或男工人与男职员之妻生育时,由劳动保险基金下发给生育补助费四万元。"(注:这个条例内的人民币金额是旧币金额。根据1955年2月21日《国务院关于新的人民币和收回现行的人民币的命令》,自1955年3月1日起发行新的人民币,旧币一万元折合新币一元)[2] 1953年政务院修订并重新发布的《劳动保险条例》提高了生育保险的待遇,扩大了生育保险的范围;由企业来承担孕、产期检查费、接生费、流产的假期为30天;难产和双胞胎的假期增加到70天;产假期间不能工作的女职工享受医疗保险待遇;生育补助费跟生育孩子的多少有关,生育一胎每天补助4元,生育多胞胎,每个孩子每天发给4元;对于非正式职工产假期间的工资为本人的60%,其他孕产待遇相同。从法律上保障妇女生育的假期和津贴,这对于儿童的照顾与护理,起到了积极作用。

1953年1月26日劳动部《中华人民共和国劳动保险条例实施细则(修正草案)》中有这样的规定:"女工人女职工或男工人男职工之妻生育,如系双生或多生时,其生育补助费应按其所生子女人数,每人发给

---

[1] 胡晓义:《走向和谐:中国社会保障发展60年》,中国劳动社会保障出版社2009年版,第388页。

[2] 法律出版社法规编辑室:《保护妇女儿童合法权益法规摘编》,法律出版社1983年版,第11—12页。

八万元。"①（注：这个条例内的人民币金额是旧币金额。根据 1955 年 2 月 21 日《国务院关于新的人民币和收回现行的人民币的命令》，自 1955 年 3 月 1 日起发行新的人民币，旧币一万元折合新币一元）可见，企业职工妇女生育的费用是有保障的。此外，国家机关的女职工产假也是有法律保证的，这可以从 1955 年 4 月 26 日《国务院关于国家机关女工作人员生产假期的规定》中体现出来，国家机关女职工的产假待遇更高一些。为了统一各地区生产假期的不同，国务院专门对产假做了统一的规定。统一生育保险的规定，使得妇女的身体能够得以恢复，为照顾儿童提供了基础。

当时对儿童的照顾一方面是为了妇女福利的发展，也是为减轻女职工的负担；另一方面，集体对妇女时间的保证使儿童得到必要的照顾和服务。这从 1956 年 9 月 2 日《关于进一步改善女职工工作条件加强女职工保护工作的联合指示》中能够体现出来，指示规定："对女职工怀孕及哺乳婴儿期间，必须给予必要的休息时间和哺乳时间。女职工怀孕满七个月或哺乳未满六个月的婴儿，不得从事夜班工作，女职工怀孕满五个月和哺乳未满六个月婴儿，亦不得从事加班加点。女职工怀孕不满七个月或从事其他工作的女职工怀孕期间，因体质弱坚持工作有困难时，也应适当予以照顾。女职工哺乳不满一周岁的婴儿，每日应该以一次或两次的哺乳时间。各级领导必须关心并切实解决女职工特殊困难，那种认为孩子妈妈是负担，嫌女职工事多麻烦的思想是错误的，必须扭转。"②

妇女社会福利中的规定，虽是保障女职工的权益，但是鲜明体现了儿童福利的内容。再比如"要根据本单位所有适托年龄的儿童（主要是三岁以下的尤其是一周岁以内哺乳婴儿）进行规划，在需要与可能的条件下，迅速举办托儿所和哺乳室，并加强托儿事业单位的行政管理和人员教育以减轻女职工的过多负担"，这样的规定是纯粹保护儿童福利的措施。这个指示也要求母亲在儿童福利发展中的作用，"妇女有教养

---

① 法律出版社法规编辑室：《保护妇女儿童合法权益法规摘编》，法律出版社 1983 年版，第 13 页。
② 《关于进一步改善女职工工作条件加强女职工保护工作的联合指示》，1956 年 9 月 2 日，卢龙县档案局档案，文件标号：商工李联字第 521 号、商（56）会字第 271 号文件。

子女，搞家务的负担，不重要的会不开，尽量不要占用她们的业余时间，给女职工留出处理家庭生活和教育子女的必要的时间，要贯彻国家利益和个人利益兼顾的方针"。①

二 农村儿童生活福利

毛泽东时代，农村儿童占全国儿童的80%，儿童即使不劳动，也能参与集体中的分配，尤其是参与粮食分配，这种分配制度保障了农村儿童最基本的生活，从这个意义上说，农村儿童参与集体分配是农村儿童最大的生活福利。

（一）农村集体分配保障儿童生活

1961年《农村人民公社工作条例（修正草案）》中对人民公社做出了这样的认定：农村人民公社是农村基层政权单位，是政社合一的组织，它分为三级，包括公社、生产大队、生产队；其中生产队是组织生产和福利的单位，生产大队是核算单位。② 在1958—1978年人民公社一直是农村基层政权组织，遵循着国家分配制度的基本情况，具体分配情况如表4—14所示：

表4—14　　　　　　　人民公社收益分配③

项目		分配比例
国家征购		20%—25%
农业税		5%左右
公积金和公益金		7%—8%
社员分配	口粮	38.5%左右
	工分收入	16.5%左右

---

① 《关于进一步改善女职工工作条件加强女职工保护工作的联合指示》，1956年9月2日，卢龙县档案局档案，文件标号：商工李联字第521号、商（56）会字第271号文件。
② 《农村人民公社工作条例（修正草案）》（1961年6月15日），2015年7月30日，http://news.xinhuanet.com/ziliao/2005-01/24/content_2500797.htm。
③ 辛逸：《农村人民公社分配制度研究》，中共党史出版社2005年版，第59页。

从表4—14人民公社收益分配中可见人民公社内部社员的分配情况：一是约占社员分配总额70%的口粮分配；另一部分是约占社员分配的30%的工分收入。人民公社内部分配约占人民公社整体收益的55%左右。从表中还可以看出：当时人民公社的分配制度是先按照人口分配，保证人民基本的口粮的需要，再按照工分分配。这种口粮制优先的分配制度，可以说是为了保证每个人生存的需要。这种分配制度是平均主义的分配制度，儿童作为集体中的一员，无论是否参加公社的集体劳动，都能够获得集体的收益。

1978年公布《农村人民公社工作条例（试行草案）》对口粮和工分的分配比例又做了进一步规定：口粮和工分分配可以按照六四开或者七三开。口粮制的分配制度可以说是不论社员是否参加劳动以及劳动贡献的大小，都要保证人人都能分到口粮；在人民公社时期口粮的分配具有强制性；口粮分配在农村分配制度中占有很高的比例，大概是占到了分配的60%—70%左右，有的地方口粮分配甚至占了分配的80%或者90%的比例。浙北陈家场生产队1962—1968年粮食分配和按劳分配情况如表4—15所示：

表4—15　浙北陈家场生产队1962—1968年粮食分配、按劳分配情况

年份	分粮合计（斤）	按口粮分配（斤）	占比（%）	按劳分配（斤）	占比（%）
1962	91787	43205	47.1	43672	47.5
1963	88373	30768	34.8	48242	54.6
1964	89060	60972	68.5	21483	24.1
1965	102115	66162	64.8	26908	26.4
1966	105878	68998	65.2	22454	21.2
1967	96075	63607	66.2	25824	26.9
1968	109035	101390	93.0	2831	2.6

图4—15所示为浙北陈家场生产队1962—1968年按口粮分配和按劳分配占比情况：

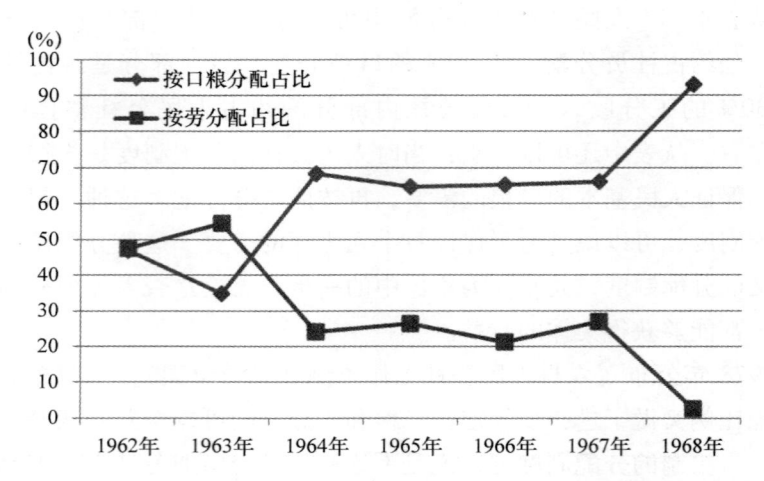

122 | 中国儿童福利研究：1949—1978

图4—15 浙北陈家场生产队1962—1968年按口粮分配和按劳分配占比

由图4—15可以看出：浙北陈家场生产队1962—1968年按照口粮分配占比越来越大，从1962年的47.1%发展到了1968的93%，短短七年之间，按照粮食分配比例增加了45.9%，增长的幅度是非常大的。而按劳分配的比例，却大幅下降，从1962年的47.5%，下降到了1968年的2.6%，下降幅度也是相当大的，在7年间下降了44.9%。可见当时的分配更加倾向于满足人们的需要，而不是按照按劳分配的原则进行分配，这样的分配制度有助于保障儿童的生活。

由于人人完全平均的口粮分配方式对于鼓励社员积极参加生产是不利的，于是20世纪60年代中期对口粮的分配进行了调整，以烟台地区为例，烟台于1966年推出二等定量的分配方法，"即1—3岁儿童分给成人口粮的60%，4岁以上与成人同。1970年又改为三等定量法，即1—3岁分得大人口粮的40%，4—7岁分得成人的70%，8岁以上与大人同。个别地区还出现了四、五、六甚至十三等的定量办法"[①]。调整的目的是尽量满足人们的口粮的需求，同时不违背国家的分配制度，浙北农村居民基本口粮标准如表4—16所示：

---

① 山东省烟台市农业局：《烟台市农业志》，山东省出版总社1988年版，第806—807页。

表 4—16　　　　　　浙北农村居民基本口粮标准分配①

年龄（岁）	口粮数（斤）
1—3	150
4—6	250
7—9	330
10—12	400
13—14	450
15—17	510
18—55	660
56—60	510
61 以上	460

这些粮食究竟在多大程度上能够满足社员的基本需要，通过一个表格来看一下，人民公社对粮食的分配大概只能满足社员基本需求的三分之一到二分之一。1962—1967 年浙北陈家场生产队粮食分配满足基本需求的情况如表 4—17 所示：

表 4—17　　　　1962—1967 年浙北陈家场生产队粮食分配满足
基本需求的情况②

年份	满足程度（%）
1962	44.5
1963	31.7
1964	62.9
1965	68.2
1966	71.1
1967	65.6

人民公社的分配方式寄托了人们对美好生活的向往，但是在当时经济发展水平比较低的情况下，只够勉强吃饱饭，而其他福利是很难兑现

---

① 张乐天：《告别理想——农村人民公社制度研究》，东方出版社 1998 年版，第 98 页。
② 同上书，第 99 页。

的。1958年后，在敞开肚皮吃饭，吃流水席之后，粮食供应越来越紧张，有些地方出现粮荒。以河北省为例，"1958年全省产粮400亿斤，现在落实为284亿斤，去年秋收没有搞好，丢、烂、糟很多，再加上一度放开肚皮多吃，丢失、浪费和多吃了不下百八十斤粮食"。所以，"目前，全省粮食局势相当紧张。有30多个县闹缺粮，严重的10个县"。①

那个年代的儿童吃饱饭是基本生活福利。1959—1961年三年自然灾害，加上浮夸风导致国家征收粮食增多，导致老百姓的吃粮问题受到很大影响，严重的地区儿童出现浮肿病和饿死的情况。国家征收粮食的情况如表4—18所示：

表4—18　　中国1958—1963年粮食产量、征购比率与人均占有粮食量②

年度	产量（百万吨）	净征购比率（%）	农村人均占有粮食	城市人均占有粮食
1958—1959	200	13.6	311	228
1959—1960	170	28	223	380
1960—1961	143.5	28	191	308
1961—1962	147.5	17.5	225	274
1962—1963	160	16.1	234	296

人民公社时期，由于浮夸风存在，国家增收粮食增多，这对于儿童的生活有重要影响。由表4—18可以看到：在三年自然灾害粮食最困难的时期，国家征收粮食也是最多的，1959—1960年和1960—1961年间，国家征收粮食的比例都是28%。在三年经济困难时期，城市人均占有粮食明显高于农村人均占有粮食。1960—1961年城市人均占有粮食308斤，而农村人均占有粮食却只有191斤，差距是很大的。这就导致城市和农村儿童的生活质量有较大区别。当时城市粮食供应受自然灾害的影响不大，因为国家从农村征收了大量粮食，缓解了城市供粮紧张局面，而农村要优先保证国家征收粮食的需要，这在自然灾害发生和浮

---

① 当代中国农业合作化编辑室：《建国以来农业合作化史料汇编》，中共党史出版社1992年版，第565页。

② [美]彭尼·凯恩：《中国的大饥荒》，中国社会科学出版社1993年版，第92页。

夸风盛行的情况下，导致了农村人吃粮食紧张的局面。

生产队不仅要保证国家的粮食征购，还要保证农副产品的质量。这对于刚刚解决温饱的生产队来说，这样高的征收比例，对农民来说是沉重负担，农村只好压缩给孩子消费的粮食及副食品，这样就影响了儿童分配粮食和副食品比例的提高。征收这么高比例的粮食和副食品，而且当时征购价格比当时的市场价格还要低，是对农民的一种剥夺，于是随着共和国成长起来的很多农村人都有吃野菜、挨饿的经历。国家对农村高比例的征收，影响了农业扩大再生产，也使得人民公社时期人民生活长期得不到改善，导致一些儿童营养不良，出现佝偻病等营养不良的疾病。

在人民公社时期，有种说法，"上交国家的，留足集体的，剩下全是自己的"。除了必须完成国家农业税和征收任务外，就是要留足集体的"集体提留"。集体提留主要是公积金和公益金。公益金用于集体举办集体福利事业的资金。在当时刚刚解决温饱的时代，这两项都不可能提得太高。《农村人民公社工作条例（修正草案）》规定了公益金的提取比例，该草案第 26 条规定：生产大队把总收益的 3%—5% 作为公益金，用于发展集体福利事业，可以为困难儿童提供补助，还可以补助托儿所的保育人员。[1]

在整个人民公社时期，中央对公益金的提取基本上没有发生大的变化，这为农村集体福利的举办提供了经济基础。人民公社化的晚期，1978 年十一届三中全会上通过的《农村人民公社工作条例（试行草案）》中对公益金进行了微调，如表 4—19 所示。

表 4—19　　1958—1978 年人民公社集体核算单位分配比例[2]　　（单位:%）

年份	各项费用	国家税收	集体提留	公益金	分给社员
1958	26.64	9.51	11.56	1.52	52.29
1959	26.77	10.0	12.53	1.79	50.70
1960	28.96	9.90	4.41	1.0	56.73

---

[1] 《农村人民公社工作条例（修正草案）》（1961 年 6 月 15 日），2015 年 8 月 1 日，http://news.xinhuanet.com/ziliao/2005-01/24/content_2500797.htm。

[2] 辛逸：《农村人民公社分配制度研究》，中共党史出版社 2005 年版，第 55 页。

续表

年份	各项费用	国家税收	集体提留	公益金	分给社员
1961	26.70	6.41	6.79	1.98	60.10
1962	28.25	6.50	6.52	1.44	58.73
1963	28.31	6.54	7.01	1.52	58.14
1964	28.88	6.78	9.33	1.69	55.01
1965	28.18	5.60	8.93	1.43	57.29
1970	30.82	4.53	9.78	1.69	54.87
1971	30.13	4.44	9.50	1.70	55.93
1972	32.07	4.42	8.56	1.58	54.95
1973	31.30	4.29	9.63	1.65	54.80
1974	32.22	4.12	10.10	1.68	53.60
1975	33.61	4.02	10.93	1.76	51.48
1976	35.39	3.89	10.07	1.68	50.73
1977	35.59	3.80	9.31	1.62	51.42
1978	34.88	3.35	9.30	1.63	52.59

注：因资料限制，有些年份数据缺失。

由图4—16可以看出：从全国的一般情况来看，1958—1978年公积金和公益金的提取比较平稳，没有出现大的波动，严格地遵守了中央规定。

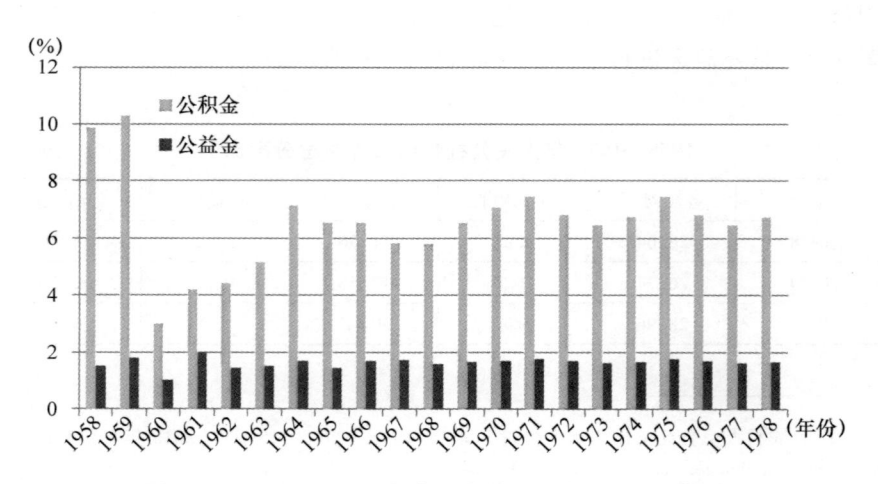

图4—16　1958—1978年人民公社公积金和公益金情况

总之，在毛泽东时代，由于集体公益金的提取，全国大部分乡村建立了低水平的集体福利制度。农村集体经济让儿童参与分配，这种分配由于有了农村公益金的支持而有了相对稳定的资金来源。从儿童参与粮食分配的情况来看，儿童在新中国的地位提升了。儿童作为集体的重要一员，可以不参加劳动就可以获得基本生活需要，是分配制度的进步，也是毛泽东时代儿童福利制度的进步。毛泽东时代儿童参与粮食的分配，构成了农村儿童福利的主要来源。虽然农村集体经济对儿童生活保障水平比较低，但是儿童在农村集体中参与集体的粮食分配，足见对儿童的重视程度，保障了儿童基本生活。

（二）农村救灾和扶贫缓解儿童贫困

新中国成立之后，农村儿童救济工作主要包含在农村救灾之中。1952年10月22日，谢觉哉在第二次全国民政会议上的报告《民政工作四年来的总结和今后的任务》中谈道：在农村救灾方面：民政部的任务主要是把握灾情情况，做好灾后救济粮的发放，实行生产自救和国家必要救济的原则。从1958年石家庄市民政局《石家庄市民政局1958年民政工作计划要点（草稿）》中可以看到：当时对于农村贫困户主要是社里解决，当社里解决不了时，国家只解决个别的特殊问题。"救济对象，市区内一般只限于丧失劳力无法维持生活的孤老病残或劳力长期患病经过组织生产仍不能自救解决的贫困户，缺乏劳力户，应通过生产解决。如矿区农村贫困户，主要依靠农业社，解决自己本社问题，国家只解决个别特殊问题，故郊区今年即不再发救济款，可给少量机动款，以备临时急需。矿区只在麦前发一次，补助面不应超过社员数1%。救济标准应在1.5元左右，最多不超过3元，市区内是3—6元，最多不能超过6元。"[①]

到了1978年，农村贯彻"依靠群众、依靠集体力量、生产自救为主，辅之以国家必要的救济"的方针。当时的救灾是解决农村家庭生产和生活的困难。遵照新宪法和农村人民公社"六十条"的精神，进一步做好

---

① 《石家庄市民政局1958年民政工作计划要点（草稿）》，石家庄市档案馆档案，档案号：30-1-145。

农村社会保险和社会救济工作。"要帮助社队做好五保户的供给工作,对困难户,社队要首先根据他们的不同情况,安排他们的生产,使他们增加收入。对于通过安排生产仍有困难的,要做好对他们的补助工作。"①

经过20世纪70年代的扶贫,到1978年的前几年扶贫工作进展较快。"湖北省罗平县,一九七五年扶贫工作全面展开,重点扶持的四千九百二十一户,现已有一千九百七十户基本上摆脱了贫困。四川省威远县原两路公社,十五年来先后共重点扶持严重困难户九十三户,已有八十七户摆脱了贫困。"②

通过对农村的救灾扶贫工作,有利于缓解农村儿童的贫困,保证儿童生活质量。

(三) 农村"五保"制度救济儿童

农村"五保"救助制度是计划经济时期政府向农村鳏、寡、孤、独者提供吃、穿、住、医、葬方面的物质帮助和照顾的重要生活保障制度。该制度是在1956年《高级农业生产合作社示范章程》第53条中做出了明确规定,农业生产合作社对农村的"五保户"在生产和生活上予以照顾,保证供应他们吃、穿和柴火,保证儿童得到教育。③ 保吃:保障五保对象能够享受粮食、副食品等食品;保穿:保障五保对象的衣服、被褥等基本生活用品;保烧:保障五保对象烧柴的需求;保住:保障五保对象基本住宿需求;保医:保障五保对象能够参加并享受合作医疗制度,并对生活不能自理者安排人员照顾;保葬:集体为五保对象办理丧葬事宜;保教:对于五保儿童,保障他们能够享受到教育。在人民公社时期,农村"五保"救助制度的资金来源来自于农村集体经济的公益金和国家的福利补贴。在毛泽东时代,五保对象与普通公民享受一样的生活及医疗保障。④

---

① 李荣时:《民政统计历史资料汇编》,民政部计划财务司,1993年,第618页。
② 同上。
③ 《高级农业生产合作社示范章程》(1956年6月30日),2015年10月20日,http://news.xinhuanet.com/ziliao/2004-12/30/content_2393677.htm。
④ 贡森、王列军、佘宇:《农村五保供养的体制性问题和对策——以山东省为例》,《江苏社会科学》2004年第3期。

"五保"制度依靠集体经济的保障,从集体公益金中提取"五保户"的基本生活所需的救助款和资金,通过生产队或者生产大队这个基本的分配单位,通过互助合作的形式,实现对儿童,主要是农村的孤残儿童的保障,因此,这个制度对1949—1978年这段时期,以及后来都产生了深远影响,为日后建立农村最低生活保障制度奠定了基础。以1958年的石家庄为例,《石家庄市民政局1958年民政工作计划要点(草稿)》中提到:"在做好城市社会福利工作的同时,对农村五保工作也进行了检查,全市享受五保的212户,254人,保障农村孤老残幼的生活,为了提高乡社干部的五保工作水平,并印发了五保工作手册。随时收容的,经过大力组织游民乞丐生产,和实际过往人员自挣路费,已实现经费自给,上半年共计收容了游民乞丐和盲目外流人1830人,原有132人,共1962人,其中男1594人,女368人,儿童460人,青壮年1181人,经过审查对妇女小孩残老确实无法回家予补助了624人。"[1] "郊矿区重点做好农业社的五保工作,去年全市已有93个村社实行了'五保',又27个社尚未实行(郊区5个,矿区22个)。1958年应全部实行,为了做好这一工作,郊矿区第一季度内组织农业社福利委员、乡村民政委员学习内务部编写了《这样做好五保工作》,以明确五保范围、对象和工作方法等,在五保户自愿的原则下,条件较好的社可重点实验'五保教养院'。并应注意组织五保户参加轻微劳动。应定期检查了解五保工作情况,总结五保工作经验。"[2]

农村"五保"制度,虽然不是针对儿童群体,但是农村"五保"制度在保障孤儿群体基本生活方面提供了最起码的保障。通过农村"五保"救助制度,孤儿以及残疾儿童的吃、穿、住、教育、医疗都得到了保障。

(四)临时救助保证农村住宿生粮食等生活必需品的供应

对于儿童粮食的分配,我们可以从人民公社时期的分配制度中看到。人民公社时期让孩子们吃饱饭也是一个非常重要的内容,虽然短

---

[1] 《石家庄市民政局一九五八年上半年工作简结》,石家庄市档案馆档案,档案号:30-1-145。
[2] 《石家庄市民政局1958年民政工作计划要点(草稿)》,石家庄市档案馆档案,档案号:30-1-145。

暂，但却是一种很好的尝试。

1963年1月20日，国务院下达了《中华人民共和国国务院关于解决农村小学教职工、农村卫生人员和县镇以下中等学校来自农村的住宿学生吃粮问题的通知》（国文办春字52号），指出："近年来，在调整农村文教卫生事业和压缩吃商品粮人数的过程中，农村小学教职工、农村卫生人员和县镇以下来自农村的住宿学生的口粮供应问题，不少地区解决得比较好，也还有一些地区仍然存在问题，口粮安排不够落实。为了促进农村文教卫生事业的巩固和发展，农村小学教职工、农村卫生人员和县镇以下中等学校来自农村的住宿学生的口粮必须切实保证。"[1]

为了保证农村小学教师、县镇以下高中和中等专业学校来自农村的住宿学生能够吃商品粮，文件做出了规定：一是"农村公办小学的教职工，原则上吃商品粮。已经吃社队粮安排落实的，可以仍然吃社队粮。民办的（包括由公办转为民办的）小学教职工吃社队粮，社队无法供应粮食，而现在已经吃商品粮的，可以仍然吃商品粮"[2]。二是"县镇以下高中和中等专业学校来自农村的住宿学生，原则上吃商品粮。已经实行自带口粮国家补助安排政策的，也可以不再变动。县镇以下初中来自农村的住宿学生，实行自带口粮国家补助或自带口粮的办法，如何补助，补助多少，由各省、自治区、直辖市根据具体情况规定；已经吃商品粮的，也可以不再变动。学生自背粮食和所带粮食的品种不同而发生的苦难，各级人民委员会应当积极地帮助解决"[3]。三是"吃商品粮的农村小学教职工和卫生人员的口粮标准，应当不低于当地国家干部的口粮标准。请各省、县自治区、直辖市接到这一通知后，对目前农村小学教职工、卫生人员和县镇以下中等学校来自农村的住宿学生的口粮问题进行一次检查，采取必要措施，确实保障他们的口粮供应"[4]。粮食是儿童最起码的福利问题。在国务院保证师生吃粮的通知下，河北省人民委员会1963年4月19日转发《国务院关于解决农村小学教职工、农村卫生人

---

[1]《国务院关于解决农村小学教职工、农村卫生人员和县镇以下中等学校来自农村的住宿学生吃粮问题的通知》，1963年，卢龙县档案局，第26卷，长期。

[2] 同上。

[3] 同上。

[4] 同上。

员和县镇以下中等学校来自农村的住宿学生吃粮问题的通知》:"现将国务院关于解决农村小学教职工、农村卫生人员和县镇以下中等学校来自农村的住宿学生吃粮问题的通知,先行转发,请各地参照执行。"①

对农村儿童的临时救助主要是保证儿童住宿生粮食等生活必需品的供应,保证在校生儿童基本生存需要。

(五) 家庭寄养和收养照顾孤残儿童

在农村儿童生活福利的保障方面,还出现了家庭寄养和收养的形式。山西大同是全国最早开始家庭寄养的地区,山西大同的"乳娘村"开始了特色的家庭寄养服务,福利院把孤残儿童托付给大同市附近的村庄里有哺乳能力的妇女进行照顾,政府提供一部分的资金的支持,"从1949年5月孤儿院建立到1949年底,有23名儿童被收养。从1950年到1954年,大约有400—500名儿童被国内家庭收养"②。

这种家庭寄养形式并没有成为一种普遍的形式,在当时的家庭生活状况之下,很多多子女的家庭,连自己子女的吃饭都是问题,不可能再去收养别的家庭的孩子,虽然后来随着儿童福利机构的完善而被取代,但是这种家庭寄养的形式却为儿童提供类似家庭的照顾与服务,是儿童身心发展有益的儿童照顾形式。目前政府开展家庭寄养服务,对儿童的身心健康发展是有利的。

三 评价

(一) 儿童福利事业发展

1. 城市儿童生活福利的发展

毛泽东时代城市儿童生活福利是值得肯定的,面对严重的自然灾害,国家开展城市社会救济工作,儿童救济作为社会救济的重要内容在缓解因自然灾害造成的儿童贫困发挥了重要作用;在接收民国时期留下

---

① 《国务院关于解决农村小学教职工、农村卫生人员和县镇以下中等学校来自农村的住宿学生吃粮问题的通知》,1963年,卢龙县档案局,第26卷,长期。
② 姚建平:《国与家的博弈——中国儿童福利制度发展史》,格致出版社2015年版,第78页。

来的儿童福利机构的基础上,国家建立儿童福利院、儿童教养院、婴幼院,收养孤儿、残疾儿童等困境儿童。毛泽东时代城市儿童福利的重要内容是建立儿童福利机构,通过教养结合的儿童福利机构的建立,提高了儿童生活质量;通过社会福利生产组织小部分残疾儿童和贫困儿童发展生产,在一定范围提高了部分儿童生活质量;国家建立多子女家庭津贴,并对多子女的家庭进行救济,支持了多子女家庭的生活;城市儿童凭票得到比较充分的物资供应;在生育保险中也规定比较完善的儿童照顾的内容。

城市儿童福利制度有效规避了儿童生存风险,提高了儿童生活质量,减少了类似旧社会流浪儿童的出现,保证了大灾面前儿童生存的需要。在当时落后的经济条件之下,在千头万绪的国内国际事务中,国家把儿童的生活需要摆在重要位置,推动了儿童生活福利的发展。具体发展情况如表4—20所示:1950—1978年全国民政工作会议对儿童福利的描述。

表4—20　　　1950—1978年全国民政工作会议有关儿童福利论述[①]

年份	会议	内容	对儿童福利的意义
1950	第一次全国民政会议	内务部部长谢觉哉《关于人民民主建政工作报告》确定政权建设、优抚、救灾是民政工作重点	把政权建设作为民政部门的重要职责,同时规定做好救济和失业工作,这对推动儿童救助起到指导作用
1952	第二次全国民政会议	《民政工作四年来的总结和今后的任务》	改造游民和教养贫苦无依的残、老、孤、幼共36万人。采取了分配救济原则,对无依无靠、无法维持生活、无家可归的孤幼实行必要的救济。继续整顿生产教养院,明确生产教养院应收容无依无靠、无法维持生活、无家可归的孤老残幼,对收容的学龄前儿童采取的是半工半读的办法,对其进行文化教育和技术技能的培训,培训儿童自食其力的能力。同时加强对生产教养院的领导,加强管理,严禁虐待儿童和其他违法乱纪的行为
1954	第三次全国民政会议	陈毅副总理做报告	重申了民政的中心工作就是救灾、救济、社会优抚等,政权建设不是民政的中心工作,儿童救助在民政工作中地位提升

---

① 李荣时:《民政统计历史资料汇编》,民政部计划财务司,1993年,第618页。

第四章　儿童生活福利　133

续表

年份	会议	内容	对儿童福利的意义
1958	第四次全国民政会议	谢觉哉部长在开幕式上的讲话（记录）	依靠生产、推进福利；依靠地方，上下互助，调动地方进行福利建设的积极性，上下互动，才能促进福利的发展
1960	第六次全国民政会议	《坚决贯彻执行党中央制定的民政工作方针任务和政策，为实现1960年的民政工作的连续跃进而斗争》	1959年民政工作出现了业务和思想上的跃进，"先后建立505所残老儿童福利院，收容了31万无依无靠、无家可归、无法维持生活的残老和孤儿到院养老和抚养，并且已有10多万孤儿经过政府的抚养教育参加了各项建设事业"。发展社会福利生产和社会集体福利事业。"儿童福利院除了贯彻执行一般小学的教育方针，加强政治思想教育以外，对顽劣儿童要加强道德品质的教育，使他们懂得怎样做一个社会主义的公民，对五类分子的子女要教育他们认识五类分子的罪恶，认识党和人民政府对五类分子的处理是正确的。对婴幼儿要改进护理工作，降低发病率。根据需要和可能在较大的城市，可以建立残疾儿童福利院，或者在儿童福利院内附设残疾儿童收养所，收容一部分干部、职工家庭无力照顾的残疾儿童和畸形儿童。儿童生活费由其家庭供给，家庭生活困难者酌予减免。"对于残疾儿童的福利，鼓励残疾人参加生活或就业，做好聋哑人的防治工作，对残疾儿童进行文化教育
1978	全国民政工作会议	《以揭批"四人帮"为纲　努力做好民政工作　为实现新时期的总任务而奋斗》	一是救灾和农村救济。通过救灾和救济帮助困难家庭解决生产和生活困境。遵照新宪法和农村人民公社"六十条"的精神，进一步做好农村社会保险和社会救济工作。"要帮助社队做好五保户的供给工作，对困难户，社队要首先根据他们的不同情况，安排他们的生产，使他们增加收入。对于通过安排生产仍有困难的，要做好对他们的补助工作。"经过20世纪70年代的扶贫，扶贫工作进展较快，通过对农村的扶贫，对于缓解农村儿童贫困，保证儿童生活质量，起到了重要作用 二是城市救济和社会福利工作。认为生产自救是解决城镇聋哑人就业和社会困难户问题的有效办法，是城市救济工作的主要环节。通过生产自救，政府救济费用可以减少的情况下，不少聋哑残疾人的生活得到了保证。对于社会福利生产，民政部是积极推进的，指出聋哑残疾人员占生产人员的半数左右，不符合这一要求的福利生产单位，要逐渐转变。转交工业部门的福利生产单位，聋哑人等残疾人不能淘汰，由其他民政部门妥善处理。要进一步办好社会福利事业单位，对于无家可归的孤残儿童，民政部门要收容安置

2. 农村儿童生活福利的发展

分析以上材料可以发现,农村儿童生活福利中农村集体分配保障儿童基本生活需要;当灾难发生时,对家庭的临时救助保障了儿童生活;保障学校师生的吃粮的规定也对儿童健康发展起到了保障作用;家庭寄养和收养在个别地区保障了儿童的生活和照顾的需要。这些临时的制度安排在规避儿童生存风险方面发挥了作用,但是农村儿童生活福利主要是通过"五保"制度对孤残儿童进行制度化的救济。农村"五保"制度是依赖于集体经济公益金而存在的。整个毛泽东时代,"五保"制度公益金相对稳定,通过集体经济中互助合作的形式,由农民自己筹资,体现了互助共济的精神。那个年代的"五保"制度保障了孤残儿童最基本的生活需要,满足其最基本的教育及医疗的需求。虽然"五保"制度不是专门针对儿童群体的制度安排,但是对于孤残儿童的生活来说,无疑是起了保护伞的作用。

3. 明确了儿童生活福利发展方向

(1) 分类管理福利机构中孤老与儿童

1959年6月《关于民政工作问题的报告(草案)》针对社会福利事业方面存在的问题,提出努力方向:一是对孤老、儿童进行分类管理,区别对待。不少地方的生产教养单位,老人、儿童、精神病人、青壮年、残疾者混在一起,加大了管理的难度,不能很好贯彻福利政策。把养老院与儿童福利院分开,这样儿童福利院就能针对儿童身心的特点,在取得教育部门支持的基础上,做好文化教育工作,贯彻"教育与生产劳动结合"的方针。让儿童参加适当的劳动,但劳动时间不能过长。

(2) 改善社会福利事业单位的分配制度

对一些儿童不应规定生产自给的任务,儿童福利机构中参加生产的儿童,生活上是需要照顾的、劳动能力是缺乏的,因此,分配制度应区别于一般生产单位。当儿童参加生产时,不必完全实行按劳分配原则,可采取定期评奖或者发给津贴的方式,以免刺激他们加重劳动强度,影响身体健康。

(二) 儿童生活福利事业发展中的问题

毛泽东时代中国儿童生活福利囿于当时经济发展水平以及当时政治形势，中国儿童生活福利有一些问题，主要表现在以下方面：

1. 城乡分割

1958年实行户籍制度以来，城市人口和农村人口被人为地分开，体现在儿童生活福利方面，城乡二元性特征明显。从前文内容可以看到：涉及城市救助部分的内容是丰富的，儿童生活福利不仅表现在儿童福利院等机构的建立，还有社会福利生产把一些残疾儿童组织起来，城市的儿童还能享受到来自父母职工的福利，多子女家庭还能享受到儿童福利津贴，因此相对于农村儿童生活福利而言，城市儿童生活福利相对完善。

城市职工的儿童生活福利，由于附着在城市职工福利之上，由于职工生活福利有资金保障，儿童生活福利也就有了资金的保障。在城市，城市职工能够享受到国家福利，且有资金的保障，《中华人民共和国财政部、国务院人事局关于国家机关工作人员福利费问题的通知》[（1958）财政金字第49号（1956）国人事字第1403号]指出，1956年"要适当解决国家机关工作人员生活困难问题，1956年区以上工作人员福利费标准已提高为工资总额的5%"[①]。国家机关与乡镇人员的福利是有差别的，1956年"关于乡镇干部的福利费标准，可按乡镇干部工资总额的3%计算"，同时还规定："1956年4月份起调整工资后相应增加的福利费以及乡镇部分增加的福利费，均由财政部在今年调整工资时统一调整预算。凡执行国家机关工作人员福利费标准的其他单位，一律参照上述规定执行。"[②]

农村儿童生活福利只有"五保"制度和一些临时的措施，涉及农村一些特殊儿童，孤儿和残疾儿童，其保障范围小，救助力度非常小，福利水平受制于农村经济发展状况。1958年"大跃进"之后，政府全额

---

① 《中华人民共和国财政部、国务院人事局关于国家机关工作人员福利费问题的通知》，1956年9月3日[（1958）财政金字第49号，（1956）国人事字第1403号]。

② 同上。

拨款设立儿童福利院,但是一般只收养城市的孤儿、弃婴和残疾儿童。体现城市的儿童生活是优越的,因为儿童父母身份的不同,儿童的生活福利也打上了身份的烙印。

2. 儿童救济制度独立性差且临时性特征明显

毛泽东时代城市儿童生活福利制度是附着在社会救济、妇女生活福利、生育保险的规定中,职工生活福利、劳动者的生活福利之中;农村"五保"制度也不是专门针对儿童的救济制度。因此,儿童生活福利制度独立性差。儿童救助的临时性明显,以城市儿童救济工作为例,从20世纪60年代儿童救济统计表格可以看到,每年救济多少人,没有量化的规定,更谈不上救济的标准。

3. 取缔大量非政府的儿童福利主体

在新中国成立初期,取缔了大量的社会团体以及非政府力量主办的儿童福利机构,使得非政府主办的儿童救助偃旗息鼓,一方面,提升了政府的形象,增强了儿童对国家的认同感,另一方面,对于儿童福利本身的发展来说,无疑是不利的。刚刚成立的新中国,百废待兴,不让非政府主办的儿童救助活动及儿童救助机构参与儿童福利事业,无疑增加了政府救助的负担。

4. 困难时期救助水平低

在社会救助方面,1959年我国发生了严重的自然灾害,灾害的发生使得不少地区的个别社、队出现身体浮肿和人口外流的现象。民政部门针对这种情况,根据国家辅助集体、集体保证个人的原则进行救济。《关于民政工作问题的报告(草案)(一九五九年六月)》谈到民政事业费问题。民政福利事业是按照国家力量和群众力量结合的原则进行的。人民公社以来,随着集体举办福利事业能力的提升,社办福利事业在增加,于是出现了盲目缩减民政事业费的问题,这种做法是不妥的,因为人民公社还刚刚建立不久,如果把本该由国家来出的社会福利费减少,加重人民公社的负担,这样福利事业是不能长久的。必须把国家力量和人民公社力量结合起来,否则福利事业不能长久。

5. 儿童福利机构中过度强调生产自救导致儿童负担过重

儿童福利机构中让儿童参与劳动,加重了一部分儿童的负担。《关于民政工作问题的报告(草案)(一九五九年六月)》指出:"福利事业中存在的问题也是不容忽视的,特别是有些福利事业,政策界限不清,对象复杂;有的至今还在强调生产自救,致使老人、儿童劳动过重;有的只注意了组织生产,没有抓紧思想政治工作;有的待遇不合理,生活搞得不好等等。"①

---

① 李荣时:《民政统计历史资料汇编》,民政部计划财务司,1993年,第599—600页。

第五章　托幼事业与儿童教育福利

教育福利是社会福利的重要形式，其提供主体不是个人和家庭，而是公共财政；对教育福利受益主体而言，教育福利面向的是全体社会成员，这在教育法律法规对教育权利的规定中可以体现；教育福利的主要功能是促进教育公平，从而促进社会公平。综合教育提供主体、教育受益主体、教育的主要功能等因素的考量，郑功成提出：教育福利是国家为了提高国民素质，促进教育公平，向国民提供教育资源和优惠条件，从而实现国民受教育权的制度。[①] 按照受教育对象的不同，教育福利可以分为：托幼事业、小学和初中教育福利、高中教育福利、职业教育福利、高等教育福利、继续教育福利、特殊教育福利。1949—1978年中国教育福利主要涉及托幼事业、义务教育福利、校外教育及农村夜校、特殊教育福利等相关内容。下面就从托幼事业、义务教育福利、相关教育福利三个方面逐一描述。

一　托幼事业

（一）城市托幼事业

新中国成立之后，托幼事业在保育儿童、促进儿童身心健康、习惯养成、智力发展方面发挥着不可替代的作用。1953年1月26日，《劳动保险条例实施细则（修正草案）》第51条做出这样的规定：在实行劳动保险的企业中，如果单位女职工有超过20个以上4周岁以下的子

---

① 郑功成：《中国社会福利改革与发展战略（救助与福利卷）》，人民出版社2011年版，第203页。

女，女职工所在单位需要单独或者联合其他单位创立托儿所。如果不具备建立托儿所的条件，有在哺乳期的婴儿 5 人以上，需要企业设立哺乳室。企业行政方面或资方负担建立托儿所和哺乳室所需要的房屋、设备、工作人员的工资以及其他的费用。托儿所内托儿的父母负责托儿的饮食费，如果家长没有能力提供饮食费用，社会保险资金出资补助困难托儿所的儿童，但"对每个儿童的补助不得超过托儿饮食费的三分之一"①。这就从准法律层面对托儿所做出了规定。人民公社时期，托幼事业作为社会主义集体福利的重要任务，在人民公社内部得以发展，虽然存在时间很短，但为以后中国托幼事业的发展积累了经验。

1. 发展托幼事业的必要性

毛泽东时代托幼事业主要包括托儿所、幼儿园的发展。发展托幼事业是发展生产，解放妇女，进行大规模经济建设的需要。新中国成立伊始，大规模经济建设需要大批的劳动力，需要许多妇女走出家庭，参加生产。在这种情况下，孩子照顾问题凸显出来，有的夫妻两个轮流请假在家看孩子，直接影响了他们的工作与学习。有小孩的女同志下不了乡，值不了夜班，成了"受照顾户"。以 1978 年的河北省为例，"据省直各单位统计，在一千零九十六名有小孩的女同志中就有五百八十一名（占百分之五十三），长期不能下乡出差。省外贸局下属的五个公司，每个公司每天都有五六个同志带着小孩上班，孩子们整天满街道跑，干扰很大"②。因此，许多单位的领导不愿用女干部，嫌女同志拖儿带女事多，顶不了一个干部使用。托幼事业发展了，妇女从繁重的家务和照顾儿童的事务中解放出来，参加经济建设。

幼儿身心健康发展也需要托幼事业的发展。有的幼儿由于得不到妥善管理，体质和智育的发展都受到很大影响。有的常年被锁在屋子里，见不到阳光，也得不到及时喂养，体质下降，有的甚至发生生命危险。举例来说，石家庄市新华店崔小仁的小孩，在局里 1978 年成立幼儿园之前，一直被锁在家里，1975 年，孩子自己爬到炉子上，烧坏了半条

---

① 《中华人民共和国劳动保险条例实施细则（修正草案）》（1953 年 1 月 26 日），2015 年 10 月 2 日，http://baike.sogou.com/v549136.htm。

② 《关于石家庄和省直机关托幼组织情况的调查报告》，1978 年卷，卢龙县档案局，卷号 43，长期。

腿，后来伤口虽已结疤，但仍不能正常发育。

2. 地方政府积极推动托幼事业——以石家庄为例

新中国成立初期，随着妇女解放运动的推动，中国儿童保育工作也在推进。1956年4月30日至5月10日在北京举行的全国先进生产者代表会议上沈淑萍谈道：国家建立托儿所的任务是为生产服务，是为社会主义服务；国家搞托儿所的资金是很有限的，因此，要搞好搞大托儿所、幼儿园需要地方拿出更多的钱来。依靠群众来办幼儿园，只能精打细算。通过改造旧有的食堂等设施，逐渐满足托儿所发展的硬件需要；有临时全托的服务，解决家长的大问题；家园共建，重视家庭教育，定期召开妈妈会议。①邵化民在《关于抚顺市胜利区南台街托儿站的建立与发展情况》的发言中提到：举办托幼组织需要从群众需求出发，从社区实际出发；举办托幼组织初期需要房子、保育员，而当时这些都是缺乏的；托幼组织可以长托，以解决家庭的困难；对于当时是收费还是不收费，定位不清晰；认为社会主义制度可以解决人们的困难，不收费家长就可以让孩子入托，"1954年9月托儿站根据家长的要求，为了减少家长的负担，并保证孩子们的身体健康，大家研究后，给孩子们办了伙食，每月一个孩子伙食费三元，杂费五元钱，吃的是上下午两次点心，中午一次饭"②。后来成立托儿站管理委员会，托儿所饮食的改善，实行健康体检，稳定教师队伍，单位提供资金和住房，使托儿组织逐渐完善。

发展托幼事业，地方政府积极行动，尤其是妇联，下面重点以石家庄为例，来窥见全国托幼事业的发展情况。1949—1950年石家庄保育工作有不少进步：建立了一套完善的制度，1949年机关工作竞赛中儿童保育工作制度更加正规化。儿童保育院注意孩子的卫生护理，几次的传染病很快就好，这与保育院干部和保育员的高度负责、精心护理是分不开的。"去年十月大兴纱厂建立了喂奶室，三个脱离生产的保姆昼夜三班轮流值日。树立了初步制度，如十天拆洗一次被褥，孩子固定床位，交班检查制度等。"③

---

① 《沈淑萍在全国先进生产者代表大会上的发言》，河北省档案馆档案，档案号：895-3-220。
② 《全国先进生产者代表会议》，河北省档案馆档案，档案号：895-3-220。
③ 1949年2月至1950年2月，石家庄市档案馆档案，档案号：19-1-3。

石家庄从新中国成立到1950年底,"全市仅一个保育院,儿童40名,一个工厂喂奶室(私营大兴纺织厂),有婴儿9名,当时妇联的儿童保育工作主要是配合女工部座谈保育员和妈妈,进行育儿知识的教育"①。在石家庄,"1952年起卫生部门建立了专做幼儿工作的妇幼保健机构,于是妇联又配合保健所、女工部等协助工业局、商业局、机关工会、教育工会等有关部门,先后建立起工业、商业、机关、教工等4个托儿所。当时因为有些单位对举办托儿组织尚未足够重视,同时也缺乏经验,所以妇联不仅是积极争取各单位领导重视,而且和有关单位共同负责训练保育员,制定托儿所制度,造预算、订计划等"②。"1953年,根据全国妇联每次福利工作会议精神,妇联主要力量转向开展群众性的街道托儿站工作上,各厂矿、机关、学校等单位的托儿组织,妇联除有计划地配合有关部门进行保育员轮训,或组织保育经验交流会外,其他具体工作主要依靠女工部和各该主管单位领导,但由于妇联领会上级精神不足,工作不深入,对于广大劳动妇女的托儿要求和其具体情况不了解,凭主观想象出发,结果虽然办了托儿站但不适合广大劳动妇女的要求和条件,最后不得不将托儿站转为机关和教工托儿所。"③ "1956年初,社会主义高潮到来以后,在手工业合作化和资本主义工商业的公私合营工作中广大女手工业者及工商业女从业人员,一方面愿意走社会主义道路,又担心集中生产经营后孩子没人养迫切要求解决安置问题,妇联接受了过去办街道托儿站失败的教训,一方面宣传依靠群众力量举办托儿站精神,并在党的领导下,积极推动各有关方面大力开展了街道托儿工作,半年来街道托儿工作逐步得到了发展和巩固。"④

从1956年《河北省石家庄市民主妇女联合会关于几年来开展儿童保育工作的总结》来看:随着我国经济建设的发展,由于妇联部门的重视,石家庄儿童保育工作在1956年较之于新中国刚刚成立初期有了较大发展,到1956年,"据不完全的统计,目前厂矿有托儿所喂奶室27处,收托婴儿1097名;机关、学校贸易系统有托儿所、幼儿园6处,

---

① 1956年1月10日至1956年12月6日,石家庄市档案馆档案,档案号:19-1-13。
② 同上。
③ 同上。
④ 同上。

收托儿童310名；街道托儿站、幼儿队20处，收托儿童1700多名；此外还有为劳动者家属以及家庭妇女学习服务的托儿组、幼儿班、儿童会等数十处，收托儿童千余名，解决了一部分脑力和体力劳动妇女在生产、工作以及学习中孩子的拖累问题。为了适应托儿保育事业的发展，训练并输送了保教人员600名左右，对祖国社会主义建设起到了一定的作用"①。

从石家庄托儿组织发展情况可以看到：第一，当时办托儿所、幼儿园的初衷就是发展生产与配合妇女解放，遵循的方针是为生产服务与为广大妇女服务。当时石家庄市随着工业的发展，女职工人数逐渐增多，要求解决孩子拖累的问题。妇联本着为生产服务的方针，协助工厂企业单位，筹建托儿所、幼儿园等工作；街道托儿站贯彻为生产服务，遵循为广大劳动妇女服务的方针。妇联根据当地经济发展水平与广大劳动妇女要求考虑托儿组织形式、收费标准以及站内各种制度等。1953年开展的街道工作试图解决女职工、干部的孩子寄托问题，但是由于对广大劳动妇女的愿望不了解，建立的托儿站距离生产单位远，托儿站追求正规化、收费高，不适合广大劳动妇女群众的需要和经济条件，一个月的时间只收了三个孩子。相关单位总结经验教训，在开展街道托儿站工作时，根据生产和群众的需要，根据儿童家长的经济条件和工作性质规定了托儿组织的形式、接送制度和收费标准，根据妈妈的生产、工作时间不同情况在一个托儿站内有日托、临时托、全托，收费标准根据一般劳动妇女工资都不太高的情况规定了每人每月保育费最高不超过4元，因为适合劳动妇女的要求，街道托儿组织迅速得到了发展和巩固，半年的时间就建立起街道托儿站六处，幼儿队十几处。

第二，领导重视是普遍开展托儿保育工作的关键。随着妇女纷纷参加生产，妇联积极宣传职业妇女对举办托儿组织的迫切要求以及举办托儿组织对保证妇女安心生产、工作，进一步挖掘妇女潜力具有的重要作用，这就引起了党委和社会对托幼组织的重视。市委文教部曾两次召开各有关部门专业性会议，研究开展石家庄保育工作步骤，指示各有关部门重视保育工作开展。石家庄桥西区组成了托管会，由一位副区长负责

---

① 1956年1月10日至1956年12月6日，石家庄市档案馆档案，档案号：19-1-13。

本区托儿工作的领导问题；桥东区委把开展托儿工作当作一项议程进行研究，抽出两名干部筹建手工业联合托儿站。永安街在建站试点工作中，街支部在人力物力上给了很大支持，如动员街道居民义务粉刷墙壁、糊顶棚、借桌子、床等用具。由于各级领导对托幼工作的重视，群众性托儿组织得以普遍迅速地开展。

第三，做了具体分工。在儿童保育工作的领导方面，石家庄市根据内务部、教育部、卫生部的指示做了业务分工，幼儿园（队）由教育局领导，托儿所（站）由卫生局领导，这样的安排是试图解决托儿机构的教育、保健问题。在开展儿童保育工作方面，妇联的主要力量应放在组织街道托儿站方面，同时当某个街道托儿站发展到有条件转为某个单一的组织或行业的托儿站时，可将托儿站交给他们，妇联可抽出人力、物力根据生产需要另外建站。妇联主要是推动有关部门自己去办，妇联可负责训练和输送保育员，或在业务上给予指导。这样既可使有条件的单位单独建立托儿组织，没有条件单独建立托儿组织的单位的劳动妇女的孩子也可有地方寄托，使更多劳动妇女的孩子得到适当安置。

第四，采取了先行试点、后逐步推广的方法。石家庄市开展街道托儿站成功的方法是重点试办，吸取经验，普遍推广。随着1956年社会主义改造的完成，手工业、资本主义工商业走上了公私合营的道路，参加手工业和资本主义工商业的女社员，迫切要求解决孩子的安置问题，石家庄妇联为了扭转妇女干部存在的群众不需要托儿组织，孩子有办法解决的思想，以女手工业者较多的永安街为重点进行试点，在该街党政领导配合下，进行了摸底，初步统计需要送托的孩子有33名，于是以街居委会为主，吸收有关部门组成托儿站筹委会，十几天的时间，委员们分工负责，1956年1月20日，当全市人民欢欣鼓舞锣鼓喧天庆祝石家庄市进入社会主义的这一天，永安街托儿站开托。在石家庄市第一个群众性适合劳动妇女的托儿站建立起来后，1956年2月底，石家庄市妇联会同民政局、卫生局、教育局等召开了街支书、街主任、街妇联主任等干部联席会议，由永安街支部书记介绍了永安街托儿站的建站经验，说明保育工作在保证妇女积极参加社会主义建设中的重要作用及开展街道托儿站的计划，要求大家相互配合搞好这一工作，自这次会议后石家庄市群众性托儿保育工作逐渐开展起来。

第五，注重保育员的选择及培养。街道托儿站保育人员文化要求不太高，认为年龄大一点的比较稳妥。一方面，年岁大一些的保育员带孩子有经验，有耐心。另一方面，街道托儿所条件低，年轻人容易产生跳行思想，不安心工作，因为年龄大一点的没有条件参加其他工作，也就比较安心于保育工作。街道托儿站为了稳定保育员队伍，在保育员工资方面随着儿童母亲工资收入的提高而有所提高，适当地提高入站儿童收费标准，逐步提高保育员工资水平，从而使其感到随着祖国建设事业的发展，可以逐步改善自己的生活，进而安心从事保育工作。在建立托儿站前，采用以旧带新的办法培养具有一定保育知识的保育员。在训练保育员时，除进行短期必要理论上的业务知识教育外，将他们送到各托儿保育机构中去实习，由保健站定期给保育员上业务课，教保育员歌谣和讲故事，教保育员遇到问题的处理方式。通过有关部门举办培训班，保育员业务水平逐步提高。建立托儿站，注重提高保育员的政治思想和业务水平，以保证儿童身体健康。

第六，存在的问题。1956年上半年，石家庄市群众性的街道托儿站虽有很大发展，但仍赶不上形势发展需要，尚有一大部分职业妇女的孩子得不到妥善安置。已有的托儿组织中，护理工作中还是存在着某些问题，主要是保育人员的政治和业务水平还很低，让妈妈对托儿站不放心，对托儿站工作有意见。另外，除了市委机关组织了托儿所外，"其他机关因母亲居住不集中，又缺乏适当地址没有成立（托儿所）"。[①] 存在的问题主要表现在以下几个方面：

（1）托幼事业经费的缺乏，影响托幼组织的建立和发展

由于当时国家财政没有财政预算，单靠地方政府或者单位力量举办起来的托幼组织，其发展后劲是不足的。"大跃进"期间，托幼组织通过精简机构，提高效率、精简节约的原则办起了托幼组织，但是托幼组织的发展需要国家资金的投入，单靠集体力量举办托幼组织难免受制于集体经济的发展，当集体经济发展不利时，就会影响托幼组织的发展进程。托幼组织发展到1978年还不能满足生产和家庭的需要，很多幼儿被排斥在幼儿教育之外，托幼组织单靠社会力量发展，最终导致家庭负

---

① 1956年1月10日至1956年12月6日，石家庄市档案馆档案，档案号：19-1-13。

担沉重。硬件和软件不足影响托幼组织的发展。除了托幼组织发展不充分，入园比例比较低之外，还有就是托幼事业没经费，影响托幼组织建立和发展。毛泽东时代财政上没有办托幼事业的经费，多数托幼组织的费用从福利费中开支，有的从生产费中解决，有的从行政费中解决，还有的向下属单位摊派。因此，不少单位的托幼组织设备简陋，房屋阴暗潮湿，院落窄小。有的连桌、凳、床也没有，孩子们只好整天蹲在屋里或坐在墙根下玩，没有孩子的活动场所和必要的玩具和教具，直接影响孩子的德、智、体全面发展。特别是区办或街道办托儿组织，多数办得不太好。有的为少赔钱，采取减少保教人员、降低工资、增加保育费等方法。如民族街和西门外居委办的托幼组织，保教人员与幼儿的比例为一比九（按规定是一比五），保教人员的工资是二十二元五角，低于街道五七队职工工资，使她们思想不稳定，而家长的幼儿保育费为每月七元，也比全事业或厂矿托幼组织收费还高三倍。因此，时托时不托，直接影响托幼组织的巩固和发展。[①]

（2）保教人员数量及教学质量不高，影响托幼组织教学质量的提升

在现有托幼组织中除原有保教人员外，最近几年新增的主要是从农村和城市职工家属中找的临时工，缺乏长期事业心，并普遍缺乏幼儿保教经验。同时年龄大的多，没文化的多，只能起到看管作用，起不到教养作用。以石家庄市为例，"如市内四个区所属的一百零八个托幼组织中共有二百九十名保教人员。其中临时工一百三十五名，占百分之四十六；年龄在四十六岁以上的一百五十二名，占百分之五十二；文盲一百五十八名，占百分之五十四；正式幼师专业毕业的教养员仅有十名，占百分之三"[②]。当时的保教队伍与保教工作发展和要求很不适应，不少幼儿园的活动非常单调，孩子们学不到太多的知识。有的纯属看孩子，还有个别年龄大思想陈旧的保姆，常向孩子们灌输一些旧思想。

（3）缺乏统一的组织领导

对于托幼工作缺乏统一的领导，尤其是"文化大革命"期间，由于

---

① 《关于石家庄和省直机关托幼组织情况的调查报告》，1978年卷，卢龙县档案局，卷号43，长期。

② 同上。

"四人帮"的干扰破坏,各级党委和一些基层单位的领导以及有关部门放松了对这项工作的领导。省直单位除事务管理局下设三个托儿所、幼儿园和市直及一些大厂矿有专门机构以外,其他托幼组织基本上属于自发的。在经费开支、教育管理、卫生保健等方面,均无统一管理机构进行磋商研究,对不断改进工作,提高教学质量,增加幼儿身心健康等问题,不能进行及时解决,致使有的处于瘫痪状态。

总之,托幼事业在毛泽东时代有了发展,满足了部分人们对托幼服务的需求,但是距离人们对托幼服务的需要还有很大距离。那个年代的托幼事业发展对于今天托幼事业的发展产生了重要影响,孩子入园"一园难求"的局面没有改变,该是国家加强对学前教育、托幼服务投入的时候了,否则如雨后春笋般发展起来的市场提供的托幼服务不仅难以提高幼儿的生活和教学质量,也容易导致家长为了教育学龄前儿童背上沉重的经济负担和照顾责任。

由以上资料可以看到:本着发展生产和妇女能够参加生产的初衷,石家庄市领导重视托幼事业的发展,这也是那个年代办好托幼事业的关键。当时幼儿园(队)由教育局领导,托儿所(站)由卫生局领导,这样的安排试图解决托儿机构的教育、保健问题。石家庄托幼事业采取了先行试点、后逐步推广的方法,注重保育员的选择及培养。由于当时各种客观条件的限制,直到1956年的上半年,妈妈对托儿站不放心、对托儿站有意见的现象还是存在的,反映了当时托幼事业的一些问题,比如说当时托儿站保育人员的政治和业务水平还比较低。

截至1978年9月统计石家庄市幼儿园及托儿组织的发展情况:石家庄市全市人口878748人,其中农业人口223372人,非农业人口655376人。全市妇女407037人,其中成年妇女约27万人。全市女职工155881人,其中:全民女职工112102人,集体女职工43779人。全市共有6个区,46个公社,其中:城市4个区,32个公社,298个居委会。农村:2个区,14个公社,124个大队,648个生产队。全市有学龄前儿童84176人,其中:农村31746人。全市共有托幼组织722个,入托孩子31613人,占全市孩子的38%。保教人员共3513人。①

---

① 1978年1月至1978年12月,石家庄市档案馆档案,档案号:19-1-45。

这些数据可说明托幼事业发展的成绩，也反映了存在的一些问题。1978年12月25日河北省妇女联合会文件《关于石家庄和省直机关托幼组织情况的调查报告》（冀妇〔1978〕11号）中谈到：一是托幼组织有了发展，解决了部分女职工的工作和生活困难。托幼工作社会化，是妇女解放的关键，是搞好生产的保证。"托幼组织较之前有了较大的发展，目前全市共有托幼组织六百八十九个，其中托儿所四百零七个，幼儿园一百零二个，育红班一百八十个。共收托幼儿三万一千二百五十三个。占全市幼儿总数的百分之三十八（市内四个区幼儿入托率百分之四十）。共有保教人员三千四百八十七名。"① 各地托幼组织的形式、规章制度也各不相同，多数属于日托，少数是长托。从总的情况看，一些大、中型工厂和文教系统的托幼组织办得好些，三十四个中学已办起三十一个。各事务管理局几年来办起了三所幼儿园，一个哺乳室，收托幼儿五百多名。此外，省党校、干校、报社三个单位，自己建立了三所幼儿园，共收托八十余名幼儿，初步解决了部分职工孩子问题。石家庄市文化局共有十五个下属单位，一千二百多名职工，女同志占半数以上。过去局里没有托幼组织，广大职工和文艺工作者在小孩的托管中困难很大。这些女同志常因小孩闹病，请假旷班。特别是剧团出外演戏，常因为有些演员的小孩安置不好，不能按时出发，甚至有的女演员在前台演戏，孩子在后台闹，因此，小孩的托管问题，就成了剧团领导和小孩妈妈的一大负担，致使有不少女演员产生转业思想。后来局党委下决心，并确定一名副局长主抓，他们坚持自力更生，多方筹措资金，在平地上盖起了几间平房，又从下属单位抽调保教人员，办起了幼儿园，设有长托班和日托班，从而稳定了一些同志的思想，广大职工非常满意，纷纷表示今后要把全部精力投入到工作中。新开街菜店的女职工贾秋霞同志有一个小孩每月保育费十五元，加上孩子的吃用得花三十元。她与爱人的工资共七十元，生了第二个孩子后，困难就更多了。她每天早、午、晚接送小的，安置大的，忙得不可开交，上班后也不踏实，身体累垮了，为此休病假两个半月。

---

① 《关于石家庄和省直机关托幼组织情况的调查报告》，1978年卷，卢龙县档案局，卷号43，长期。

最近新开街办起了托儿所,她把两个孩子送到托儿所,每月只交保育费四元。她高兴地说:"过去上班慌慌张张,下班急急忙忙,下班比上班累得多,孩子费的心比工作多得多。现在可好了,两个孩子有了着落,我也去了心病",表示要把全部精力用到工作上,努力学习业务技术,改进服务态度,提高工作质量。随着托幼事业的建立和发展,人们把托幼事业放在很高的位置,把托幼事业与实现四个现代化联系起来。为了不断满足"大跃进"形势的需要,石家庄市委已经决定拨给市内四个区两千平方米的地方和二十七万资金用于兴办托幼事业,各区也都做出了规划。一些基层单位也开始着手抓这项工作,深入调查,制定规划,筹措资金,积极进行准备工作,推动了托幼事业的发展。①另一方面,当时入托比例比较低,制约托幼事业发展。到1978年,石家庄市托幼事业虽有一定发展,取得一定成绩,但是托幼组织发展还是存在一定问题。托幼组织较少,1978年12月25日,河北省妇女联合会文件《关于石家庄和省直机关托幼组织情况的调查报告》(冀妇〔1978〕11号)中谈道:市内四个区幼儿入托率百分之四十。入托比例比较低,不能满足人们对托幼组织的需要,有的甚至百分之六十都不能入托,托幼事业滞后于生产与生活的需要。"据市属三所幼儿园的不完全统计,每年要求入托的小孩多于实际能接受的十倍至二十倍。全市还有五万二千九百多名幼儿未加入托幼组织,占学龄前幼儿总数的百分之六十以上。家中无老人看管,急需入托的名额就有三万四千五百多名,尤其是财贸系统女职工占职工总数百分之五十以上,有学龄前儿童三千九百五十一名,入托儿童一千一百二十六名,仅占幼儿总数百分之二十八。"②在街道,托幼组织少,无法满足入托需要。"街道更差,全市二百九十八个居委会,仅有二十二个居委会有托幼组织。驻石家庄市的省直机关干部共有学龄前幼儿一千六百一十四名,事务管理局下属幼儿园仅收托幼儿四百零三名,尚有一千二百一十一名,不能入托,占幼儿总数百分之七十五。接收量远远满足不了幼儿入托

---

① 《关于石家庄和省直机关托幼组织情况的调查报告》,1978年卷,卢龙县档案局,卷号43,长期。

② 同上。

的实际需要。在这部分孩子中,家里有老人看管的三百八十九名,占幼儿总数的百分之三十二;送外地托人看管的二百五十五名,占幼儿总数的百分之二十一,在本市雇人看管的有一百五十八名,约占幼儿总数的百分之一十三;无人看管父母只好带着上班或把孩子锁在家里的还有四百零九名,占幼儿总数的百分之三十四。"①

3. "大跃进"期间托幼事业的发展——以北京为例

随着"大跃进"的推进,北京市保育界也出现了"大跃进"。1958年3月,在北京,召开保育界学先进、赶先进的誓师大会,全市的1374个托儿组织中掀起了学先进、赶先进、比先进的社会主义竞赛热潮,大家本着多快好省的精神,打破了种种限制,增收了儿童,缩减了编制,从多方面找窍门、挖潜力为国家节省开支,不少单位在勤俭办园(所)和提高教育质量上做出了出色成绩,使保育工作出现了新气象。1958年,"现在全市共有群众性托儿组织1524处,收托儿童64231人,较跃进前的418处增加了三倍多。石景山钢铁厂家属在短短一个星期组织了11个群众自办托儿组织。"②

北京市妇联街道工作部副部长钱玲娟总结了"大跃进"中儿童保育取得的成绩,主要有以下几点:

一是打破常规,便利家长,促进家长更好地为生产服务。扭转了过去强调幼儿园为单纯教育机构的状态,明确了保育工作为社会主义建设服务和解放妇女劳动力的任务,主要表现在以下三点:(1)打破市里幼儿园放寒、暑假的旧习惯,树立为家长服务,保证家长出勤率的思想,当时全市各园不放假,大班儿童直到小学开学才离园。(2)打破简单划一托儿组织的思想,建立了多种多样的托儿组织形式,解决家长参加生产、学习无人照顾孩子的困难,如日托中有全托,全托中有日托,有半日托,有全日托,有早晚延长托(妈妈开会可晚接),有假日托(妈妈值班可以不接孩子),有临时夜托(如干部下放、出差、学习、生产、生病等)。儿童吃饭问题也是根据家长的具体情况采用多种

---

① 《关于石家庄和省直机关托幼组织情况的调查报告》,1978年卷,卢龙县档案局,卷号43,长期。

② 《大跃进以来北京市的保育工作》,北京市档案馆档案,档案号:84-3-56。

多样的方法解决。(3) 打破单纯照顾孩子，不顾家长其他困难的思想，树立便利家长、减轻家长负担的观点，许多托儿机构想出各种办法解决家长的困难，如日托也给孩子理发、看病，轻病负责护理，全托代买物品，代做衣服。农业部幼儿园二个月给孩子缝补一千多件衣服。"大跃进"前外贸部幼儿园统计，20个家长，平均每天因孩子病请假的就有一人，现在在日托部设观察室、隔离室。有很多幼儿园当孩子生病时，代家长带孩子看病，并进行护理，受到了广大家长的欢迎，有的家长说："要不是幼儿园跃进，我不知道要为孩子请多少天假了。"东单区群众性托儿组织为了便利家长，成立缝纫组，理发组，保证口号是："缝纫组真叫棒，拆大改小，孩子穿上新衣裳，既干净又像样，不用妈妈费力量。"

　　二是大力发展街道群众性的托儿组织，解放妇女劳动力，适应生产发展的需要。当时为了多快好省地发展托儿组织，遵循的精神如下：(1) 依靠群众，白手起家，自给自足，不要国家一个钱。(2) 因地制宜，因陋就简，自无到有，由小到大，利用马棚车房成立幼儿班，有的托儿所采用吃饭、午睡在各家轮流的办法，解决了房子不足的困难。(3) 交费少并要便利群众。收费一般5角，最多2元。因为当时生产尚未完全固定，为了便利妈妈，在生产地点附近成立哺乳室。(4) 挖掘一切潜在力量，解决辅导员和老师不足的问题，如原有托儿站教员、退休工人、休养干部、邮递员、护士、少先队员、家长等托儿组织，解决了人力不足的问题。

　　三是精简人员，增收孩子，提高设备利用率。"北京市幼儿园、托儿所在跃进前工作人员和儿童比例是：全托托儿所不到一比二，全托幼儿园是一比三，日托一比六。跃进后是：全托托儿所做到一比四以上，全托幼儿园做到一比六到一比七以上，日托幼儿园做到一比八。"[1] 过去许多托儿单位机构庞大，有的全园共有300个孩子，有5位园长、2位会计、5位医务人员、4位事务员，有花匠、理发员、炊事员共11名，洗衣员6名，还有其他人员如司机、勤杂、传达等服务人员共计50人左右。跃进后，行政人员大大减少，许多园、所办公室都取消了公务

---

[1] 《大跃进以来北京市的保育工作》，北京市档案馆档案，档案号：84-3-56。

员,自己打扫,大大提高了工作人员与儿童的比例数。过去许多园、所要向大园大所看齐,比阔气、比排场,设备求华丽。如铁道部幼儿园在西郊,园址占地70亩,花40多万元盖的房子,还买了2架钢琴。人民银行幼儿园不到200名孩子,就有150多间房子,有花房,有澡房,还有淋浴,几个干部就装了3部电话机。跃进后,很多托儿所、幼儿园不仅减少了人,还利用了房子,多收孩子。

四是节省国家补贴,减少家长负担。"跃进前据了解145个机关托儿单位,除了家长交费21.06元外,国家每月平均补助每个孩子19.46元,全托最高要补助38元,最低18元;日托最高37元,最低也有12元。跃进后,由于紧缩编制,多收孩子,国家补助数大大下降。据中央级13个托儿机构统计,一年为国家节省22万元。驻京部队托儿组织由过去每人每月补助19.17元降到1.90元,减少94%补贴。有的托儿单位已做到自给自足,不要国家补助了。"① 为了给国家节约开支,许多园所计划两三年内不买大玩具,要自制小玩具,"如西城区检察院幼儿班的老师们在五周内做了607件玩具,只花费38元,如果到外面买这些玩具,就需要270元。又如人民银行幼儿园,为迎接'六一'儿童节,向儿童献礼,利用废品赶制了玩具,教具688件,其花费19.46元。中央机关10个幼儿园在两个月内利用废料做7320件玩具,不仅花样多而且质量高"②。

五是坚决贯彻总路线,"鼓足干劲,力争上游,多快好省建设社会主义"的方针。市妇联和教育局、卫生局、市工会、保代会等各系统的领导本着多快好省的精神,提出了以下保证条件:(1)多:儿童带的多,工作花样多;(2)快:政治思想进步快,业务能力提高快,文化学习进步快;(3)好:儿童教育好,团结互助好,家长工作好,卫生工作搞得好;(4)省:勤俭办园(所)节省国家开支,减轻家长负担。本着多快好省的精神,很多单位都行动起来。物质上的协作:有的园所将多余的房子支援群众托儿组织。如"六一"铁道兵团拿出房子给街道办托儿站;有的园赠送设备用品包括玩具、用具、餐具等,如海军保

---

① 《大跃进以来北京市的保育工作》,北京市档案馆档案,档案号:84-3-56。

② 同上。

育院、冶金工业部幼儿园，将大量玩具送给街道和农村托儿组织；人力及业务上的协作：许多老园、老所帮助新园训练人员，有的按办事处办训练班，供给教材并进行实际指导。如农业部、文化部等幼儿班，输送人员给新班，这种行动受到了广大群众的欢迎；打破界限：机关的托儿组织也收托街道儿童，托儿站成立少年儿童辅导班，在机关内组织小学生辅导班等等。这些托儿组织不仅为七岁以下儿童服务，而且为少年儿童服务。如新华社幼儿园将本机关50多名少年儿童组织起来，辅导他们的学习和生活。

（二）农村托幼事业

1. 农村托幼组织的基本情况及特点

农村托幼组织是农村人民公社根据生产需要和群众要求，为解放妇女举办的一项群众集体福利事业。农村托幼组织坚持为生产服务，坚持自愿互利的原则，是适应人民公社发展形势而产生的。20世纪60年代农村托幼组织基本情况及特点如下：

一是坚持无产阶级专政理论指导。在毛泽东时代，出现了群众办育红班的幼儿教育实践。在毛泽东看来，搞好幼儿教育，关键是提高教师的政治水平和业务水平。搞好幼儿教育，教师要学习无产阶级专政理论，提高对办好幼儿教育的认识。为了防止资产阶级的思想在幼儿身上体现，毒害幼儿的心灵，所以毛泽东主张用无产阶级文化思想占领幼儿教育阵地，让幼儿从小热爱共产党、热爱毛主席、热爱社会主义国家。①

二是以服务生产为目的。把孩子托管起来，解决妇女参加生产时孩子照管的问题，使妇女安心参加生产，因此，托幼组织一定要把孩子教得好，管得好，使父母满意。对三岁以下的孩子以养为主，做到安全无事故，搞好环境卫生和个人卫生，注意预防疾病，培养幼儿集体生活习惯。根据幼儿生长情况，注意发展幼儿基本动作（如爬、走、跑、跳）。对三岁以上幼儿则教养并重，注意保证幼儿安全和培养幼儿的卫生习惯。加强体格锻炼，并组织幼儿做一些对身心发育有益的活动。向幼儿进行热爱祖国、热爱领袖、热爱集体、热爱劳动等共产主义道德品质的

---

① 《石家庄市农村托幼工作条例（草案）》，石家庄市档案馆档案，档案号：19-1-16。

教育。发展幼儿智力、丰富幼儿知识；并根据幼儿园的规模和教养员的业务水平逐步做到分科教学。①

三是托幼组织的基本情况。托幼组织的收托对象：凡七周岁以下无传染病的幼儿，因家长从事生产劳动，家中无人看管要求送托的都是托幼组织的收托对象。目前家长迫切要求解决的是三岁以下幼儿。托儿组织的规模与形式：应根据当前生产发展水平和群众物质文化水平，本着便利群众、便利领导、有利生产的原则，因地制宜地办。托儿组织的规模：可以以生产大队为单位举办，亦可以以生产队为单位举办，一般规模不宜过大。托幼组织形式：有幼儿园、幼儿班、托儿所、大小孩子混合组、托儿小组以及个别寄托、轮流互助等多种形式。至于举办形式和规模，完全由群众自己决定。托幼组织是随着生产发展和群众生活水平提高逐步由小到大、由少到多、由低到高地发展起来的。幼儿托管时间：应根据农时季节的规模，可办长年的、季节性的、临时性的，一般大忙大办、小忙小办、农闲放假。②

四是托幼组织的管理。当时国家认为托幼组织是群众自己的事业，由群众民主管理，托幼组织日常行政和保教工作管理，根据民主集中制原则实行园、所、组长负责（没有园、所、组长的由队干部专人负责）全体保教人员民主管理，并由家长进行监督。托幼组织的保教人员应根据生产队整个劳力的安排，挑选政治思想进步、无传染病、热爱孩子，为家长所信任的人来担任，并在集体领导原则下，实行分工负责制，在日常生活中，保教人员要以身作则，给幼儿做好榜样，并努力提高思想政治业务水平，加强教学研究，不断积累教学经验，搜集和创编教材，为完成教养任务应遵守热爱孩子、安全卫生、耐心教育、努力学习、与家长密切合作的原则。保教人员的工资应本着按劳取酬、自愿互利的原则，既要保证保教人员收入不低于同等劳力参加生产的报酬，又不要超越家庭经济承担能力和生产队公益金可能提供补助的能力，实行定员定额，多劳多得，克服平均主义做法，充分调动保教人员的积极性。托幼组织的设备和经费来源与开支要根据因陋就简、厉行节约的精神，托幼

---

① 《石家庄市农村托幼工作条例（草案）》，石家庄市档案馆档案，档案号：19-1-16。
② 同上。

组织所必需的房屋设备及日用品应根据条件尽可能地给以解决，托幼组织的房金，有公房的占用公房，没有公房的可采取与社员商量租、买的方式，也可设在保姆家里，托幼组织的经费主要由入托的家长负担，不够部分可以从公益金内给予补助。经费开支要定期公布，以便实行民主管理。根据工作需要和工作人员水平建立一些必要的简便易行的制度，如保教人员出勤登记、幼儿的一般生活安排，新生保健制度，幼儿园、幼儿班的教学计划以及有关会议汇报制度。①

五是设立托保委员会。托保委员会由生产大队干部、妇联会、妇女代表、保教代表、保健员等人组成。一般设在生产大队为宜。托保委员会是在党支部和生产大队管理委员会的领导下，负责托幼组织的思想政治业务工作的具体领导，具体内容有：托保委员会要做好托幼组织的发展整顿工作，摸清群众迫切要求入托的情况。根据群众要求，实事求是，因地制宜地整顿与发展托幼组织；提高保教队伍业务水平，保教人员一般不宜随便调动，有缺额应及时补充，并有计划采用多种形式进行政治思想教育，不断提高政治思想觉悟。树立热爱保育工作的事业心，并经常总结交流经验，提高业务水平；托保委员会要有计划地与家长联系，召开家庭座谈会，进行家长访问，向家长汇报托幼情况，征求家长对托幼组织的意见，并向家长宣传幼儿教养知识，做到社会教养与家庭教养相结合。②

到 1977 年，石家庄市托幼方面情况：全市学龄前儿童共 88724 人。其中三岁以下的 41850 人，三岁以上 46874 人。城市：三岁以下的 26053 人，其中已入托 5471 人；三岁以上的 30925 人，其中已入托 9076 人。育红班 25 个，共有孩子 1276 人。共有托幼组织 271 个，入托孩子 15817 人，入托率 27.8%。农村：（郊、矿区）共有 124 个大队，共有 38 个大队办起 40 个托儿所，占大队总数 30%。其中，坚持长年办的 25 个大队，27 个托儿所（组），农忙办的 13 个大队 13 个所，应入托儿童（三岁以下）3892 人，保育占 104 个。幼儿园（育红班）：有 98 个大队办起了 169 个育红班，占 79%。应入园（班）儿童（三岁以

---

① 《石家庄市农村托幼工作条例（草案）》，石家庄市档案馆档案，档案号：19-1-16。
② 《石家庄市农村托幼工作条例（草案）》，石家庄市档案馆档案，档案号：19-1-43。

上）13347 人，已入园（班）（三岁以上）7825 人占 51%，有幼儿教师 225 人，有固定房子的 66 个大队占 53%。①

到改革开放之前，农村托儿所、幼儿园的建立，部分满足了农村对托幼事业的需要。

2. 人民公社推动了农村托幼事业的发展

河北省保定市徐水县位于太行山东麓，河北省中部。1958 年，徐水是有着 31 万人口的小县城，能够投入农业生产的劳动力不足 10 万。1958 年 8 月 4 日下午，毛泽东来到了徐水县。当天晚上，毛泽东视察过的徐水大寺各庄人民公社正式成立。徐水作为共产主义试点县，只在几天时间里，全县 248 个农业生产合作社就宣布转为人民公社。各户私有的农具、牲畜、房屋、树木等转为人民公社所有；公社实行工资制；普及公共食堂、缝纫厂、幼儿园、托儿所和老年幸福院。在毛泽东看来，人民公社是一个很好的单位，可以管社员的生产、生活，管政权，工农商学兵五位一体，便于领导和组织。1958 年 9 月 11 日，李先念曾经到徐水考察，据李先念回忆："一县一社即是一县一个公社，全县统收统支，统一核算，共负盈亏，原来各社、队的收入统一交县，支出统一由县核发，供给标准、工资水平全县基本上一致。"② 以徐水县为例，在徐水县，托儿所、幼儿园等集体福利事业在人民公社成立之后发展起来，公社自己也办起了学校与医院，公社负责儿童的吃饭、穿衣、教育、医疗等方面，把妇女从家务劳动中解放出来，因此，妇女纷纷支持托幼等福利事业的发展，她们主观认为那些集体福利组织"拆也拆不散，赶也赶不走了"③。1958 年《人民日报》的长篇通讯《徐水人民公社颂》以"朝霞与晚香"为标题对幼儿园和福利院进行了报道。

嵖岈山卫星人民公社旧址，位于河南省遂平县嵖岈山镇新庄村西 200 米处，占地 30525 平方米，创立于 1958 年 4 月 20 日，是我国成立的第一个人民公社。毛泽东曾亲临遂平县视察，嵖岈山卫星人民公社成为人民公社化运动时期乡村政治的典范，有着重要的历史地位。人民公

---

① 《石家庄市农村托幼工作条例（草案）》，石家庄市档案馆档案，档案号：19-1-43。
② 《人民公社所见》，《人民日报》1958 年 10 月 17 日。
③ 同上。

社时期实行集体福利,在中国历史上留下了经验和教训。人民公社的生活集体化,嵖岈山人民公社第六基层社第一大队建立了"三院两所","三院"指的是儿童学院、青年红专学院、老年院,"两所"指的是招待所和托儿所。"儿童学院:凡是4—6岁的儿童,全部参加儿童学院。该大队共设有4个儿童学院,入院儿童217人。每院设院长1人,教养员2人,建立儿童食堂1座。儿童实行分班分组,每天集体上课、睡觉、劳动、吃饭。"①

当时的托儿所及幼儿园的发展,忽视了农村经济发展水平,后来托幼组织如昙花一现,徒留人们对美好生活的向往。

二 义务教育福利

义务教育对于培养儿童品行,激发学习兴趣,培养健康体魄,养成良好习惯具有重要意义。"义务教育是国民教育的基础,是教育工作的重中之重。"② 毛泽东时代义务教育福利的发展大大提高了劳动力素质,为国家社会主义现代化建设培养了大量高素质人才。

(一) 小学教育福利

在毛泽东时代,非常重视小学教育,小学教育福利在毛泽东时代教育福利中占有重要位置。1949—1965年有关教育方面的政策及内容如表5—1所示,足以体现新中国成立初期,对教育尤其是小学教育的重视程度。

表5—1　　　　1949—1965年有关教育的会议、政策及内容③

时间	部门	会议或报告	内容
1949年9月29日	政治协商会议	《共同纲领》	实施普及教育

---

① 罗平汉:《农村人民公社史》,福建人民出版社2006年版,第78页。
② 胡涵锦:《江泽民教育思想研究》,上海交通大学出版社2011年版,第223页。
③ 王献玲:《中国民办教师始末》,知识产权出版社2008年版,第36—40、47—70页。

续表

时间	部门	会议或报告	内容
1951年 5月18日	教育部	《关于1950年全国教育工作总结和1951年全国教育工作的方针和任务的报告》	奖励城市私人兴学和农村群众办学
1951年 8月27日	教育部	第一次全国初等教育和师范教育会议	1952—1957年，争取全国平均有80%的学龄儿童入学；1952—1962年基本普及小学教育
1951年 11月28日	教育部	《关于第一次全国初等教育会议的报告》	地方教育经费实行县级统筹，省与专署调剂补助；发动群众出钱办学；城市依靠工矿机构办学
1952年 3月18日	教育部	《小学暂行规程（草案）》	举办二部制小学、季节性小学等，或增设小学内早、晚班
1952年 11月15日	教育部	《关于整顿和发展民办小学的指示》	问题：贫困落后地区反倒是民办，放任自流群众办学，把公办小学大量改为民办小学
1952年 6月14日	教育部	《关于北京市中小学校学生负担及生活情况的报告》	尽可能接管全部私立小学
1952年 9月1日	教育部	《关于接办私立中小学的指示》	1952—1954年，政府把全国全部私立中学和小学改为公办
1952年 11月15日	教育部	《关于整顿和发展民办小学的指示》	发展民办小学原则：群众自愿办学，在富裕地方发动群众，落后地区由政府办，群众办学要有计划、有领导地进行
1953年 1月24日	政务院	制定1953年文教工作方针	整顿、巩固、重点发展、提高质量、稳步前进
1953年 9月16日	中央人民政府委员会	《关于文化教育工作的报告》（郭沫若）	提倡民办小学，鼓励社会办学
1953年 11月26日	政务院	《关于整顿和改进小学教育的指示》	重点办小学；鼓励多种办学形式
1953年 12月11日	政务院	《关于整顿和改进小学教育的指示》	大批民办中小学转为公办
1955年 7月30日	中华人民共和国国家计划委员会	《中华人民共和国发展国民经济的第一个五年计划》第9章	提倡农民自办学校，允许私人办学，鼓励群众办学，发展初级和中等教育
1956年 1月23日	最高国务会议	《1956—1967年全国农业发展纲要（草案）》	规定从1956年起，在7年内或者12年内普及小学义务教育

续表

时间	部门	会议或报告	内容
1957年3月	第三次全国教育行政会议		提出了打破国家包下来的思想,在城市,提倡街道、机关、企业办学;在农村,提倡群众办学
1957年6月3日	教育部通知		提出发动群众,鼓励多种形式办学。鼓励华侨办学
1958年3月24日	教育部第四次全国教育行政会议		要促进教育事业的"大跃进":开展识字运动,扫除青壮年文盲;大力普及小学教育
1958年9月19日	中共中央、国务院	《关于教育工作的指示》	提出"两条腿走路"的办学方针
1960年3月21日	财政部、教育部	《关于人民公社办中小学经费的规定》	社办小学自力更生,多方筹措资金、可得临时补助,补助以解决教师工资以及专职教师福利为主。对于新办学校,可根据情况给予基本建设补助费或教学设备补助费。补助费列入国家预算,不足可在地方自筹经费中拨付
1961年2月7日	中央文教小组	《关于1961年和今后一个时期文化教育工作安排的报告》	贯彻"调整、巩固、充实、提高"的文化教育方针
1962年4月21日	教育部	召开全国教育会议	适当压缩全日制中小学规模、调整学校布局以便儿童就近上学
1962年5月25日	教育部党组	《关于进一步调整教育事业和精简学校教职工的报告》	对1958年以来盲目发展教育进行检讨
1963年3月23日	中共中央	《关于讨论试行全日制中小学工作条例草案和对当前中小学教育工作几个问题的指示》	中小学坚持两条腿走路;政府对私人办学加强引导与管理
1963年12月17日	教育部	转发《河南省委宣传部所批转的关于农村小学更多地吸收贫、下中农子女入学的两个文件》	介绍农村小学教育、提高入学率的经验
1964年第1期	《人民教育》	发表《办好农村简易小学》的短评	介绍山东日照县、山西黎城县举办简易小学的经验
1964年1月25日	教育部	全国教育厅、局长会议	批评重视全日制小学、国家办学,忽视简易小学、集体办学、农业中学、职业学校的错误

续表

时间	部门	会议或报告	内容
1964年9月25日	教育部		区分简易小学与全日制小学，把简易小学改为"工读小学"或"耕读小学"
1965年7月13日	《人民日报》	《办好半农半读学校，促进农村教育革命》	

由1949—1965年国家关于小学教育的政策可以看到：国家努力逐步扫除文盲，力求在十二年内分区分期地普及小学义务教育；采用多种形式办学，鼓励群众办学，坚持"两条腿走路"的办学方针，推广个别地区举办简易小学的经验；接收国民党留下的小学教育机构，如有可能将把所有私立小学改成公立；办好一批重点小学，加强国家对小学的教师和硬件的投入；社办小学采取自力更生为主，多方筹措办学资金、可得临时补助，补助以解决教师工资以及专职教师福利。

毛泽东时代教育政策调整与跟进，1949—1978年我国小学获得了较大的发展，具体发展情况如表5—2、图5—1、图5—2、图5—3所示。

表5—2　　　　　1949—1978年小学的发展及适龄儿童入学率[①]

年份	学校数（万所）	在校学生数（万人）	学龄儿童入学率 全国学龄儿童数（万人）	学龄儿童入学率 已入学学龄儿童（万人）	入学率（%）	民办学校学生数 学生数（万人）	民办学校学生数 比率（%）
1949	34.68	2439.1				261.5	10.7
1950	38.36	2892.4				662.3	22.9
1951	50.11	4315.4				1426.1	33.0
1952	52.70	5100.0	6642.4	3268.1	49.2	246.8	4.8
1953	51.21	5166.4	6818.3	3432.3	50.3	149.5	2.9
1954	50.61	5121.8	7060.8	3633.7	51.5	195.6	3.8
1955	50.41	5312.6	7306.4	3928.9	53.8	257.3	4.8

---

① 刘英杰：《中国教育大事典（1949—1990）》，浙江教育出版社1993年版，第324、330页。

续表

年份	学校数（万所）	在校学生数（万人）	学龄儿童入学率 全国学龄儿童数（万人）	学龄儿童入学率 已入学学龄儿童（万人）	入学率（%）	民办学校学生数 学生数（万人）	比率（%）
1956	52.90	6346.6	7639.0	4780.8	62.6	350.4	5.5
1957	54.73	6428.3	8077.7	4986.6	61.7	500.7	7.8
1958	77.68	8640.3	8579.0	6886.4	80.3	2190.3	25.3
1959	73.74	9117.9	9254.0	7337.0	79.3	2333.9	25.6
1960	72.65	9379.1	9666.0	7380.0	76.4	2347.4	25.0
1961	64.52	7578.6	10142.0	6428.0	63.4	1237.7	16.3
1962	66.83	6923.9	10836.0	6082.0	56.1	1483.9	21.4
1963	70.80	7157.5	10967.0	6248.0	57.0	1618.7	22.5
1964	106.60	9294.5	11377.0	8089.0	71.1	2954.4	31.7
1965	168.19	11620.9	11603.2	9829.1	84.7	4752.0	40.9
1966	100.70	10341.7					
1967	96.42	10244.3					
1968	94.06	10036.3					
1969	91.57	10066.8					
1970	96.11	10528.0					
1971	96.85	11211.2					
1972	100.92	12549.2					
1973	103.17	13570.4					
1974	105.33	14481.4	12350.3	11687.9	93.0		
1975	109.33	15094.1	12261.9	11868.5	95.0		
1976	104.43	15005.5	12193.8	11838.7	96.0		
1977	98.23	14617.6	12100.9	11679.5	95.5		
1978	94.93	14624.0	12131.3	11585.4	94.0		

由表5—2、图5—1可以看到：1965年小学学校数达到了新中国成立以来的最高值，达到了168.19万所，并且在1949—1978年间，1965年小学学校数仍然是最高的。

由图5—2可以看到：从整体来看，我国学龄儿童入学率呈现增加的趋势，因为1959—1961年三年自然灾害，使得学龄儿童入学率呈短

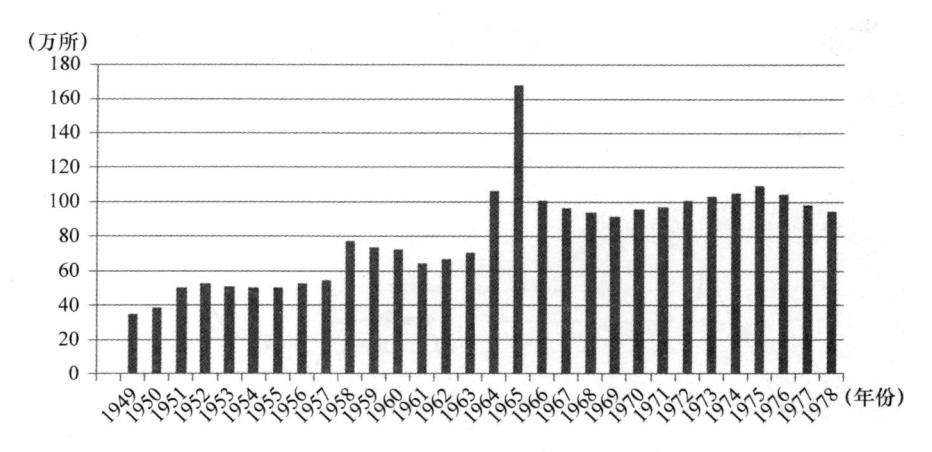

图 5—1　1949—1978 年小学学校数统计

注：因资料限制，有些年份数据缺失。

暂下降趋势，从 1963 年开始又呈上升趋势，可见，小学教育福利的发展对儿童入学率的提高起到了关键作用。

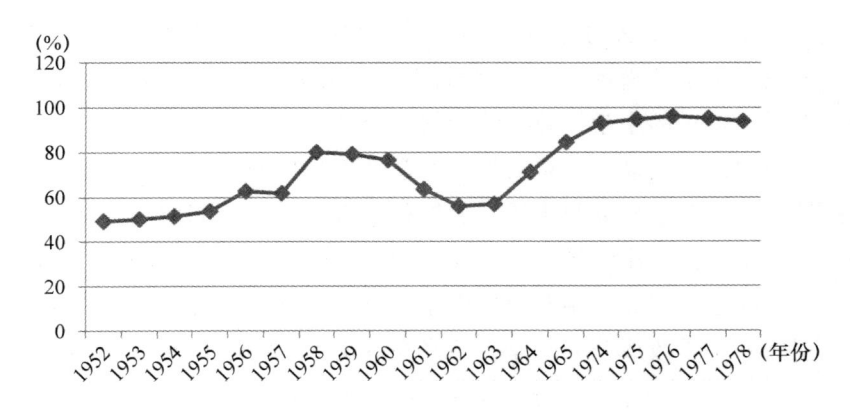

图 5—2　1952—1978 年学龄儿童入学率统计

由图 5—3 可以看到：这段时期，我国民办小学入学率呈现曲折上升的变化，尤其是在 1949—1953 年呈现大起大落的态势，从 1953 年到 1965 年呈现稳步增长的趋势。1951 年教育部指出：鼓励城市私人办学和农村群众办学。1951 年教育部召开会议指出：争取在 1952—1962 年的十年间基本普及小学教育。教育部会议推动了群众办学的高潮，所以，1951年民办小学入学率呈现20世纪50年代的最高比率，达到了33%。

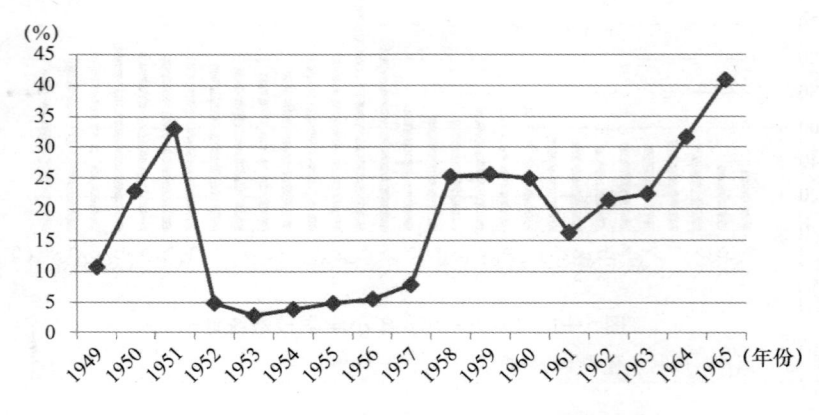

图5—3　1949—1965年民办小学入学率统计

　　1952年民办小学入学率下降幅度非常大，降到了4.8%。1952年11月，教育部针对民办小学的问题进行整顿，教育部发出《关于整顿和发展民办小学的指示》指出当时民办小学的问题：一是教育经费不合理：大村、富村的小学，政府统筹解决经费，多是公立的，而落后的农村，则是由民众发动。二是对群众办学缺乏指导与规划。群众凭借一时的热情，把民办学校办起来了，后期往往因为经费的问题，导致难以维持。三是个别公立小学转为民办，导致学校纷纷垮台，造成群众不满。针对上述问题，国家开始对民办中小学进行调整，把民办小学全部包下来，把民办小学改成公办小学。毛泽东在1952年6月14日中共北京市委《关于北京市中小学校学生负担及生活情况的报告》中做出尽可能全部接管私立小学的批示。1952年11月15日教育部《关于整顿和发展民办小学的指示》指出发展民办小学要贯彻的原则：一是群众办学要坚持自愿原则，解决经费筹集问题，防止强迫命令和摊派办法。二是发动群众办学，应在比较富裕的地方实施，对于贫困小村庄实行政府设立公立小学的办法。三是群众办学要有计划地实施，不能放任自流。决定办学后，要经过县人民政府批准。1953年国家对民办小学进行整顿，大量的民办小学转为公办。1958年民办小学入学率有大幅提高，这与国家推广识字运动、加大力量普及小学教育密切相关。1958年、1959年、1960年民办小学入学率三年保持稳定状态,到1961年有小幅降低,从1961—1965年民办小学入学率稳步增长。

新中国成立初期,小学教育有了较快发展,但是距离社会主义建设需要来说,还是远远不够的。为了解决小学教育的硬件与软件等各个方面的问题,促进小学教育发展,1953年11月26日,政务院发出《关于整顿和改进小学教育的指示》指出:从人民群众需求的实际出发,采用多种形式办小学,把正规小学教育与不正规小学教育结合起来。不正规小学教育包括半日班、早学、夜校等多种办学形式。从1953年到1956年,我国小学通过整顿获得了发展,"据统计,到1956年,全国小学总数已达到52.9万所,比1952年增加2000所;全国在校小学生6346.6万人,比1952年增加1236.6万人;全国学龄儿童入学率达到62.6%,比1952年提高13.4%"[①]。

1949—1956年,我国在一穷二白的基础上,逐渐恢复了国民经济。1956年之后,国家主张群众办学,到1957年,我国群众办学有了较快发展。1958年"大跃进"使得全国小学学校数、在校生数、学龄前儿童的入学率都达到了新中国成立以来的最高值。

1959年,由于政治领域出现反右倾扩大化,全国小学数量不仅没有增加,反而有所下降,全国小学降为73.74万所,在校小学生为9117.9万人,学龄儿童入学率降为79.3%。1960年以后,受三年自然灾害的影响,小学学校的数量下降。到1962年,全国的小学学校降为66.83万所,在校小学生降为6923.9万人,学龄儿童入学率降为56.1%,跌到了1957年以来的最低点。

1962年招生数和在校生数都有小幅降低,1963年又有所回升,到1965年小学生招生数和在校生数都达到了20世纪60年代的高峰值,学校数量、在校学生数量、学龄儿童入学率都大大超过了1958年。1963年到1965年,我国对国民经济进行调整,教育领域贯彻"两种教育制度、两种劳动制度",大办简易小学,全国小学有了较大发展。河北省

---

① 教育部计划财务司:《中国教育成就(1949—1983)》,人民教育出版社1984年版,第231、216页。

阳原县在普及小学教育的进程中是典型。阳原县县委书记重视小学教育工作，坚持多种形式办学，采取两条腿走路，依靠群众办学，建立吃苦耐劳的教师队伍，实行勤工俭学。据1964年6月2日《人民日报》报道：据1964年4月统计，全县20.6万多人，378个村庄。到1964年，该县学龄前儿童入学率达到95%，共培养初小毕业生32511人。[①] 到1965年，我国的小学已经达到了168.19万所，在校小学生数增加到了11620.9万人，学龄儿童入学率增为84.7%。"到1965年，小学入学率为89%，而世界低收入国家平均为73%，中下等收入国家平均为78%；1965年，中学入学率为24%，而世界低收入国家平均为20%，中下等收入国家平均为26%。"[②]

1966年"文化大革命"开始，教育领域出现了革命运动方式的发展教育，这段时期的教育政策可以从1968—1972年中国教育重要事件中看出来，如表5—3所示。

表5—3　　　　　　1968—1972年中国教育重要事件[③]

时间	部门	会议、报告、文章等	内容
1968年11月14日	《人民日报》	侯王建议	建议：大队来办公办小学，大队给老师记工分，国家不给教师发工资，国家不再投资或少投资小学
1968年11月14日	《人民日报》	讨论：关于公办小学下放到大队来办	在讨论专栏中大量支持"侯王建议"的来信或文章
1968年12月2日	《人民日报》	讨论"城市的小学及中学应当如何办"	来信指出：城市小学应由工厂办、街道办
1971年8月13日	中共中央	《全国教育工作会议纪要》	建立教学、生产劳动、科研三结合的教育新体制；提倡群众办学；1970—1975年在农村普及五年制小学
1972年3月26日	《人民日报》	发表社论批判有些人讲的教育到顶的说法	农村普及小学五年教育，首先满足贫下中农子女入学要求；有条件的地方普及七年教育；采取多种形式办学；把小学建在家门口

---

① 人民日报社：《阳原县率先在全国普及小学教育》，《人民日报》1964年6月2日。
② 吴忠民：《社会公正论》（下卷），山东人民出版社2012年版，第395页。
③ 王献玲：《中国民办教师始末》，知识产权出版社2008年版，第65—66页。

由表 5—3 可以看到：1968—1972 年，我国仍然提倡群众办学，依靠群众力量积极推动小学五年制教育的普及。城市小学应由工厂办、街道办；农村小学由生产队来办。国家在教育中贯彻两条腿走路的办学方针和坚持群众办学，发挥了城市单位和农村基层政权组织——生产队的作用，弱化了国家在小学教育中的筹资责任。

（二）中学教育福利

毛泽东时代，除了小学教育福利有了较快提高，中学教育福利也获得了发展。1954—1965 年教育部召开的有关中学教育会议或通知情况如表 5—4 所示。

表 5—4　　1954—1965 年教育部召开的有关中学教育会议或通知①

时间	会议、通知等	内容
1954 年 4 月 8 日	《关于改进和发展中学教育的指示》	建设一些重点中学；对中学教育进行改革
1957 年 3 月 18—28 日	第三次教育行政会议	中学的设置应该分散，改变过去规模大、过分集中城市的做法，中学教育，尤其是初中教育要面向农村
1957 年 6 月 3 日	教育部《关于提倡群众办学的通知》	中小学是地方性和群众性的事业，采取多种形式办学，鼓励群众办学
1958 年 3 月 24 日—4 月 8 日	教育部第四次全国教育行政会议	要促进教育事业的"大跃进"：开展识字运动，扫除青壮年文盲；大力举办中学
1958 年 5 月 30 日	中央政治局扩大会议	两种教育制度和两种劳动制度，一种是全日制学校教育制度和工厂农村的劳动制度，另一种是半工半读
1958 年 9 月 19 日	《关于教育工作的指示》	多快好省地扫除文盲，普及教育；农业合作社有中学；全日制学校、半工半读学校、业余学校是主要学校形式
1959 年 4 月 18 日	周恩来第二届全国人民代表大会第一次会议《政府工作报告》	发展正规学校、半日制学校、业余学校
1962 年 12 月 21 日	《关于有重点地办好一批全日制中小学的通知》	各省市教育厅选择了硬件和软件都比较好的学校作为重点办的中学，为了提高办学质量，采取了双重管理的办法

---

① 何东昌：《中华人民共和国教育史》（上卷），海南出版社 2007 年版，第 356—358 页。

续表

时间	会议、通知等	内容
1965年10月	全国农村半农半读会议和全国城市半工半读会议	会后全国半工半读和半农半读学校有了很大的发展

中国在1949—1978年中学教育福利的发展情况与上述政策的制定有联系，指出：中学教育，尤其是初中教育要面向农村，农业合作社有中学；采取多种形式办学，大力举办中学；两种教育制度和两种劳动制度，一种是全日制学校教育制度和工厂农村的劳动制度，另一种是半工半读学校制度和半工半读劳动制度；各省（区、市）教育厅选择硬件和软件都比较好的学校作为重点办的中学，采取了双重管理的办法提高办学质量。

在上述中学政策推动下，1949—1978年中学获得了发展，发展的具体情况如图5—4、图5—5、图5—6所示。

由图5—4可以看出：1949—1978年我国中学学校数呈现稳步增长的趋势，尤其是1965年之后，中学学校数大幅增长，一直到1977年都呈现稳定增长的态势。虽然在1966年到1976年的"文化大革命"期间，很多事业都受到影响，但是中学学校发展数量没有减少，反倒是增加了，中学教育逐步步入了正轨。

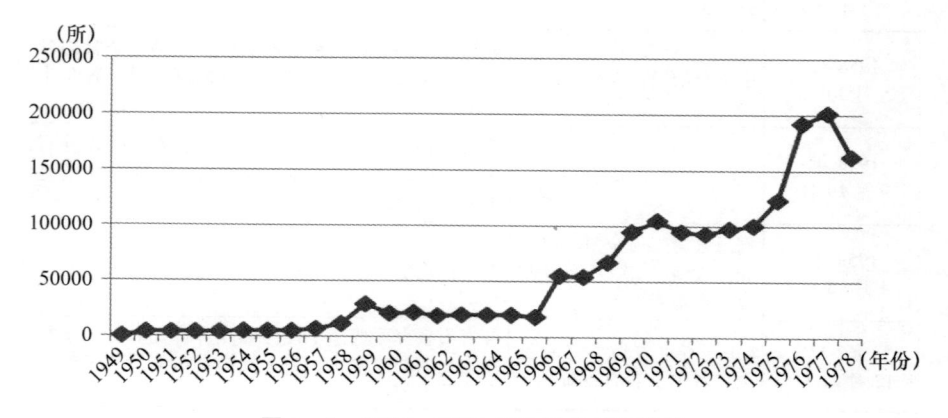

图5—4　1949—1978年我国中学学校数

由图 5—5 可以看出：1949—1978 年我国初中生在校生数和高中生在校生数呈现增长的趋势。初中生在校生人数在 1958 年、1959 年、1960 年出现大幅增长，1973 年到 1978 年呈现稳步增长的趋势。这个时期的高中生在校生数比初中生人数少很多，从 1970 年到 1977 年，高中生人数逐渐增多，1977 年高中生人数已经达到了 1800 万人。

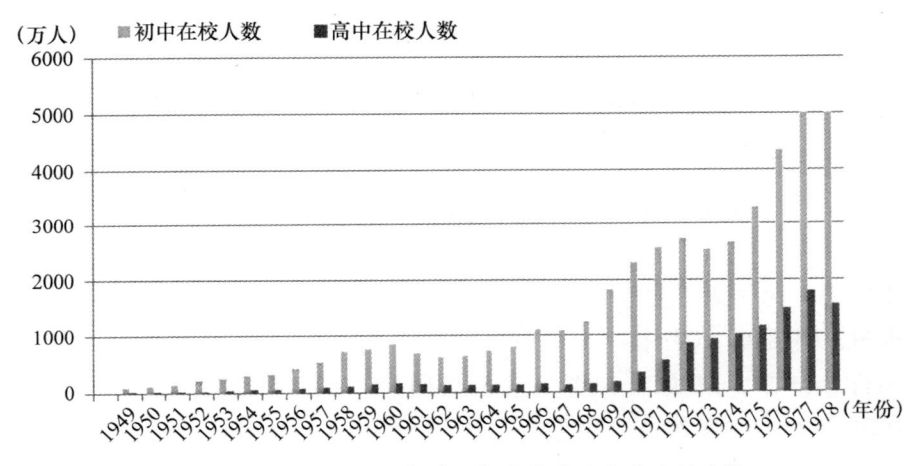

图 5—5　1949—1978 年我国初中生和高中生在校人数

由图 5—6 可以看出：1949—1978 年我国初中生和高中生招生人数在 1967 年前增长幅度都不大，从 1968 年开始，我国初中生招生人数大幅增加，1968 年初中生招生人数达到了 648.5 万人，比 1967 年的 198.3 万人增加了 450.2 万人。1968 年之后，初中生招生人数迅速增加，高中招生人数从 1969 年之后才有较快的发展，但是增长的幅度明显低于初中生招生人数增长的速度。即使 1966—1976 年的"文化大革命"时期，中学生招生数和在校生数也是在稳步增加。1978 年的招生数为 3360.8 万人，在校生数为 6799.9 万人。

1954 年政务院为了提高中学教育质量，部署中学教育改革。"到 1954 年，全国共创办重点中学 194 所，占全国中学的 4.4%。"[①] 1955

[①] 中国教育年鉴编辑部：《中国教育年鉴（1949—1981）》，中国大百科全书出版社 1984 年版，第 167 页。

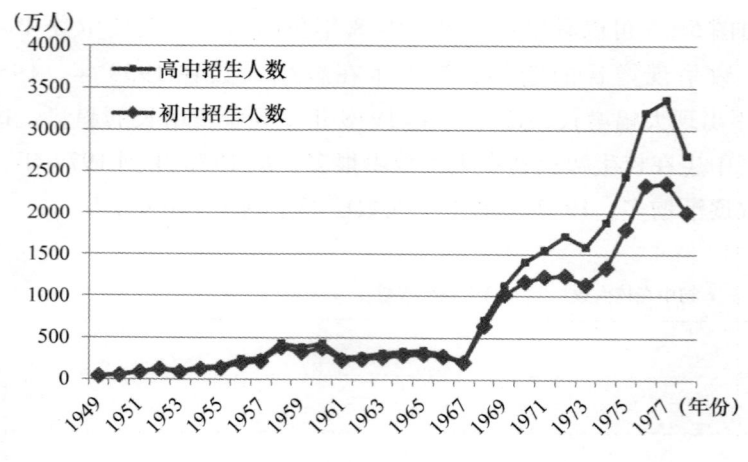

168 | 中国儿童福利研究：1949—1978

图5—6 1949—1978年我国初中生和高中生招生人数

年以后，为了满足更多的儿童入学的需要，"国家采取'戴帽子'和推进二部制的办法来扩大中学的规模，力求容纳更多的学生入学"。实行二部制，解决了一些儿童入学困难，满足儿童受教育的需求。1956年社会主义改造完成之后，从1956年到1966年，普通中学教育也走过了不平坦的道路，在调整中发展。"据统计，普通中学的在校生由1955年的5120人增加到1956年的6715万人，猛增了1595万人。"① 1957年教育部召开会议要求分散设置中学，改变过去规模大、过分集中城市的做法，中学教育，尤其是初中教育要面向农村。1958年中学教育的数量也有较大幅度增长，"据教育部统计，1958年全国的普通中学有28931所，比1957年增长160.73%；中学在校学生为852.02万人，比1957年增长35.64%"②。1960年教育部部长杨秀峰指出："中等学校前八年增长速度是23.9%，近三年是30.7%。这种发展速度超过了社会劳动力增长的速度，也超过了工农业劳动生产率增长的速度。"③ 针对这种情况，会议提出采取全日制、半日制和业余

---

① 中国教育年鉴编辑部：《中国教育年鉴（1949—1981）》，中国大百科全书出版社1984年版，第90页。
② 同上书，第1000—1001页。
③ 何东昌：《中华人民共和国重要教育文献（1949—1975）》，海南出版社1998年版，第1022页。

三种形式发展初级中学，农村侧重发展农业中学，在全日制初中发展较多的地方侧重发展半日制和农业中学和职业中学。1961年后，为了贯彻"调整、巩固、充实、提高"的方针，调整全日制中学，"采取这些措施后，1962年全国普通中学减为19521所，比1958年减少9410所，下降48.2%；普通中学在校学生为752.80万人，比1958年减少99.22万人，下降13.2%"。① 在大力发展普通中学的同时，1962年教育部发出通知强调提高教学质量办好重点中学，采取的措施有：一是控制学校规模，每年学生高中以每班40人为宜，初中以每班45人为宜；二是加强教师队伍，建立坚强的领导核心；三是充实学校的硬件，配备图书、仪器等硬件；四是择优录取。"据1963年统计，全国27个省、市、自治区确定的重点中学共有487所，占全日制公办中学总数的3.1%。"② 1963年，中学教育采取多种形式办学，坚持两条腿走路，中学教育有了很大发展。1965年，教育部会议之后，全国半工半读和半农半读学校有了很大的发展。"这时，全国的普通中学已有18102所，虽然比1962年减少1419所，但在校学生却增至933.79万人，比1962年增加180.99万人，上升24.1%；比1958年还增加了81.77万人，上升9.6%。"③

（三）个案研究：1970年卢龙农村部分地区中小学儿童及失学儿童统计

通过1970年12月卢龙部分地区的中小学在校儿童、失学儿童的统计，可以看到当时农村教育的发展程度以及存在的问题（见表5—5、表5—6、表5—7）：④

---

① 中国教育年鉴编辑部：《中国教育年鉴（1949—1981）》，中国大百科全书出版社1984年版，第1000页。

② 卓晴君、李仲汉：《中小学教育史》，海南出版社2000年版，第216页。

③ 中国教育年鉴编辑部编：《中国教育年鉴（1949—1981）》，中国大百科全书出版社1984年版，第1000页。

④ 《卢龙县中小学五年规划数字统计表》，1970年12月30日，卢龙县档案局，42卷，长期。

表5—5　　卢龙县1970年12月30日统计在校学生数（九年级）

（单位：人）

公社＼年级	合计	一	二	三	四	五	六	七	八	九
县综合	58068	15029	9217	8469	7552	7150	6123	3467	805	256
加国办高中	58689									521

注：本表以公社为单位统计（不论在哪个学校上学都统计在所在公社内）。

表5—6　　卢龙县1970年12月30日统计失学儿童数（8—13岁）

（单位：人）

公社＼出生年	合计	1962	1961	1960	1959	1958	1957
县综合	5212	1512	529	539	642	829	1161

表5—7　　卢龙县刘田庄公社1970年12月30日统计在校学生数（九年级）

（单位：人）

公社＼年级	合计	一	二	三	四	五	六	七	八	九
刘田庄公社	2271	514	342	300	299	274	186	172	121	63

注：本表以公社为单位统计（不论在哪个学校上学都统计在所在公社内）。

表5—5、表5—6、表5—7所示虽然只是卢龙县的个别公社，但是由这些统计数据可以看到：卢龙县的中小学在校生数随着年级的增加而逐渐减少，尤其是初中和高中的在校生大幅减少。由表5—5可以看到：随着年级的增长，儿童在校生人数下降的速度是非常快的。以卢龙刘田庄人民公社为例，1970年刘田庄公社从一年级514名在校生，到了九年级在校生人人数就降为63人。

下面来看1970年卢龙县及其两个公社的失学情况，如表5—8、图5—7、表5—9、表5—10、表5—11、表5—12所示。[①]

[①] 《卢龙县中小学五年规划数字统计表》，1970年12月30日，卢龙县档案局，42卷，长期。

表 5—8　　　　　1970 年卢龙县中小学在校学生人数统计　　　　（单位：人）

地区	公社	合计学生人数	一	二	三	四	五	六	七	八	九
综合县	总计	58168	15029	9217	8469	7552	7150	6123	3467	805	256
木井	小计	12104	2951	1879	1718	1676	1666	1320	666	167	61
	木井	2227	553	373	282	304	312	188	156	47	12
	万庄	1939	344	251	263	263	249	393	130	36	10
	石门	1895	495	269	261	282	254	241	62	31	
	大李店	2684	598	426	411	387	377	286	166	27	6
	杨黄岭	1830	446	320	265	254	281	118	87	26	33
	庄坨	1529	515	240	236	186	193	94	65		
刘田庄	小计	11987	2926	1841	1487	1735	1549	973	874	283	119
	刘田庄	2271	514	342	300	299	274	186	172	121	63
	下荆子	536	183	112	48	83	56	26	28		
	李田庄	1696	387	271	267	211	239	157	122	29	13
	六百户	1445	344	228	209	222	216	119	107		
	蛤泊	2378	539	353	356	384	309	183	199	48	7
	四百户	2261	517	356	318	344	286	195	169	48	28
	李柳河	1400	442	179	189	192	169	107	77	37	8
城关	小计	10995	3018	1944	1674	1385	1230	1120	553	33	8
	城关	2874	822	415	410	397	322	417	91		
	下寨	1618	418	301	242	241	163	130	95	23	5
	雷店子	1551	431	335	242	173	160	123	87		
	马台子	913	320	176	117	105	118	40	37		
	横河	787	219	167	136	95	93	35	42		
	时各庄	1628	364	291	257	194	208	199	115		
	饮马河	1623	444	259	270	180	196	176	86	10	3

由图 5—7 可以看出：卢龙县一年级到九年级学生人数越来越少，而且下降幅度非常明显，从一年级的 15209 人，下降到了九年级的 256 人。

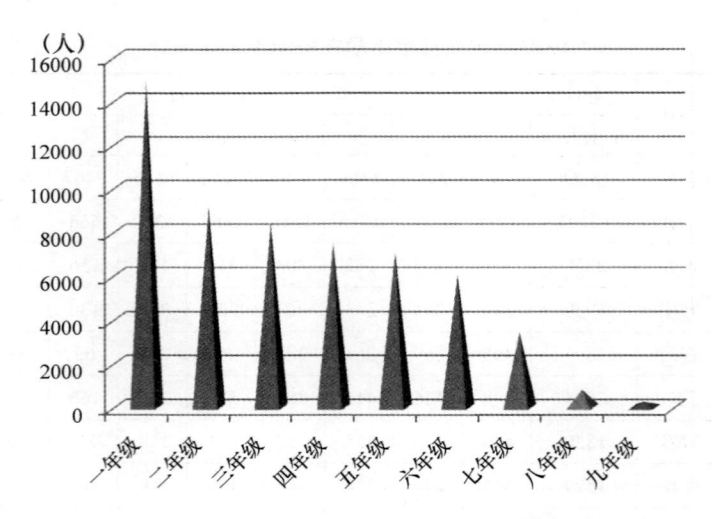

图 5—7　1970 年卢龙县 1 年级到 9 年级学生人数统计

表 5—9　　　　　　　　1970 年卢龙县失学儿童人数统计①　　　　（单位：人）

地区	公社	合计人数	出生年人数					
			1962 年	1961 年	1960 年	1959 年	1958 年	1957 年
综合县	总计	5212	1512	529	539	642	829	1161
木井	小计	915	255	61	67	102	140	290
	木井	172	43	7	11	16	26	69
	万庄	113	33	3	11	14	14	38
	石门	169	42	16	15	16	22	58
	大李店	46	18	3	5	8	6	6
	杨黄岭	240	69	22	14	31	34	70
	庄坨	175	50	10	11	17	38	49
刘田庄	小计	863	279	90	55	120	137	182
	刘田庄	31		3	4	6	8	10
	下荆子	282	56	23	14	62	53	24
	李田庄	67	23	14	2	8	7	13
	六百户	33	11	5		1	5	11

① 《卢龙县中小学五年规划数字统计表》，1970 年 12 月 30 日，卢龙县档案局，42 卷，长期。

续表

地区	公社	合计人数	出生年人数					
			1962年	1961年	1960年	1959年	1958年	1957年
	蛤泊	147	78	15	7	11	16	20
	四百户	148	78	13	10	12	16	19
	李柳河	155	33	17	18	20	32	35
城关	小计	936	278	95	112	117	140	196
	城关	175	46	12	22	17	24	54
	下寨	98	13	15	20	26	10	16
	雷店子	118	57	15	12	6	12	16
	马台子	146	49	18	23	18	17	21
	横河	141	50	14	13	10	27	27
	时各庄	80	32	6	7	11	11	13
	饮马河	176	31	15	15	29	39	47
陈官屯	小计	1365	378	124	164	164	237	298
	陈官屯	292	88	17	29	32	54	72
	燕河	192	71	14	19	21	33	34
	兴隆庄	137	35	23	17	15	19	28
	相公庄	159	32	12	16	21	37	41
	花台	117	15	10	11	13	25	43
	大王屯	150	44	9	20	28	24	25
	大刘庄	318	93	39	52	34	45	55
双望	小计	185	33	7	19	29	45	52
	应各庄	119	24	4	12	21	21	37
	双望							
	单庄	66	9	3	7	8	24	15
潘庄	小计	948	289	152	122	110	130	145
	榆林甸	33	4	2	2	11	6	8
	卸甲庄	77	17	11	15	7	15	12
	潘庄	275	62	46	34	34	44	55
	大杨庄	130	26	15	20	15	25	29
	刘营	433	180	78	51	43	40	41

表5—10　卢龙县刘田庄公社1970年12月30日统计失学儿童数（8—13岁）

（单位：人）

数字＼出生年＼公社	合计	1962	1961	1960	1959	1958	1957
刘田庄公社	31		3	4	6	8	10

表5—11　卢龙县石门公社1970年12月30日统计在校学生数（九年级）

（单位：人）

数字＼年级＼公社	合计	一	二	三	四	五	六	七	八	九
石门	1895	495	269	261	282	254	241	62	31	

注：本表以公社为单位统计（不论在哪个学校上学都统计在所在公社内）。

表5—12　卢龙县石门公社1970年12月30日统计失学儿童数（8—13岁）

（单位：人）

数字＼出生年＼公社	合计	1962	1961	1960	1959	1958	1957
石门	169	42	16	15	16	22	58

注：本表以公社为单位统计（不论在哪个学校上学都统计在所在公社内）。

　　由以上表格可以看到：卢龙农村儿童在20世纪70年代初失学现象比较严重，几乎每个公社都有失学的儿童。像刘田庄人民公社，在卢龙所有公社中1970年是属于失学儿童最少的，也有31名，9岁的有3名，10岁的有4名，11岁的有6名，12岁的有8名，13岁的有10名。表5—12所显示的石门公社，8岁失学儿童有42名，9岁失学儿童有16名，10岁失学儿童有15名，11岁失学儿童有16名，12岁失学儿童有22名，13岁失学儿童就更高，达到了58名。可见，在8—13岁之间，失学儿童的比例是很高的。在1970年12月的卢龙县失学儿童统计表中可以看到：刘营公社失学儿童数是最多的，占到了433名，8岁的失学儿童就有180名，9岁的失学儿童有78名，10岁的失学儿童有51名，

11岁的失学儿童有43名，12岁的失学儿童有40名，13岁的失学儿童有41名。

三 相关教育福利

（一）儿童校外教育

1. 儿童校外教育回顾

冯文彬在1949年4月召开的青年团第一次全国代表大会指出：学生学好文化知识的同时，也要参加课外活动，防止死读书的现象。1949年大连市儿童文化馆成立，开展了美术、无线电等兴趣活动，开了新中国儿童校外教育机构的先河。

1953年，上海少年宫成立，毛泽东题写"少年宫"三个字。原来在北海公园内的少年之家改建为北京市少年科学技术馆。这个时期，广州市、苏州市等地的少年宫纷纷建立，到1956年仅4年时间，在全国范围内就总共建立了137所少年宫。中国第一批少年宫的建立，推动了儿童校外教育的发展。

1956年，中国儿童剧院建立、哈尔滨儿童铁路通车、北京市少年先锋队水电站启用，这些标志着新中国校外事业的发展。20世纪60年代初期，学龄儿童迅猛增长，产生了很多二部制学校。校外教育适应学校教育的变化朝着小型、分散、多样的方向发展，居民委员会、职工住宅区建立校外活动站，这样方便儿童放学后游戏和学习。有些地方的学校或街道加强对校外教育的管理，设置校外教育小组；在北京、广州等这些大城市，设立少年儿童校外教育委员会，较好地领导和管理中小学校外教育。1963年5月，国家出资，教育部直接推动了全国15个大城市由8000人组成的校外辅导员队伍，这对解决校外教育机构师资匮乏问题起到了很大作用。校外教育的网络化发展使得大量的师资队伍加入到专职校外辅导员和兼职校外辅导员的行列。"文化大革命"期间，全国绝大多数校外教育机构均因被批判而停办，校外教育的场地被征占，校外教育的师资队伍也被解散，但许多接受过校外教育的少年儿童对校外教育还有需求，到1973年左右，建立了一批"向阳院"，但因为活动政治化，内容贫乏，少年儿童没有被吸引进来，所以都先后停办了。

2. 北京市校外教育发展及存在的问题

1963年10月8日,在全国妇联召开的城市工作会议上,北京市妇联街道工作部钱玲娟在关于少年儿童校外教育工作情况的发言稿中谈到了北京市少年儿童校外教育工作中的情况和问题。

北京市从1957年开始,充分利用社会力量开展少年儿童校外教育活动。北京市、区、办事处先后成立了少年儿童校外教育工作指导委员会,并设置了专业部门及干部负责日常工作。经过几年的努力,校外教育获得了发展。到1963年,全市有近200个少年儿童校外活动处。当时校外教育组织形式有以下五种:第一,市、区教育部门举办的少年宫、科技馆、少年之家有30多处,设有60多种科学、技术、文学、艺术、体育等小组活动。培养儿童兴趣和专业知识的才能,这种校外教育场所质量较高,也带有示范性质。第二,机关、工厂、企业、高等院校为职工子女举办的少年之家,发展到90多处,多数以辅导作业为主,同时也根据条件开展各种活动,少数带有食宿。这种组织对于家里无人照顾的孩子帮助很大,同时也减轻了家长的负担。第三,在公社、办事处领导下群众自办政府略有补助的儿童活动站60多处,儿童图书站100多处,这些活动站均有固定地点、简单设备、专职辅导员。第四,由学校普遍组织的学习小组,小组设在学生家里,由家长担任辅导员,主要督促孩子完成作业,有条件的也可以适当组织孩子游戏、看书、听广播等。第五,市、区办的图书馆、文化馆、工人俱乐部、文化宫、公园电影院、电台等也经常为儿童开展阅读图书、讲故事、幻灯片、广播节目等,这些活动都对少年儿童起着很好的教育作用。[1]

北京市校外教育委员会由副市长负责,妇联组织积极推动校外教育的开展。妇联做的工作主要有以下几个方面:(1)向家长宣传正确教育子女的观念和方法。向家长宣传的形式主要有宣传会,座谈会,故事会,会议对比会,定期的妈妈、辅导员的学习会,个别串联等多种形式。以组织定期的妈妈、辅导员的学习会为例,北京市东城区建国门水磨胡同妇代会,从1962年六一开始,按地区组织5个妈妈学习会,经

---

[1] 《北京市妇女联合会材料》,1963年10月18日,北京市档案馆档案,档案号:084-003-00076。

常参加学习的有五六十人,每月学习1—2次,一年多来已经学过20多篇材料,通过组织妈妈学习,改变了她们一些错误的教育孩子的方式。(2)基层妇代会直接配合居委会和学校组织儿童各种活动,直接向儿童进行教育。基层妇代会主要配合居民委员会发动退休职工、教师及热心儿童的家庭妇女等人因地制宜开展多种形式的儿童活动,并向儿童进行教育。基层妇代会做的具体工作如下:发动社会力量开辟儿童活动场所,向儿童进行安全、卫生、思想等方面的教育,就近照顾双职工的孩子,还有的妇代会和居委会与学校配合,加强对家庭学习小组辅导员的指导。如崇外巾帽妇代会有71个学习小组,52名辅导员,249个小学生,凡是学校分配在这个管界的学习小组,妇代会已经全部管起来。辅导员加强了责任心,学习小组比以前稳定多了。比较稳定的学习小组的辅导对协助学校巩固家庭学习小组,起到了积极的作用。①

以下是1974—1976年北京市校外教育的发展,可以看到当时北京市校外教育的发展情况(详见表5—13、表5—14、表5—15)。

表5—13 　　　　　　崇文区各街道校外简况登记②

街道名称	校外辅导员总数(人)						民兵小分队数(个)	活动站总数
	在职工人干部	退休老工人	解放军	人民警察	街道积极分子	其他		
南昌路	28	25	13	1	241	13	15	6
前门	9	29	10	4	126	20	29	5
光明路		22		4	264	98	57	2
东花市	24	21	8	3	310	5	28	3
曙光路							91	3
永外	8	27	4	3	126	83	12	1
体育路	6				234	13	78	4
一师附小	1		2	1	3	1		

---

① 《北京市妇女联合会材料》,1963年10月18日,北京市档案馆档案,档案号:084-003-00076。

② 《北京市教育局1974年各区校外教育基本情况统计表》,1963年10月18日,北京市档案馆档案,档案号:153-002-00497。

表 5—14　　　　　　朝阳区各街道校外简况登记①

街道名称	校外辅导员总数（人）						民兵小分队数（个）	活动站总数（个）
	在职工人干部	退休老工人	解放军	人民警察	街道积极分子	其他		
大寨路	16	10	8		168	20		8
八里庄	35	1	1		80	4	5—6	9
管庄	32	4	7		12		4	4
和平街	2	12	1		2			2
大广	3		22	2	517		3	10
东红路	52	7	4		30	3		33
堡头	5				18		3	2
双井	15		2		100		2	7

表 5—15　　　　丰台区各街道校外简况登记（不包括农村）②

街道名称	校外辅导员总数（人）						民兵小分队数（个）	活动站总数（个）
	在职工人干部	退休老工人	解放军	人民警察	街道积极分子	其他		
南苑	2	5	11	8	329	8	8	6
大红门		1	1	2	37	3	6	9
左安门	2	6	7	3	168	4	21	4
东高地			5				6	2
东铁营	11	42	3	11	459	48	48	34
长辛店	12	16	13	3	241	4	15	26
丰台	5	18	10		168	6	21	13
新村	3	3	3	8	183	21	17	12
卢沟桥					23	2	15	2
云冈							16	

由以上表5—13、表5—14、表5—15崇文区、朝阳区、丰台区的

---

① 《北京市教育局1974年各区校外教育基本情况统计表》，1963年10月18日，北京市档案馆档案，档案号：153 - 002 - 00497。

② 同上。

各街道校外简况登记表可以看到：校外辅导员包含了在职工人干部、退休老工人、解放军、人民警察、街道积极分子等人员，其中校外辅导员中街道积极分子占的人数最多，这从以上三个区的校外教育情况中都可以看出来。可见，城市的街道组织在校外教育中发挥着重要作用。

由表5—16可以看出：1976年4月，北京市东城区校外辅导员人数达到了9495人，朝阳区和宣武区分别达到了8378人、3909人。从人数上可以看到，1976年北京市重视校外教育的发展，使校外教育达到了比较大的规模。北京市校外辅导员包含专职校外教师、专职辅导员、兼职辅导员。中小学都含有专职校外教师；专职辅导员分散在街道少年之家、居委会活动站、居民之中；此外还聘请兼职辅导员，包括退休工人、解放军、警察、干部等人员。各行各业的人士参加到校外教育中来，体现了北京市校外教育的发展程度。

表5—16　　　　1976年4月北京市校外教育基本情况登记①

区名称	校外办公室人数	校外辅导员人数（人）													
		总数	专职校外教师			专职辅导员						兼职辅导员				
			总数	中学	小学	总数	街道少年之家	居委会活动站	居民	其他	总数	工人	退休工人	解放军	警察	干部	其他
东城	34	9495	144	60	84	356	155	196	5		8995	379	722	72	107	1730	735
西城	205	3118	164	48	116	231	76	117	34	4	2723	137	356	42	66	282	251
崇文	14	2491	75		75	29		23	6		2387	477	174	10	29	31	200
宣武	19	3909	155	45	110	104	65	36	3		3650	1061	242	8	62	121	293
朝阳	17	8378	107	38	69	314	4	186	46		7957	3767	100	104	58	866	1397
海淀	19	2764	55	10	45	232		87	64		2477	415	107	344	61	507	346
丰台	13	2210	48	9	39	404		60	325		1758	361	130	75	67	184	216
石景山	6	944	4	3	1	24	4	22			916	598	11	2	9	95	20

---

① 《北京市教育局1976年关于东城、西城、崇文、宣武、朝阳、海淀、丰台、石景山校外教育基本情况统计表及局校外办汇总表》，北京市档案馆档案，档案号：153-002-00728。

3. 儿童校外教育的经验

经过几年的发展，北京市校外教育获得了发展，但是当时的校外教育远远不能满足需求。各地校外教育发展存在着不平衡性，有些校外教育中的孩子需要加强管理和教育。毛泽东时代中国校外教育积累的经验体现在以下几个方面：第一，群众性主题教育活动是校外教育的灵魂。各地青少年宫开展革命传统教育、思想政治教育、科技文化教育活动，拓展了少年儿童学习活动途径和领域。群众性的主题教育活动是拓展广大少年儿童教育活动面的主要途径，是校外教育的灵魂，是校外教育中的最大特色。第二，坚持校外教育的公益性。众多的科技馆、博物馆、展览馆、公园等硬件设施面对中小学生免费开放，使得城市的孩子能够轻松地走出校园，发展自己的兴趣爱好，享受城市发展带来的繁荣与发展，在校外的实践基地得到实践的机会和生活的教育，锻炼了儿童的实践能力，陶冶了儿童的情操。第三，把学校教育与校外教育处于同等重要的地位。校外教育在"学校、社会、家庭"三者结合教育思想重视之下在五六十年代达到高潮，校外教育迅速发展起来。校外教育在大城市迅速发展，1963年北京市区妇联街道工作部钱玲娟同志在全市妇联召开的城市工作会议上作了关于少年儿童校外教育工作情况的发言，由发言可以看到，北京市当时儿童校外教育的发展迅速。[①] 第四，校外教育注重加强对青少年的思想品德教育和现代科学技术教育。在毛泽东时代，不仅学校内的教育注重儿童思想政治素质的提高，校外的教育活动也注重思想政治的主题教育和展览活动。注重开展各种形式多样的兴趣活动，比如说绘画、音乐、科技创新等活动，注重寓教于乐，满足了儿童对校外教育的需要，使孩子在实践中提高思想认识，培养兴趣爱好，而不是为了当前的应试而被迫地学习。

（二）业余少年儿童识字班

霸县康仙庄是个三百多户的大村，有完小一处，业余学校一处，全村适龄儿童186人，上小学的107人，占适龄总数的57.5%，校外

---

① 《市区妇联街道工作部钱玲娟同志在全市妇联召开的城市工作会议上关于少年儿童校外教育工作情况的发言稿》，北京市档案馆档案，档案号：84-3-76。

儿童79人（男30人，女49人）占42.5%。为了解决他们的学习问题，1962年秋后党支部做了一次调查研究，在这些校外儿童中，7—10周岁的有50人，11—13周岁的有29人。11—13周岁的儿童如果不马上组织入学，就有可能成为新的文盲。但是让这些11—13周岁的儿童整日上小学学习又有实际困难，其中只有7人可以在冬春农闲季节上几天小学，其余22人根本无条件再上小学了。他们中有17人家庭人口多，劳力少，必须参加辅助劳动，有6人需要看孩子，做家务活，有6人要放猪放羊。另外，在93名14—17周岁的少年中，有文盲半文盲49人，他们中有部分人学习条件较好，能够参加业余学习。[1] 这些少年儿童和他们的家长都积极要求参加组织学习，如13岁的张宝银、王跟海每天放羊都带着"小人书"，他们说："光能看画、不识字、多别扭。"王淑贞、苗书会羡慕别人上学，经常抱着孩子到学校听教师讲课。他们说："咱们要上学多好哇！"当听到组织少年识字班的消息时，有的买铅笔，买习字本，有的跑去问支书："什么时候叫我们上学呀？"孟繁存的父亲说："社会一直往前走，孩子们不学习哪行啊！上不了小学，上上民校也行啊。"党支部经过认真的研究，决定将因种种原因不能上小学的11—13周岁的儿童，和14—17周岁有条件学习的少年文盲，趁他们年龄小，记忆力强，还不是主要劳动力的有利时机，吸收到业余学校里来，以免产生新文盲。对7—10周岁的儿童，一方面他们还能上小学，年龄太小，上业余学校也有困难，暂时不吸收。在党支部副书记亲自主持下办起了少年识字班，聘请了教了几年民校的老教师和有着初中文化的苗鼎新担任教师，在教室里安了电灯，从1962年12月开始学习起来了。

康仙庄少年儿童识字班按照少年儿童的特点安排学习。"少年儿童识字班共组织了66个人，其中男27人，女39人。11—13周岁的27人，14—17周岁的少年39人。一天小学也没上过的23人。"[2] 参加少年儿童识字班孩子的特点是，学习要求迫切，年龄不是太大，没什么家

---

[1] 《关于"霸县康仙庄大队业余办起了少年儿童识字班"的通报》，1963年7月5日，秦皇岛市卢龙县档案局，26卷，长期。

[2] 同上。

务负担，思想单纯，记忆力强，对社会事务有了一定的理解能力，接受新鲜事物快，有些人上过两三年小学，有了一定的基础，有一定的学习习惯，但是程度不齐，只能认，不能写，自制能力很差。根据这些特点，在组织学习时，就采取了不同于成年人的办法。首先是教材，农民识字课本，都是用成年人的语言介绍成年人日常生活事务，孩子们不易理解，不感兴趣，不如学小学课本，都是孩子们的生活内容，便于理解和记忆。但小学课本没有农村应用文，满足不了他们的生活要求。于是决定基本采用小学课本，增学些农村应用文。其次，考虑到这些孩子年龄还很小，应该把基础打得结实一些，除学语文课以外，还要学学算数、珠算、还及时地进行政治思想教育。此外，还根据儿童的要求，设置音乐课，学习一些革命歌曲，活跃儿童生活。最后，为了防止间断学习使孩子情绪涣散的情况出现，根据季节的变化，安排了学习时间。全年大体可以安排五段。春节到清明为一段，每天学习2个小时；清明节到立夏为一段，由于春播开始，农活渐忙。每天学习1.5时；立夏到芒种为一段，昼长夜短，改为中午学习，每天一小时左右，麦收放假一个月左右；麦收后开学到处暑为一段，仍坚持每天中午学习一小时左右；秋季放假60天，秋后开学到春节为一段，每天学习2—3时。采取了班级教学形式。为了适应儿童活泼好动、精神不易集中的特点，冬春每天分为两节课，中间有休息。由于安排得当，适合他们的要求，一般学习情绪很高，各班出勤经常保持90%以上，家长们满意地说："上业校，既能学文化，又懂道理，还不误生产，真是一举三得啊！"①

　　康仙庄少年儿童识字班不断研究改进教学方法，提高教学质量，对少年儿童识字班的教学，主要抓三方面，首先，掌握了认字为主的教学重点，并以写字为中心，读讲写紧密结合，使音义形全面理解。按学员基础分为三个程度，两个教室上课。每个学员都有书、有笔、有本、有石板。一般的课文是每两节进行一课，每课大体经过认读生字，读讲课文和阅读写字练习三个步骤，首先注重写字练习。其次，针对学员程度不齐、经常缺课的特点，采取了多种办法辅导和补课。最后，加强复习

---

① 《关于"霸县康仙庄大队业余办起了少年儿童识字班"的通报》，1963年7月5日，卢龙县档案局，26卷，长期。

巩固，补学应用知识。①

　　康仙庄少年儿童识字班建立一些必要的制度，坚持常年学习。这个识字班办起来的时候，由于缺乏制度，曾经出现过一些问题，后来逐步建立了一些制度，并认真坚持，才树立了正常的秩序，保证了识字班的顺利进行，他们是借用小学教室上课的，开始时，民校上课把桌子、椅子搞得很乱，甚至把凳子腿拔掉。小学师生多有意见，不少学生怕坏了凳子（自己带的），放学就拿走了。村支部副书记、业余教师和小学校长、教导主任进行了研究，决定一方面动员小学生借给民校凳子用，另一方面对民校学员进行爱护公物的教育，并建立一些制度。民校各班选举了班长，通过学员讨论定出课堂制度和学习公约。每天有人值日，把教室收拾得整齐清洁。在这个基础上，又根据需要逐步建立了定期检查学习公约，总结成绩和检查遵守纪律情况的制度，表扬好人好事以及每周开生活会等。并在学员中培养了20余名积极分子。从此课堂秩序良好，密切了小学和民校的关系。小学生每天放学时，把桌凳整理好，擦净黑板，并有12名小学生将自己的石板借给别人，让他们晚上写字。②

　　康仙庄少年儿童识字班实施的具体措施如下：一是召开家长会。为了进一步把民校办好，他们还于每学段初、末召开家长会，平日不断进行家庭访问，了解学员的思想、劳动情况，与家长配合，解决障碍学习的问题。如接受家长意见，民校增添了毛笔字、珠算，并在通往学校的大道上安了两个路灯，解决了晚上孩子上学的照明问题。通过家庭访问，教师和家长共同安排了孟祥亲、孟文侠的家务活动，使他们能经常出勤，按时到校。二是对一些居住偏僻的学员，教师亲自将其送回家去。家长很受感动，有的说"咱的孩子念书，哪能让教师来门接送"，便经常自己接送孩子上学了。三是各班建立考勤、请假、考试、补课等制度，对巩固学习也起到积极的作用。③

---

　　① 《关于"霸县康仙庄大队业余办起了少年儿童识字班"的通报》，1963年7月5日，卢龙县档案局，26卷，长期。
　　② 同上。
　　③ 同上。

四　总体评价

（一）托幼事业照顾和保护儿童

新中国刚刚成立的时候，托幼事业非常落后，很多儿童由于得不到照顾和保护而出现各种意外伤害事件。经济条件、保教人员素质、组织领导等多方面的原因严重制约着毛泽东时代托幼事业发展水平的提高。由于当时受经济条件限制，托幼事业被定位为为生产服务，所以，当时托幼事业发展存在粗放性，重养轻教，且保育人员素质不高，缺乏统一领导等问题，托幼事业所提供的服务数量和质量与人们的需求还有很大差距。但毛泽东时代托幼事业有了较快发展，在发展生产和解放妇女的方针下，托幼事业起到了照顾和保护儿童的目的。托幼事业以生产为单位举办，满足了人们在发展生产时对儿童照顾的需要。随着国家对发展生产的强烈重视和妇女解放运动的推进，人们对托幼服务的需求越来越强烈。

托幼组织发展初期，基层政府，尤其是妇联积极推动托幼事业，从人员和物质方面给予帮助；但当托幼组织发展起来之后，妇联则把发展的重要任务交给本单位发展，更多地从保育人员培养方面提供帮助，从而使保育员的业务水平逐步提高。毛泽东时代托幼组织坚持无产阶级专政理论指导，初步建立农村托幼组织管理制度：根据民主集中制，实行托幼组织领导与保教人员民主管理、家长监督的制度；托幼组织的经费主要由入托的家长负担，不足部分可以从集体公益金内给予补助；托幼组织逐渐完善了出勤登记、新生保健、教学计划以及会议汇报等制度。此外，值得一提的是农村托幼组织建立托保委员会，具体负责托幼组织的思想政治工作，摸清群众入托的需求，提高保教人员的政治素质和业务素质，在有计划地召开的家庭座谈会上宣传幼儿教养知识，做到社会教养与家庭教养相结合，保证了儿童身心健康。

虽然1958年发起了"大跃进"运动，但是没有影响托幼事业的发展。由于托幼组织满足了家庭需要，因而获得了较快发展，到了1978年，托幼组织已经形成一定规模，经济效益好的单位都逐渐建立起了自己的托幼机构，并配备了相应的管理和保育人员，保证了托幼组织的发展，儿童得到更加合理的照顾和服务。以上这些托幼事业的管理做法，对目前托幼事业照顾和服务儿童方面具有重要的参考价值。

（二）义务教育福利提高儿童科学文化素质

毛泽东时代非常注重教育，义务教育是毛泽东时代教育的主要组成部分。义务教育福利是整个毛泽东时代教育福利的主要内容，通过中小学教育的发展，大大提高了儿童的科学文化素质。在毛泽东的政治生涯中，对教育事业都给予了很大的关注。我国宪法第94条规定：国家关心青年的体力和智力的发展，"教养下一代是我们全民的责任"①。

新中国成立之后，在我国教育政策的推动下，义务教育福利事业获得了发展，提高了儿童的科学文化素质，表现在以下几个方面：

1. 降低文盲比例

1958年明确了教育方针之后，随着"一五"计划完成和1958年"大跃进"的推进，教育福利事业也有了一个较大的发展。不仅教育系统办教育，社会上也出现了兴办教育的高潮，尤其是在人民公社时期，办起了从幼儿园到小学、中学甚至到大学的教育系统。"1958年，全国有8000万人参加扫盲运动。通过教育革命，我国文盲的比例已经从建国初期的80%下降为43%。与1957年相比，1958年业余高等学校的在校生数由7.6万增加到15万人；1959年业余中等学校的在校生数由330.2万增加到1116.2万；1959年业余小学（高小）的在校生数由626.7万增加到5500万。"② 整个毛泽东时代，通过各种教育形式，由新中国刚刚成立时文盲约占80%下降为不到20%，取得了举世瞩目的成绩；从20世纪50年代，中国学习苏联经验，实行从小学到大学的免费教育，促进社会流动，为全体国民提供了平等竞争的机会，许多寒门学子通过国家助学金得以顺利完成学业，成为新中国的建设者。

2. 提升实践能力和思想道德素质

面对1962年自然灾害以及各地失学率高的现实，1963年多地探索

---

① 中央教育科学研究所：《宋庆龄论少年儿童教育》，教育科学出版社1984年版，第32页。

② 中国教育年鉴编辑部编：《中国教育年鉴（1949—1981）》，中国大百科全书出版社1984年版，第1036页。

进行中小学教学改革。以河北省为例,1963年5月15日,(63)教普行刘字第202号《河北省教育厅关于全省中小学教学改革试验工作的计划纲要》中指出:中小学教育虽然取得了一定成绩,但是存在的少、慢、差等问题,确有进行教学改革的必要。从20世纪60年代开始,到20世纪70年代,毛泽东对教育的改革打破了原有教育体系,强调教育与劳动相结合,增强了学生的实践动手能力,但是这个时期忽视了课本知识,实践上也出现了过了头的倾向。注重了孩子的思想和道德教育,提高了孩子的道德水平。

3. 提倡办重点小学保证教学质量

重点办好一批全日制小学的做法,为以后中小学的发展打下基础。以河北省为例,1963年5月15日《河北省教育厅关于重点办好一批全日制小学的实施方案》中在各级教育行政部门应本着先重点后一般的原则,当时重点小学还存在如下问题:(1)重点小学编制一般偏少,人员不足,部分教师素质不高。"据石、衡、邯、唐、天五个专区173所重点小学统计,尚缺校长19名,教导主任60名,教师225名,职勤人员67名。这些缺额必须限期补齐。另据8个县11所重点小学统计,现任教师约有10%—20%左右的人教学能力差,需要调换。"①(2)学校设备有待改善。总体来说,河北省重点小学的设备比其他学校好,但是距离要求仍有距离。根据对河北省五个专区173所重点小学的统计,"缺桌凳17544套,缺教室101间,缺办公桌1725件。有48所校没有工具书,有74所校没有学生读物,43所校没有体育用品,35所校没有操场,106所校没有学生生产劳动试验园地"②。(3)重点小学规模过大,不利于加强领导与提高质量。当时河北省大中城市和县城,有一些重点小学规模过大,往往多达一千人以上。在农村有些重点小学校舍不集中,分散在几个地点上课。学习规模偏大或过于分散,都不利于加强领导和提高质量。

针对存在的问题提出的实施方案如下:一是教学人员配置方面:

---

① 《河北省教育厅关于重点办好一批全日制小学的实施方案》,1963年5月15日,卢龙县档案局,26卷,长期。

② 同上。

（1）对重点小学的编制标准适当放宽。"在不增加全省小学教职工编制总数的条件下，通过教育部门内部调剂的办法，把重点小学教职工由每班 1.5 人左右加宽到 1.7 人左右。"① （2）对现有缺额或不称职的领导干部和教师，要求在 1963 年暑假前，逐校逐人摸底排队，做出调整补充计划。各级教育行政部门应本着先重点后一般的精神，从现有中学及一般小学中，抽掉一批领导干部和教师骨干，充实重点小学。要求重点小学的主要领导干部，应该相当于中学校长和教务主任条件。重点小学教师要求各学科（主要是语文、算数两学科）各年级都配有骨干教师。在当年暑假毕业生分配中，计划选拔一批拔尖的中师毕业生分配到重点小学，其中还准备分配一定数量的高师本、专科毕业生。对现有老弱病残人员，应抓紧调出重点小学，另行妥善安排。二是从 1963 年起，必须逐步充实教学设备，适当放宽经费开支标准。"1963 年确定重点使用到重点小学的补助经费共 324 万元，这笔经费除省统一购置教学仪器设备、图书，配套发给重点小学外，其余分配到各专、市、县用以补充重点小学校舍修缮，添置桌凳和学校日常生活办公费的补助。专款专用。"② （3）必须进行适当调整和必要控制规模。当时规定："今后重点小学的规模，城市一般控制在 24 个班以下，农村一般控制在 12 个班或 18 个班。校址过于分散的，应按照条件适当分开建校。重点小学的班容量，目前一般的较小，应在暑假间予以扩大班容量和适当合并班级，今后每班招收学生名额 50 人为宜。"③

  河北省除了颁布《河北省教育厅关于重点办好一批全日制小学的实施方案》外，河北省教育厅、河北省新华书店于 1963 年 7 月 27 日颁布《关于征订全日制中、小学教学大纲（草案）的通知》，开始思考中小学教学大纲和教材问题，凸显对教育的重视。1963 年 7 月 16 日河北省教育厅《关于转发教育部"关于防止社队干部擅自决定停办小学的通知"》禁止社队干部擅自停办小学，体现了对小学教育的重视。

  可见，毛泽东时代重视教育福利，尤其通过发展义务教育福利，特

---

① 《河北省教育厅关于重点办好一批全日制小学的实施方案》，1963 年 5 月 15 日，卢龙县档案局，26 卷，长期。
② 同上。
③ 同上。

别重点发展小学，降低了文盲率，提升了儿童的实践能力和思想道德素质，为儿童的全面发展奠定了基础。

（三）校外教育促进儿童全面发展

毛泽东时代注重儿童的全面发展，根据新中国成立后出现的重视智育，而忽视德育的现实，为了实现儿童的全面发展，国家注重发挥校外教育的积极作用，提出新中国的教育方针"应该使受教育者在德育、智育、体育几个方面都得到发展，成为有社会主义觉悟的有文化的劳动者"①。鉴于新中国成立后国内教育情况，毛泽东主张重视思想政治教育和德育工作，1957年毛泽东指出："没有正确的政治观点，就等于没有灵魂。"②

毛泽东时代生活在大城市的儿童是快乐的，不仅能够享受到较好的学校正规教育，而且课余时间也能享受到丰富多彩的课余活动，比如说绘画、音乐、科技创新等活动，注重寓教于乐，满足了儿童对校外教育的需要，使孩子在实践中提高思想认识，培养兴趣爱好。

笔者针对当时的校外教育访谈陆士桢老师，她谈道："我们上初中，正值三年自然灾害，每人每月27斤粮食。依现在的饮食结构，这不算少，但那时副食品短缺，每人每月只有凭票才能购买的半斤肉，又正是长身体的时期，我和同学们一天到晚好像老饿，上午第四节课最后十来分钟，饥肠辘辘，恨不得都插上翅膀，铃一响就能飞过教室和楼前的广场，直奔食堂……"

"但这并不妨碍我们快乐无限的中学生活。那时不像现在，动不动就是什么钢琴8级，小提琴几级的，虽然也有兴趣小组，但都和我们的学习以及日常生活关系紧密，再说也没有什么同学家里有钢琴、小提琴的。我们在兴趣小组里学的都是绘画，书法，唱歌，舞蹈等等，还有就是和学科相关的自然科学兴趣小组。我记得当时我们有一个京剧小组，每次活动咿咿呀呀的，声音传出很远很远，有时他们还带彩妆演出，彩凤钗头，水袖长衫，引得大家一阵阵赞叹。我参加的是化学小组，每次

---

① 《毛泽东选集》第5卷，人民出版社1977年版，第385页。

② 同上。

活动都做一些好玩的实验，经常令我或浮想联翩，或百思不得其解。还有刺绣小组、缝纫小组、诗社等等，不一而足。有段时间，中央要求减轻学生负担，我们只上半天课，一到下午大家都找到了自己感兴趣的乐事，长本事是次要的，高兴快乐却是实实在在的。"

"在中学阶段，我一度负责在班上教歌，需要带着同学一句一句学唱每一段曲，每一句词，以至练就了看着曲就能唱词的本领，这也让我后来无论是到农村劳动，还是上山下乡，都可以在田间地头给老乡们像模像样地唱上一首，无论是'见了你们格外亲'，还是'珊瑚颂'，歌喉且不说，音准一定是对的。"

"有时想想，物质丰富了，孩子们有的东西多了，看到的，听到的也多了，但快乐呢？他们发自内心深处的快乐哪儿去了呢？"

通过对陆老师的访谈，可以看到毛泽东时代城市儿童通过少年宫等组织校外教育，获得了快乐的童年。

毛泽东时代农村儿童的校外教育主要是少年儿童识字班、夜校等形式。新中国成立到改革开放之前这段时间，中国共产党非常重视大众教育的发展，1956年3月，中共中央、国务院发布《关于扫除文盲的决定》，要求各地在5年到7年内对年龄在14岁至50岁以上的人进行扫盲。文盲太多与社会主义建设要求不相适应，有些地方在普及小学教育困难的情况下，办起业余学校，如果孩子在各方面都学得好，可以从业余学校转入小学学习，这样可以防止新的文盲出现。

当时有些地方在组织成人扫盲方面积累了一些经验，但是对于组织儿童业余学习很多地方是缺乏经验的。1963年霸县不少地区，"十一二岁至十七八岁的少年儿童中，还有百分之三十左右的人处于文盲状态"[1]。在这种情况下，霸县康仙庄儿童识字班成为组织儿童业余学习的典范。该识字班主要针对11—13周岁整日上小学学习有实际困难的农村儿童，如果这些11—13周岁儿童不马上组织入学，就有可能成为新的文盲。村党支部在调查研究的基础上，了解家长、儿童上学的愿望后，采取了不同于成年人的办法，按照少年儿童特点安排学习时间和学

---

[1] 《河北省教育厅关于重点办好一批全日制小学的实施方案》，1963年7月5日，卢龙县档案局，26卷，长期。

习内容。根据季节变化安排学习时间；学习内容上采用小学课本，增加农村应用文内容。该识字班在不断改进教学方法中提高教学质量，建立一些必要的学习制度和具体措施，产生了积极效果。通过学习，少年儿童不仅认识了字，增长了知识，而且提高了道德品质和劳动纪律性，大大改变了精神面貌，积极参加劳动，爱护集体。

在毛泽东德智体全面发展的教育方针指导之下，在城市，校外教育被放在与学校教育同等重要的位置上，校外教育讲求公益性，注重青少年的思想品德教育、现代科学技术教育、兴趣爱好的培养，使得毛泽东时代的城市儿童是快乐的。在农村，业余少年儿童识字班是义务教育福利的重要补充，生产队积极推动，团支部和党支部在推动业余学校发展中发挥着重要作用。这种半农半学的业余儿童学校，对于扫除文盲，提高儿童文化水平，使其懂道理，掌握生产技能和知识起到了重要作用，推动了大众教育的发展。

（四）民办教师保障了儿童受教育权的实现

1. 民办教师的产生

新中国刚刚成立的时候，80%的人口生活在农村，而师范教育不能满足农村教育的需要，于是民办教师应运而生。

发展教育需要资金和物质的保证，然而长期以来我们国家对教育经费的投入低。新中国成立后由于国家财力有限，还不能保证全部适龄儿童都能够享有相应的教育权利。教育领域贯彻"两条腿走路"的方针，在"两条腿走路"的办学方针下，一方面建立公立小学，另一方面发展民办小学。1962年国家贯彻"两条腿走路"的方针，提倡群众办学，鼓励多种形式办学。直到1977年，国家在教育方面还是贯彻"两条腿走路"的办学方针。

我国人口过快增长，学生人数的增多也会对中小学教师产生大量需求。20世纪60年代，第二个生育高峰来临，根据国家统计，"1962年至1971年，我国人口出生率均在30‰以上"[①]。第二个生育高峰和经济的发展，促使了入学儿童数增加，从1968年到1972年入学儿童数增加

---

① 王献玲：《中国民办教师始末》，知识产权出版社2008年版，第5页。

了1倍，客观上也造成了学校及师资队伍的扩大。

对教师作用的认识不足以及师范教育事业发展落后是民办教师队伍逐渐扩大的重要原因。随着经济领域"大跃进"，教育领域也出现了盲目扩大规模的情况，这也是促进民办教师队伍壮大的一个原因。

2. 民办教师的发展

毛泽东时代，中小学民办教师发展情况如表5—17、图5—8所示。

表5—17　　　1949—1978年中小学民办教师发展状况　　（单位：万人，%）[①]

年份	中学教师 总数	中学教师 民办教师 人数	中学教师 民办教师 比率	小学教师 总数	小学教师 民办教师 人数	小学教师 民办教师 比率
1949	83.6	10.5	12.6	6.6640	2.8239	42.2
1950	90.1	22.5	25.0	6.9108	2.3755	34.4
1951	122.2	42.5	34.8	7.3242	2.2787	31.2
1952	143.5	7.0	4.9	9.3930	1.4000	14.9
1953	155.4	4.3	2.7	11.3233	0.8469	7.5
1954	155.5	5.8	3.7	13.7946	0.9615	6.9
1955	159.4	7.6	4.8	14.9107	1.0259	6.9
1956	174.9	9.1	5.2	18.7197	0.1497	0.8
1957	188.4	14.1	7.5	23.3783	1.6880	7.2
1958	225.7	55.6	24.6	30.5107	4.2225	13.8
1959	250.3	62.4	24.9	35.0408	2.8960	8.3
1960	269.3	68.1	25.3	42.5530	1.5738	6.4
1961	255.4	40.3	15.8	41.7622	0.7949	1.9
1962	251.1	50.6	20.2	39.9456	2.2723	5.7
1963	260.1	56.1	32.0	42.0456	2.7857	6.6
1964	310.8	99.6	32.0	44.1515	2.9359	6.6
1965	385.7	175.1	45.4	45.7075	2.34041	5.0
1966	322.1			59.7304		

---

① 刘英杰：《中国教育大事典（1949—1990）》，浙江教育出版社1993年版，第681、683页。

续表

年份	中学教师 总数	中学教师 民办教师 人数	中学教师 民办教师 比率	小学教师 总数	小学教师 民办教师 人数	小学教师 民办教师 比率
1967	319.6			60.3751		
1968	325.5			70.0557		
1969	348.7			93.8687		
1970	361.2			117.3692		
1971	409.5			132.6562		
1972	439.8	245.0	55.7	165.7614	36.9990	22.3
1973	476.9	276.8	57.2	169.5934	32.3416	19.1
1974	494.4	291.8	59.0	178.1993	36.9780	20.8
1975	520.4	320.8	61.6	209.2155	54.9861	26.3
1976	528.9	341.6	64.6	272.8979	98.7039	36.2
1977	522.6	343.9	65.8	318.6692	127.2653	39.9
1978	522.6	342.0	65.4	318.1999	122.4933	38.5

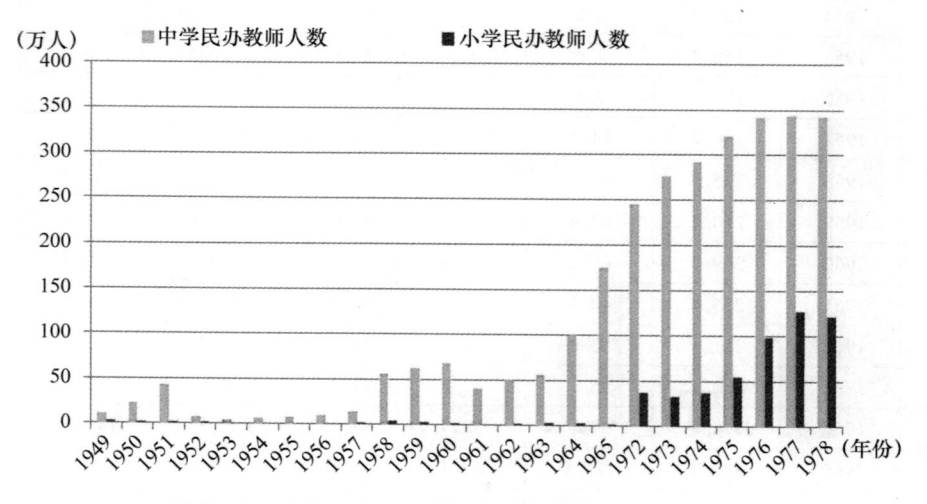

图5—8　1949—1978年我国小学和中学民办教师统计

注：因资料限制，有些年份数据缺失。

由图5—8可以看出：整体上来看：1949—1978年中学民办教师人

数远远高于小学民办教师人数，1949—1978年我国小学和中学民办教师持续增加。1949年民办教师为10.5万人，1949年到1951年，我国民办教师队伍发展很快，到1952年开始下降。

随着教育领域的"大跃进"，1958年、1959年教师队伍扩大，随着1961年"调整、巩固、充实、提高"的方针，教育速度放缓，直到1963年，教育部对擅自停办小学的情况严令禁止，如1963年6月25日《中华人民共和国教育部关于防止社队干部擅自决定停办民办小学的通知》中指出：根据新华社编辑部反映，浙江省慈溪县自1962年9月以来，有部分社队干部不经过上级批准，也不和群众一起商量，擅自决定停办民办小学，群众极为不满。这样做，不符合中央"两条腿走路"的办学方针，又违反群众自愿原则和送子女上学的迫切要求。为此提出了解决问题的办法：如果部分学校办下去确有困难，也必须一方面跟群众充分商量，找出克服困难的合理办法；另一方面应该向上级如实反映情况，求得帮助，切不可简单停办了事。对于群众不同意停办而停办的民办小学，应当弄通干部思想，设法恢复起来。同时要检查一下民办学校补助费的使用情况，对于使用不合理的情况要纠正，对于确实有困难的社队民办小学要给予适当的补助，使民办小学巩固下来。[1]

1964年6月2日《人民日报》报道河北省阳原县普及小学的情况，阳原县学龄儿童入学率达到90%左右。随着教育的发展，师资紧张的情况出现，1964年教育部针对师资短缺的情况，提出今后七年补充教师77万人；可以吸收中学毕业生通过短期训练补充中等师范学校毕业生不足以满足小学教育的情况。

1968年的"侯王建议"认为群众办学，把小学下放到基层，这样可以减轻国家负担。在"侯王建议"的影响之下，国家办学体制也随之调整，许多地方立即实施，把大量的农村公办小学改成民办小学，老师被放回原籍，拿工资加工分，教师的女子转为农村户口。在这个过程中，民办教师的队伍也随之扩大。此外，城市的公办小学也转为民办小学。

---

[1] 《中华人民共和国教育部关于防止社队干部擅自决定停办民办小学的通知》，1963年6月25日，卢龙县档案局，第26卷，长期。

1972年3月26日《人民日报》指出：农村普及小学五年教育，首先满足贫下中农子女入学要求；有条件的地方普及七年教育；采取多种形式办学；把小学建在家门口，当时学校发展速度还是相当快的。1974年国务院科教组指出："1974年发展教育事业，重点是继续大力普及农村小学五年教育。"提出在大城市普及十年教育，条件好的农村地区普及七年教育，于是小学大量聘用民办教师来解决师资缺乏问题。以1974年卢龙革命委员会《卢龙县革命委员会民办教师管理办法》为例，可以看到那个年代对民办教师的条件并不高。只要"路线觉悟高，政治条件好，工作能力强，身体健康，有实际经验的下乡、回乡知识青年和复员退伍；虽然文化水平较低，但工作表现好，肯于学习，有培养前途；本人表现好，热爱党的教育事业，群众欢迎的可以教育好的子女"[1]。当时民办教师的待遇情况，"要按照政策解决民办教师的生活待遇，公社大队要认真落实男女民办教师同工同酬的政策，根据本人的德、才和所担负的教学工作评记工分。所得工分应不低于中上等劳力，县发补贴要照发本人，不计入工分值。对于民办教师出现的特殊困难，社队要尽量给予解决"。"民办教师有病需要休养时，凭医院证明，经大队批准，报公社备案，准许休病假，病愈后，仍回校任教；女教师准休产假。养病或产假期间工分照记，或经社员讨论记适当工分，病假和产假期间由办学单位负责请代课教师，县发给补贴部分。"[2]

到1977年，"当年民办教师人数达到471.2万人，占全国中小学教师总数的56%。至此，民办教师的增长达到了历史的顶峰"。1966—1976年中国民办教师人数迅速增加，"中小学民办教师由177.4万人增加到471.2万人，10年中几乎增加300万人"。[3] 针对民办教师人数较多的情况，从1978年国家开始对民办教师进行整顿，淘汰了不合格的民办教师，把优秀的民办教师转为公办教师。

3. 民办教师的作用

民办教师是中小学教师的重要组成部分，是农村义务教育的重要组

---

[1]《卢龙县革命委员会民办教师管理办法》，1963年6月25日，秦皇岛市卢龙县档案局，1974年，191卷，长期。

[2] 同上。

[3] 王献玲：《中国民办教师始末》，知识产权出版社2008年版，第58、51页。

成部分。在国家教育资金短缺的情况下，民办教师为扫除文盲、农村基础教育的发展做出了贡献。浅井叶子曾经这样描述："新中国根据'以民教民'这样的从解放前传下来的革命传统，开始招聘民办教师……不管在多么偏远的山村都有学校和教师，这为扫盲教育创造了很好的条件。"[①] 笔者于2016年访谈的众多民办教师中的一位：毛香粉，43岁，曾经于1991—2001年在河北省大名县埝头乡毛苏村做过10年的代课教师（1984年以前称为民办教师）。她这样评价民办教师的作用："民办教师减轻了国家的负担，为农村教育的发展起了关键作用。"民办教师解决了当时师范教育事业发展不足导致的师范类老师短缺的问题；还解决了儿童学生人数增长快、与之配套的教师队伍缺乏问题。

---

① ［日］浅井叶子：《1949—1966年中国成人扫盲教育的历史回顾》，王国勋、刘岳译，《当代中国史研究》1997年第2期。

第六章　儿童医疗卫生福利

儿童医疗卫生福利是毛泽东时代儿童福利的重要内容。儿童是社会主义的建设者和接班人，国家和毛主席非常注重儿童医疗卫生工作。在城市儿童医疗卫生福利和农村医疗卫生福利方面，较之于新中国成立之前都有了很大发展。在城市儿童医疗卫生福利方面，主要是通过儿童保障制度、儿童保健、儿童医疗卫生服务保障了儿童的健康；在农村儿童医疗卫生福利方面，主要是通过农村合作医疗、赤脚医生队伍、县乡村三级医疗卫生保健网改善了儿童的健康状况。毛泽东时代，我国医疗卫生发生了很多变化，国家通过发展儿童医疗卫生福利，大大降低了新生婴儿死亡率，保障了儿童身体健康。此外，农村通过改造旧接生婆，实行新法接生，也降低了新生婴儿死亡率。下面就从儿童医疗保障制度、儿童保健、儿童医疗卫生服务三个方面对毛泽东时代儿童医疗卫生福利进行分析。

一　儿童医疗保障制度

（一）劳保医疗制度下儿童享受的医疗福利

在毛泽东时代，城市儿童没有专门的儿童医疗保障，其保障主要体现在父母所在单位的医疗保障中，包括劳保医疗制度和公费医疗制度。

劳保医疗制度是当时我国企业职工的医疗保险制度，其依据是1951年的《中华人民共和国劳动保险条例》。在职工医疗保险方面，企业行政方面或资方负担职工的住院费、治疗费、普通药费，本人负责就医路费、贵重药费和住院时的膳食费。在职工供养的直系亲属医疗保险方面，如果在职工所在单位的医疗部门就医，可以享受免费诊治，享受半价药费，本人负担住院费、贵重药费、就医路费、住院时的膳食费等。

1953年之前劳保医疗经费全部由企业行政负担。1953年1月13日，政务院财经委员会颁布《关于国营企业1953年计划中附加工资内容和计算办法的规定》规定：统一提取职工工资总额的5%—7%作为劳动保险金和医疗保险金，在企业生产成本项目中列支的劳保医疗卫生费中支付。在劳保医疗卫生费入不敷出时，从企业劳动保险金和按规定提取的福利费中支付。在职职工从职工劳保医疗卫生费中支付，退休职工从劳动保险资金中支付，医疗费用的提取和使用由企业自行管理。企业承担着企业职工和退休人员及其家属的所有医疗费用。

儿童享受的医疗福利依托于其父母所在单位的劳保医疗制度。当时经济效益好的企业自己办医疗机构，为职工及其家属提供医疗服务，医院运行的所有费用从企业福利费中支付。没有设立医院的企业与医疗机构签订合同，"职工凭记账单去合同医院就诊，医院费用由企业与合同医院定期结算，需要转院到合同医院以外医院就诊或住院的，需经企业行政机关批准方可转院"。"职工和退休人员的直系亲属的手术费和普通药费的一半由企业负担，贵重药费、就医路费、住院费、住院时的膳食费及其他费用由本人自理，对于确有困难的家庭由企业从福利费中予以酌情补助。"[①]

（二）公费医疗制度下儿童享受的医疗福利

公费医疗制度是几乎免费的医疗福利，是国家为机关事业单位的职员提供的医疗福利。1952年《关于全国各级人民政府、党派、团体及所属单位的国家工作人员实行公费医疗预防的指示》和《国家工作人员公费医疗预防实施办法》将公费医疗的实施范围由原来的革命根据地公职人员扩大到事业单位的国家工作人员，我国公费医疗制度得以确立。

[①] 刘翠宵：《中华人民共和国社会保障法治史（1949—2011）》，商务印书馆2014年版，第14页。

机关事业单位工作人员子女的医疗福利体现在公费医疗制度的相关政策文件中。1955年，财政部等多部门联合下发《关于国家机关工作人员子女医疗问题的规定》规定：国家机关工作人员家属享受半价医疗保障。由此，儿童作为国家机关工作人员的家属可以享受半价医疗待遇。《关于国家机关工作人员子女医疗问题的规定》指出：每人每月按公费医疗规定的数额缴纳医疗费，用来解决职工子女的医疗问题。由机关统一管理参加统筹的职工子女的医疗费，从统筹费内开支；实行统筹困难的单位，子女的医疗费用由职工自理；经济上确实有困难的职工，机关的福利费补助其子女的医疗问题。

国家财政是公费医疗制度经费的主要来源，由国家拨款给各级财政，再由各级财政拨款给各级卫生行政部门。公费医疗制度的主要经费是按国家机关以及全额预算管理单位人头拨付的，实行专款专用，不足部分由地方财政补贴。因此有的学者认为：公费医疗保险不是医疗保险，而是国家为机关事业单位的工作人员及其退休人员提供的医疗福利。从医疗保险责任分担的角度来说，个人不缴费，由国家财政负担，公费医疗保险的福利性明显。

正是由于公费医疗制度的高福利性，出现了医疗费用不断攀升的状况，国家着手医疗保险制度改革。1957年9月，周恩来总理在中共三中全会上指出劳保医疗和公费医疗要分门诊和药品等进行少量收费，一些不是必需的费用不再报销，以此节约开支。由于当时的政治运动，虽然这个报告通过了，但是改革措施没有落地。后来国家颁布一系列法规，规定医疗费用及外地就医的报销范围，如1958年4月25日卫生部发布《关于严格控制病人转地治疗的通知》、1961年卫生部修订《关于中央机关司局长及行政十级以上干部公费医疗的报销规定》以及1964年国务院批转卫生部、财政部的几个文件，但是都没有解决医疗费用浪费严重的问题，"1960年国家规定公费医疗费用平均每人每年18元，实际用了24.6元。1964年国家规定公费医疗费用平均每年每人26元，实际用了34.4元"[①]。

[①] 郑功成：《中国社会保障制度变迁与评估》，中国人民大学出版社2002年版，第121页。

(三) 农村合作医疗制度下农村一般儿童医疗待遇

中国是一个农业大国,农村儿童占很大比重,其健康状况直接影响我国儿童的健康水平。在农村,儿童的医疗福利得益于农村合作医疗制度(旧农合),该制度是在各级政府支持下,通过赤脚医生队伍,从而在县、乡、村构建起了三级医疗卫生服务网络,为农村居民提供保健和医疗服务的制度,其组织原则是互助共济,雏形是抗日战争时期陕甘宁边区所推行的保健药社和卫生合作社制度。该制度起源于20世纪50年代初,发展于60年代,鼎盛于70年代,80年代出现严重萎缩。总体来讲,农村合作医疗制度用较低的成本取得了较好效果,在一定程度上改善了农村贫困状况下的医疗问题。到20世纪70年代,合作医疗制度的广泛建立为农村居民提供了基本的医疗保障。农村合作医疗、"赤脚医生"队伍、县社队三级医疗预防保健网成为农村医疗卫生的三大支柱,为改善农村居民的健康状况奠定了基础。合作医疗制度的发展,对于儿童的健康也是一个保障。首先,随着合作医疗制度的发展,农村医务工作者队伍发展壮大起来,在保障儿童健康方面功不可没,"由合作医疗作保障的医疗保健服务覆盖了全国85%的农村人口"[1]。"到1976年,全国农村已有150多万半农半医人员。"[2]这些半农半医人员被称为赤脚医生。赤脚医生定期为幼儿教师和保育员举办儿童卫生知识讲座,协助其建立卫生保健制度,培养幼儿良好的卫生习惯。他们还经常向家长宣传婴幼儿卫生知识,为了提高婴幼儿的免疫能力,赤脚医生和卫生员每年都对集体和散居的儿童进行各种预防接种,一些传染病基本上得到了控制,从而减少了儿童疾病的发生。他们还每年给幼儿进行一次健康检查,并建立了记录卡片。以山西省稷山县太阳村的赤脚医生为例,赤脚医生按照季节调制中草药,统一熬制,送药上门。卫生所给适龄儿童建立免疫接种卡片,保证他们能够接种疫苗,还给社员家庭建立健康档案,定期进行

---

[1] 曹普:《中国农村合作医疗制度的演变与评析》,《中共云南省省委党校学报》2006年第5期。
[2] 《赤脚医生赞》,《人民日报》1976年6月26日。

健康检查。再如新晃侗族自治县，这个县在培养少数民族赤脚医生、发展合作医疗中，特别注重培养女赤脚医生，以更好地保护各族妇女和儿童的健康。

山西省汾阳县在20世纪70年代先后培养了赤脚医生370多名，还举办了四十多期培训班，专门培训预防接种、传染病管理、新法接生、计划生育、采药制药、新医疗法等，使大部分赤脚医生掌握了难产处理、计划生育手术和普通妇、外科手术，赤脚医生诊疗水平得以提升，从而推动了合作医疗的发展，为保障儿童健康打下了基础。[①]

（四）孤残儿童医疗福利

新中国成立以来，城乡困难群众一直是党和政府关心的对象。对于孤残儿童，党和政府担负起对其进行救助的任务，主要是采取集体福利服务的方式进行供养。城市孤残儿童免费医疗、资金通过政府预算解决；在农村，孤残儿童的医疗福利是通过"五保"制度实现的。中共中央政治局的《1956年到1967年全国农业发展纲要》提出：对于鳏寡孤独的社员，由于他们没有劳动能力、无人抚养或赡养，生活存在问题，则由合作社统一进行照顾安排。这些保障对象中就包括孤残儿童，由合作社为儿童提供生活、教育和医疗方面的保障。1956年的《高级农业生产合作社示范章程》再次强调了农业合作社对于包括孤残儿童在内的老、弱、孤、寡、残疾的社员在生产上和生活上的照顾义务，这就是"五保"制度。满足"五保"条件的孤残儿童其医疗费用由合作社承担，资金来源是合作社的公益金。

（五）小结

1. 全覆盖

从城市到农村，从正常儿童到孤残儿童，毛泽东时代的儿童医疗保障制度实现了儿童群体的全覆盖。能做到这一点，在当时经济条件十分落后的情况下是非常不易和了不起的成就。

---

① 周寿祺：《探寻农民健康保障制度的发展轨迹》，《国际医药卫生导报》2002年第6期。

2. 不均衡

通过对劳保医疗与公费医疗的对比，可以看到公费医疗只是在经济条件比较好的国家机关工作的人员子女才能享受到，而企业职工的子女可以享受到半费的劳保医疗；公费医疗制度下医疗费用不断攀升，国家提出对公费医疗制度要进行改革；当时的劳保医疗和公费医疗制度与低下的生产力发展水平和奇缺的医疗卫生资源不平衡有很大关系。

对于儿童医疗保障制度发展不均衡问题要从两方面来看，一方面，当时城乡二元分割的医疗保险及医疗服务对于农村居民是不公平的，城镇无节制医疗资源的浪费，确实给国家造成了沉重的财政负担，"据统计，1978年全国享受公费医疗和劳保医疗的职工人数已达8400万，全国城镇职工医疗费用为27亿元"[1]。另一方面，也要看到正是高福利的医疗卫生保险以及对于家属特别是儿童的医疗福利，增强了职工对单位的附属感。笔者认为随着经济发展水平的提高，为机关事业单位和经济效益好的企业职工及其家属提供比较完善的医疗保险和医疗服务，是一条正确的发展道路。

3. 合作医疗发挥巨大作用

合作医疗是农村医疗保险的雏形，在保障人民生命健康方面发挥了巨大的作用。新中国刚刚成立的几年，城乡婴儿的死亡率较高，以中南区部分地区1950—1952年城乡出生死亡情况调查为例（见表6—1）：

表6—1　中南区部分地区1950—1952年城乡出生死亡情况调查[2]

调查地区		人口数（人）	出生数（人）	出生率（‰）	死亡数（人）	死亡率（‰）	婴儿死亡数（人）	婴儿死亡率（‰）
城市	孝感县城关区	23244	847	36.44	351	15.1	61	72.02
	武昌区凯字营街及新河街	18450	793	24.98	169	9.16	56	70.62

---

[1] 郑功成：《中国社会保障制度变迁与评估》，中国人民大学出版社2002年版，第128页。

[2] 中南军政委员会卫生部编：《1950—1952年中南区卫生统计资料汇编》，内部资料，1953年，第93页。

续表

调查地区		人口数（人）	出生数（人）	出生率（‰）	死亡数（人）	死亡率（‰）	婴儿死亡数（人）	婴儿死亡率（‰）
乡村（除朋兴区外，其余均为广东省所属）	湖北孝感朋兴区	22574	1211	53.64	611	27.06	200	165.15
	海南岛白沙县第一行政区	5981	235	39.29	87	14.54	49	208.11
	海南岛儋县那大镇	2351	103	43.81	17	7.23	11	106.8
	顺德县大晚乡	3256	120	36.86	53	16.28	24	200
	连间乡稔海村	1449	42	28.98	15	10.35	8	190.47
	连南县三排村	1370	62	45.26	14	10.21	10	161.29
	连南县油岭村	1208	47	38.91	16	13.24	9	191.49
	怀集县罗龙村	819	26	31.75	9	10.99	4	153.85
	怀集县谭舍村	762	25	32.8	15	19.65	4	160
	怀集县双官村	677	23	33.96	12	17.73		
	海陆丰渔村	10924	491	44.95	108	9.88	45	91.65

合作医疗在普及儿童卫生知识、培养儿童卫生习惯及减少儿童疾病的发生概率方面起到了至关重要的作用。因此，被联合国、世界卫生组织以及世界银行等世界性组织评为"以最少投入获得了最大的健康收益"的制度，是"发展中国家解决卫生经费唯一范例"，实现了我国经济发展水平落后的情况下卫生水平的快速提高，提升了包括儿童在内的人们的生活质量。到20世纪70年代末，与新中国刚刚成立时相比，农村医疗卫生状况有很大改善，"解放前中国婴儿死亡率在200‰左右，到1981年降低到34.7‰，下降了165.3‰；人均期望寿命也由解放前的35岁提高到1981年的67.9岁，增长了32.9岁。此外，结核病的发病率也下降了60%—70%"[1]。由此可见：中国医疗卫生福利建设取得了巨大进步，说明了农村合作医疗制度对农村医疗卫生的改善做出了巨大贡献，儿童是受益群体。农村合作医疗、赤脚医生、县乡村三级医疗

---

[1] 董立淳：《传统农村合作医疗制度的特点和评价》（2013年11月20日），2016年1月6日，http://news.ifeng.com/history/zhongguoxiandaishi/special/maozedongshidaiyiliao/detail_2013_11/20/31419115_0.shtml。

卫生保健网构成了我国农村儿童医疗卫生福利体系，实现了对儿童保健及健康的保障。

二 儿童保健

当时的儿童保健主要是通过儿童免疫和传染病防治两个方面体现出来，首先来看儿童免疫。

（一）儿童免疫

儿童免疫力低下，非常容易感染疾病，如果不对儿童进行免疫，儿童的正常生长发育就要受到极大的影响。儿童免疫一般是从儿童出生开始直到12岁，在不同的年龄段免疫的内容也不同。

新中国成立后，人民政府颁布法律法规进行了大量儿童免疫工作。为防止天花的流行，1950年卫生部颁布《种痘暂行办法》规定："中华人民共和国境内居民不分国籍，均需依照规定种痘……种痘一律免费，不得收取任何费用。自此开始在全国范围内免费接种牛痘。[1]""截至1951年1月，全国接种牛痘的儿童近1.2亿名。此外，近百万儿童获得卡介苗的接种或百日咳、白喉预防注射。"[2] 国家还加强了对脊髓灰质炎、结核病、伤寒、回归热、痢疾等其他慢性传染病的防疫。1954年以前，脊髓灰质炎（又称小儿麻痹症）在中国是一种散发性的传染病，卫生部于1955年将其确定为法定传染病。1962年国家研制成功脊髓灰质炎减毒活疫苗，于1964年在中小城市投入使用后，逐步向农村地区推广，初步控制了脊髓灰质炎的流行。[3] "为了预防结核病，有82个城市的85万名儿童接种了卡介疫苗。"[4] 1958—1959年麻疹流行，麻疹病患者死亡率很高，严重威胁着儿童的健康。1965年，我国研制成功高度减毒的麻疹活疫苗，疫苗的推广大大降低了婴幼儿

---

[1] 《中央卫生部种痘暂行办法》，《福建政报》1950年第11期。
[2] 肖爱树：《农村医疗卫生事业的发展》，江苏大学出版社2010年版，第55页。
[3] 陆士桢、魏兆鹏、胡伟：《中国儿童政策概论》，社会科学文献出版社2005年版，第145页。
[4] 肖爱树：《农村医疗卫生事业的发展》，江苏大学出版社2010年版，第53页。

发病率和死亡率。

(二) 传染病防治

1. 制定卫生工作方针

新中国成立初期，中国儿童保健面临着医疗卫生较差、死亡率高的情况。慢性病、寄生虫病和地方病的存在严重危害着儿童的健康，"因而致使我国婴儿死亡率高达200‰左右，产妇死亡率达15‰"。"人口死亡率则高达25‰左右，人口平均寿命仅为35岁。"①

1949年9月召开了第一届全国卫生工作会议，同年11月，中央人民政府卫生部成立。1950年8月召开的第一届全国卫生工作会议确定了卫生工作方针，即"面向工农兵""预防为主""团结中西医"，这个方针当时主要是针对天花、霍乱、破伤风、鼠疫等危害群众及儿童健康的疾病提出的。积极预防才能破除危害母婴健康的传染病，保证母婴健康。1952年的全国第二次卫生会议上周恩来指明了卫生工作的方向，推动群众性爱国卫生运动，提出了卫生工作要与群众运动相结合的卫生工作方针。

2. 传染病防治

新中国成立后，针对危害人民身心健康的20种传染病，加强了治理工作。控制了天花、霍乱、鼠疫三大烈性传染病，最突出的就是从中央到地方狠抓天花防治，1950—1962年天花的年发病例数逐步下降，到1962年没有再出现天花病。② 为了进一步防治传染病，除了儿童免疫外，国家和政府还采取了许多其他措施。1959年4月15日《卫生部关于加强人民公社卫生工作的几点意见》（以下简称《意见》）中谈到，托儿所和幼儿园要保证好的场所和设备，设置隔离室和保健箱；婴儿入托和幼儿园要检查身体，防止交叉传染；要养成幼儿良好的卫生习惯，防止疾病发生；"要积极预防麻疹、白喉、百日咳、猩红热、砂眼、头癣等传染病"。如发现疾病要及时隔离，以防疾病的传染蔓延。该《意

---

① 汪智、梁峻：《20世纪的中国·体育卫生卷》，甘肃人民出版社2000年版，第556页。
② 陆士桢、魏兆鹏、胡伟：《中国儿童政策概论》，社会科学文献出版社2005年版，第146页。

见》在谈到加强学校卫生工作指出：学校建立安全卫生制度，培养儿童卫生习惯，改善学校卫生环境，在学校也要积极预防和治疗砂眼、头癣、肠道寄生虫等疾病。①

传染病防治在取得成效的同时也出现了一些问题，比如只抓烈性传染病，对其他传染病重视不够；只注意老疫区防治，对新疫区关注不充分；有注重疾病的治疗，忽视疾病预防的医学观点；医生下乡就诊工作鼓励工作不到位等。正是以上这些问题的存在，出现了"因疫病而死的人数远超过饿死的，而其中大多是可以预防的"②。

3. 小结

（1）比较健全的网络

新中国建立初期，儿童免疫与传染病防治工作具有相对健全的网络。一是多次召开全国性会议，相继出台了许多相关政策文件，如1950年和1952年的全国第一次和第二次卫生会议，确立了我国卫生工作方针、指导方向和工作重点；1950年卫生部颁布《种痘暂行办法》及1955年中央卫生部颁布《传染病管理办法》，对传染病的分类及疫情的处理方法、程序、规则等都进行了明确规定。二是从中央到地方建立了健全的防治机构。如为了防治血吸虫病，中央成立了从中央到地方的工作领导小组和工作机构，卫生部成立疾病防治局，各地成立防治所、站、小组等机构。③ 这样有利于协调各方力量，全面调动人、财、物等来进行传染病防治。再如在天花防治的过程中，由于其严重的危害性，国家建立了从中央到地方的防疫网。为了防止国与国之间的交叉传染，政府还建立起了国境免疫带，在我国边境如尼泊尔、缅甸等边境加强国境卫生检疫。

（2）具有较高的可及性与公益性

新中国建立初期，儿童免疫与传染病防治工作具有较高的可及性与公益性。新中国成立后为了防治天花，政务院和卫生部就接连发布相关

---

① 卫生部基层卫生与妇幼保健司：《农村卫生文件汇编（1951—2000）》，2001年，第8页。

② 中共中央文献研究室：《建国以来毛泽东文稿》第2册，中央文献出版社1988年版，第447页。

③ 人民日报社：《扑灭危害人民健康的血吸虫病》，《人民日报》1955年8月23日。

政策在全国推行免费的、普遍的种痘活动。据统计，1949—1952 年共种痘 5 亿多人次，每年使用 1 亿多株痘苗，在广西壮族自治区、云南省、四川省等地区普遍种痘，种痘率达到 90%。到 1950 年 11 月，全国已有 4000 万人种了牛痘，到 1951 年 10 月，全国已有 2 亿人普种牛痘。[①] 在其他疫情的防治过程中，也基本都是全民动员与参与式的群防群治，在当时生产力水平低下的状况下取得了较高的社会效益。

三　儿童医疗卫生服务

遵照毛泽东关于"好生保育儿童"的指示，新中国成立以后，我国儿童保健事业从无到有逐步发展起来。中央和地方设立了妇幼保健机构，不少地区兴建了儿童医院，许多综合医院开设了儿科门诊和儿科病房。

（一）妇幼保健站

1. 发展情况

妇幼保健站是妇幼保健的基层组织，是为了维护妇女与儿童的健康而设置的机构。儿童保健所是对 7 岁以下儿童进行保健指导，以降低发病率和死亡率，促进其健康成长的一种卫生事业机构。其主要任务是通过地段保健及调查研究，掌握儿童健康的基本情况和儿童保健工作中存在的主要问题；根据当地危害儿童的主要疾病，提出改善儿童各种体制的有效防治措施，并做出样板，充当卫生行政部门的参谋助手；对于基层妇幼保健组织，医疗单位进行儿童保健工作的业务指导，并承担训练儿童保健专业人员和提高其他基层医疗、保育人员有关儿童保健知识的任务，有条件的儿童保健所承担医学院校中级卫校儿童保健的教学任务，其任务主要是开展儿童地段保健工作、集体儿童保健工作、门诊工作、观察床位、卫生宣传、专题调查、科学研究和教学等。儿童保健所在行政上受当地卫生行政部门的领导，业务上受上级专业机构或者指定综合医院儿科的指导。儿童保健所应与同级综合医院的儿科密切协作，

---

① 李德全：《为进一步提高人民健康水平而奋斗》，《人民日报》1951 年 10 月 29 日。

在当地卫生行政部门的统一领导下，共同做好服务地区的儿童保健工作，对基层的综合医疗机构应该承担指导业务。儿童保健所人员编制要根据服务范围内人的多少以及卫生行政部门所给予的具体任务而定，同时参照其他条件，如城市经济的发展、居民文化健康意识。儿童保健所的经费包括工作人员工资及事业费两种，在有科研任务的所，根据科研任务给予一定数额的科研经费。① 如"北京市儿童保健所"设在儿童医院，当时明确规定：保健所业务受卫生局妇幼科领导，党的关系在儿童医院党委，经费由卫生局调拨。此外，市儿童保健所对妇幼保健所给予指导。② 到"1958 年底全国共有产院、妇幼保健院 230 个，床位 7500 多张；妇幼保健所站 4300 多处，儿童医院 27 处，床位 3600 多张。此外，还开办了数十处儿童保健所"③。

在培养和训练妇幼保健干部方面，"儿童保健所干部的培养和提高，是提高工作质量的关键，应该重视，妥善安排"④。"到 1951 年 11 月，全国各地共训练保育员 4340 名，培养妇幼保健员 3743 名（西南区及内蒙古自治区的有关数据未统计在内），妇产科医师、助产士、保育教育人员、妇幼卫生行政干部进修者共 458 名。"⑤

在培养妇幼保健卫生人才方面，"儿童保健所的业务人员，不论中级或者高级，都应积极学习，努力提高。同时应强调基本理论、基本知识和基本技术操作的训练。'三基'训练应主要靠自学，各所应在省市区卫生行政部门的安排和协助下具体落实"⑥。北京大学医学院公共卫生系特设妇幼卫生专修科；沈阳市开办了妇婴学院；中央人民政府卫生部妇幼保健实验院附设了卫生人员训练所。以河北省为例，河北省于

---

① 《关于儿童保健所若干问题的通知及锡拉胡同托儿所改收乳儿、海淀产院改妇幼保健所的批复》，北京市档案馆档案，档案号：135 - 002 - 00866。
② 《关于成立市妇幼保健所和儿童保健工作体制意见报告》，北京市档案馆档案，档案号：135 - 002 - 00415。
③ 陆士桢、魏兆鹏、胡伟：《中国儿童政策概论》，社会科学文献出版社 2005 年版，第 144 页。
④ 《关于儿童保健所若干问题的通知及锡拉胡同托儿所改收乳儿、海淀产院改妇幼保健所的批复》，北京市档案馆档案，档案号：135 - 002 - 00866。
⑤ 肖爱树：《农村医疗卫生事业的发展》，江苏大学出版社 2010 年版，第 53—54 页。
⑥ 《关于儿童保健所若干问题的通知及锡拉胡同托儿所改收乳儿、海淀产院改妇幼保健所的批复》，北京市档案馆档案，档案号：135 - 002 - 00866。

1956年上半年建立了县妇幼保健站（以下简称县站）146处，其中助产士118人，妇幼保健员207人，医士79人，其他人员20人，共计424人。① 如表6—2所示。

表6—2　　1956年9月28日河北省县妇幼保健站取得的成绩

发展情况	数量
训练接生员（人）	25168
组成接生站（个）	3687
农业合作社（或乡）妇幼保健站（个）	252
小型产院（个）	15

农村妇幼保健工作取得了发展。毛主席提出："把医疗卫生工作的重点放到农村去。"遵照毛主席的指示，国家推动农村合作医疗的发展，随之赤脚医生队伍也蓬勃发展起来，大批城市医院的医务人员纷纷上山下乡插队落户或巡回医疗，使我国广大农村的妇幼保健工作得到进一步的普及和加强。以江苏省如东县为例，据1974年10月20日的新华社报道，江苏省如东县注意保护妇女儿童健康，建立起以赤脚医生为主力军的妇幼保健网。20世纪60年代，如东县各级党组织把妇幼保健工作列入重要议事日程，他们对全县一千多名赤脚医生、数千名大队妇幼保健员和生产队女卫生员，有计划、有步骤地进行培养，使他们不仅能够防治农村常见病、多发病，而且在开展妇幼保健工作中也发挥了很大作用。各大队的女赤脚医生和妇幼保健员，还及时开展对新生儿进行护理、科学喂养等指导工作，从而降低了新生儿死亡率，基本上消灭了新生儿破伤风。② 如东县建立起的以赤脚医生为主力军的妇幼保健网，使妇女和儿童健康水平日益提高，计划生育工作搞得越来越好。目前，全县人口自然增长率已下降到千分之六点三一。③

---

① 《关于县妇幼保健站情况的报告及今后改进措施》，1956年，河北省档案馆档案，档案号：卫妇字第58号。
② 新华社报道，1974年10月20日。
③ 同上。

1956年4月30日至5月10日在北京举行全国先进生产者代表会议，在这次会议上，张朝礼作为医疗卫生领域的代表做了卫生保健工作发言，反映了当时儿童医疗卫生福利的发展。他说："农村居民保健意识差，怕耽误生产，往往小孩病重才去治疗；巡回医疗站的先进经验，积极预防疾病，与生产合作社签订卫生保健合同；送上门的医疗服务，有请必去，让群众足不出户就得到治疗和预防，这也为儿童疾病的预防和治疗提供了方便。"①

妇幼保健卫生工作取得了显著成就。新中国成立初期，"在特殊人群保健方面，特别是对占全国人口三分之二的妇女和儿童来说，全国只有妇幼保健院80个、床位1762张；儿童医院5个、床位139张；妇幼保健所（站）9个，没有病床。"②新中国成立以来，全国各地设立了大量的妇幼保健机构，"到1958年底为止，已有妇幼保健所（站）4315处，妇幼保健员达18万余人，保育人员454万余人"③。据1974年6月2日新华社报道：随着国家对儿童健康水平的重视，婴幼儿的发育营养状况逐渐改善，学龄前儿童的身体状况改善，茁壮成长。孩子的个头越来越大，身体越来越壮实。新中国成立前足月的新生儿体重平均不到六斤，现在达到六斤半。

2. 问题及改进——以河北省为例

在妇幼保健站的发展方面也存在一些问题。以河北省为例，河北省《关于县妇幼保健站情况及改进意见的报告》（一九五六年十一月十三日）显示，河北省1956年建立县妇幼保健站146处，单独工作的122处，与卫生院合署办公的24处。但是由于建站前准备不足领导跟不上，建站后存在着一些问题，主要有：

第一，硬件缺乏。有的保健站没有房子，缺少起码工作条件与环境。据河北省125个县调查，47个县没有办公室，140个县中79个县没有接生用具和宣传工具，据对42个县的调查，有27个县没有桌椅，延寿、平乡、吴桥等县借用民房办公。

---

① 《张朝礼在全国先进生产者代表会议的发言》，河北省档案馆资料，档案号：895-3-220。
② 肖爱树：《农村医疗卫生事业的发展》，江苏大学出版社2010年版，第50—51页。
③ 诸福棠：《北京市儿童保健工作的十年进展》，《前线》1959年第19期，第20页。

第二，开支不够。国家下拨的1300元不足以支撑保健站的开支，如密云县工资开支即1790元，遵化县卫生科因为经费少不让保健站做全县组织训练工作，而且必须完成900名接生任务；有些县站因经费少不能开支旅差费，影响下乡开展工作。

第三，干部数量少且质量低。妇幼保健站缺乏领导干部，平时干部做其他工作，影响了保健站工作的开展。据河北省146个县统计，按1956年的编制应有干部510人，而实有424人，尚缺100人左右。现有424名干部中处级干部占90%，大部分县没有站长，还有不少县把缺乏或几乎失掉工作能力的同志或长期病号、编余干部分配到保健站来充数，有些工作能力的同志不愿意在保健站工作。

第四，干部不重视妇幼保健工作。县卫生科对妇幼保健站缺乏具体领导，对于厅的有关妇幼卫生指示，有的不转交妇幼保健站，致使其工作职责不清，方向不明，只是催着下乡，不管下去做什么，有的简直就不闻不问，所以不少保健站不知做什么工作。据69个县站反映，45个县站未见到"县妇幼保健站组织简则"，57个县站未见到"托儿所领导关系"，46个县站未见到"预防产妇中暑指示"，49个县未见到"保护妇女劳动力的联合通知"，52个县未见到"新法育儿通报"。

针对以上问题，提出如下改进意见：一是要求各级卫生领导干部重视妇幼卫生工作。二是支持妇幼保健站建设，增加人、财、物供给。三是补充干部与提升干部素质。河北省1957年缺初中级妇幼卫生干部965名，而只毕业助产士40名，远不足需要。新训妇幼保健员400名（不包括1956年底省招生之60名），由各专负责招收训练本地高小毕业生或有培养前途的模范接生员、保育员。特制定补充干部计划表，如表6—3所示。在提升在职干部方面，助产士补修应从1957年开始，举办助产士进修难产手术40—60名；保健员进修60—80名，进修一年至一年半，提升为中级人员，或是按照一定条件晋级。四是明确区卫生所及地段医院应有妇幼卫生干部。五是明确当地医院对保健站负责技术指导。指导的方法包括随时见习和医院与保健站人员交换工作制度。

表 6—3　　　　　　　妇幼卫生干部缺额补充计划①　　　　（单位：人）

机构名称	机构数（个）	编制人数	应有人数	现有人数	缺额数	补充计划 1957 年	补充计划 1958 年	补充计划 1959 年	说明
县妇幼保健站	148	5	740	424	316	316			按 1957 年机构及编制计划
区卫生所	720	1	720	232	488	43	880	65	同上
卫生院	154	1	154	99	55	55			按 1957 年计划指标
县妇幼保健所	4	15	60	20	60	40	20		
合计			1654	755	919	454	400	65	
市产院					28	28			石市产院增加 50 床位
市妇幼保健所					18	18			秦邯二市建二个所
合计					46	46			
总计					965	500	400	65	

3. 小结

通过河北省以及其他地区的考察，总结当时的儿童保健情况：

（1）降低了婴儿死亡率

婴儿死亡率是衡量儿童保健水平的重要指标，超过 100‰ 属于水平较差，50‰—100‰ 属于较好，在 50‰ 以下者属于先进水平。1949 年到 1958 年间，北京市儿童保健情况取得了发展与进步。"1949 年的婴儿死亡率为 117.6‰，而 1958 年为 37.9‰，十年以来已从最低级跃入先进级中。"②

（2）当时整体上轻视儿童保健工作

妇幼保健站工作侧重于妇女保健。当时对于相关机构的建设存在一定分歧，其焦点在于妇女和儿童的卫生工作是分开管理还是合并管理。如"宣武区全区的儿童保健工作，不是一个儿童保健所所能解决的，在

---

① 《关于县妇幼保健站情况的报告及今后改进措施》，1956 年，河北省档案馆档案，档案号：卫妇字第 58 号。

② 诸福棠：《北京市儿童保健工作的十年进展》，《前线》1959 年第 19 期，第 21 页。

基层组织中很难分为妇与幼两个系统。因之，该区妇幼保健工作拟仍由妇幼保健所担任，宣武区按儿童保健所的任务，即予撤销"①。又如"国际、国内妇幼保健工作大都在一个组织内因妇女儿童保健工作相互关系密切，原本市虽有妇女保健所及儿童保健所，但社区县妇幼保健组织并不分家，今后为便于上下统一领导，市级妇幼保健组织可成立一个妇幼保健所；原妇幼保健所及儿童保健所人员已有更动，尤以原保健所领导及成员老幼病残者较多，如合并成一个组织，既可精简机构，领导力量又能集中，利于开展工作"②。这些情况反映了当时的管理部门在儿童保健的工作组织及开展等方面存在认识差别，造成了儿童保健工作发展相对滞后。

此外，儿童保健工作干部太少，"据解放初期的调查，全国儿科医师仅有五百余人，而其中极大部分又偏重在治疗工作方面"。妇幼卫生行政部门未能及时注意到儿童保健干部的培养问题，致使目前儿童保健工作情况远远落后于实际需要。

（二）儿童医院

1. 发展情况及作用

作为国家的领导者，党和政府重视儿童健康，因此儿童医院得到了一定的发展。到1951年，"分布在各城市的妇产科及儿科病房共有7699张床位（此数字包括部分普通医院的该两科的床位）"③。张梦石于1956年4月30日至5月10日在北京举行全国先进生产者代表会议上谈到了儿童医生及医院，并以广州市儿童医院为例进行了说明。广州市儿童医院于1953年8月成立，1954年和1955年共有门诊283940人（次），有132544病例，住院有12320人，其中呼吸系统和消化系统疾病占门诊总病例的76.3%，占住院总病例的74.1%，而对儿童生命构

---

① 《关于在宣武区开办儿童保健所的任务及撤销在第二儿童医院领导下设儿童保健所作地段实验工作向华北行政委员会及市府的报告》，北京市档案馆档案，档案号：011-002-00397。

② 《市儿童医院关于成立市妇幼保健所和儿童保健工作体制意见报告》，北京市档案馆档案，档案号：135-002-00415。

③ 肖爱树：《农村医疗卫生事业的发展》，江苏大学出版社2010年版，第53页。

成最大威胁的就是呼吸道中的肺炎和消化系统中的急性（中毒型）胃肠炎（中毒性消化不良），在1954年儿童医院肺炎死亡率达16.1%，急性（中毒型）胃肠炎死亡率达26.5%，而且多数是在进院后一至两天内死亡的。经过组织人力将1954年和1955年同月份的共计442份肺炎病例进行详细观察，分析、研究，"这样使肺炎治愈率由1954年的64.4%提高至1955年的70%，死亡率由1954年的16.1%降至1955年的12.4%。平均治愈天数缩短2天"。同时张梦石还和医院的其他同志对1954年和1955年的404份急性胃肠炎病例加以观察、分析、研究，最终找到了治疗疾病的办法，这样急性胃炎治愈率由"1954年的62.5%提高到1955年的82.6%，死亡率由1954年的26.5%降低至1955年的11.7%，平均治愈天数也缩短了"。广州市儿童医院还非常注重结核病的防治。新中国成立后，由于党和人民政府重视人民卫生保健事业，结核病大量减少。但是旧社会留下来的结核病源仍不少，在普遍开展卡介苗的预防接种中，一些未接种的儿童，多被传染结核病。由于不断改进治疗方法，"治愈率由17.1%提高至30%，治愈与好转率由40%提高至53.3%，死亡率由42.9%降低至16.7%，病者治疗费用也降低6、7倍"①。

再以北京市儿童医院为例，"自1955年起以中医治疗为主，西医疗法为辅，病死率逐渐降低，至1958年降低到5.9%。针灸疗法应用于小儿，在北京市自1953年起即为小儿麻痹作系统的治疗，其后在单纯性消化不良、遗尿症、幽门痉挛等症的治疗上都证明了有卓越的疗效"②。

从全国来看，到1958年底"在较大城市建立了儿童医院已有27处，床位达3682张，约为解放前的20余倍。各地综合医院也都增设或扩大了儿科。据1958年统计，全国儿科床位的总数达二万余张，儿科医师5100名，为1952年的3.6倍"③。

2. 小结

通过对广州市和北京市儿童医院的分析，可以看到：一是儿童医院

---

① 《张梦石的发言，全国先进生产者代表会议》，河北省档案馆档案，档案号：895-3-220。
② 诸福棠：《北京市儿童保健工作的十年进展》，《前线》1959年第19期，第21页。
③ 同上书，第20页。

发挥了重要作用。当时的儿童医院对常见病的治疗进行了摸索和总结，提高了疾病治愈率，减少了婴幼儿死亡率。儿童医院除了救死扶伤外，还承担着一个重要职责，那就是做好儿童医疗预防工作，确证儿童健康，这是当时儿童医院医疗工作者的重要任务和职责。二是一些先进地区采用中西医结合的疗法治疗儿童疾病，如北京市较早采用中医中药和针灸治疗小儿疾病，降低了儿童因为各种消化疾病导致的死亡率。再以安庆专署医院为例，从1955年1月份开始提倡中西医合作、组织西医学习中医学的四大经典著作。①

（三）儿童卫生

1. 发展情况及问题

在旧中国，医疗卫生机构少且设施落后。新中国人民政府卫生部为了解决当时国家医疗卫生落后的问题，于1950年召开第一届全国卫生工作会议，做出《关于健全和发展全国基层卫生组织的决定》，提出有步骤地发展全国基层卫生组织，建立县卫生院、区卫生所、乡设卫生委员会、村卫生员。"到1950年底，全国县卫生院发展到1613所，病床15241张。到1952年底，全国除少数民族地区外，普遍建立了县卫生院，达到2102所，区卫生所达到7961所。1957年底，后者达到11872所。"②

新中国成立初期，毛主席提出要大搞卫生运动，周恩来总理亲自担任中央爱国卫生运动委员会主任委员。从新中国成立到1951年三年间，出版了《孕妇保健常识》《怎样预防幼童传染病》等妇幼书刊108种、印刷了以《快种牛痘》等为主题的挂图、制作了接产教学模型和幻灯片。宣传教育意义最大的是受群众欢迎的妇幼卫生展览，观众达729.5万，展览128次。为了顺利推行妇幼卫生工作，各地采取了秧歌、戏剧、电台广播、黑板报、宣传车、母亲会、儿童会等各种各样的宣传形式。③

---

① 《安庆医院中西医亲密合作，各尽所长提高医疗水平》，《人民日报》1959年1月30日。
② 陶意传、顾学箕：《初级卫生保健管理》，上海科学技术出版社1992年版，第211页。
③ 朱琏：《新中国两年来的妇幼保健工作》，《人民日报》1951年11月5日。

由于掌握资料的有限，仅以20世纪60年代石家庄儿童医疗卫生方面举例来说明，当时儿童医疗卫生资源是非常有限的，如医疗用布严重不足。"全市三千七百多张病床，按正常需要，每年需要补充十一万公尺，一九六二年只供应一万多公尺。产院一个产包按规定只接一个婴儿，因布少，连续接二三个，因此，不断出现感染现象。"① 到了1978年石家庄市卫生状况改善，在托幼组织中推动卫生工作，是年的5月20日，石家庄市妇女联合会、市总工会、市卫生局开展卫生大检查工作。《石家庄市妇女联合会、石家庄市总工会、石家庄市卫生局关于幼儿卫生大检查的通知》中指出：要在全市托儿所、幼儿园、育红班中进行一次卫生大检查，并层层评出先进，大力表彰，推动幼儿卫生工作的开展，保证幼儿健康成长，解除职工后顾之忧，促进工农业大干快上。②

2. 小结

由以上资料可以看到：当时儿童卫生事业得到国家的重视，国家通过各种形式宣传儿童医疗卫生知识，发挥中央到地方的积极性来发展儿童卫生事业。到改革开放之前，取得了一定成绩，提高了妇幼卫生健康水平。但是当时经济水平低下，儿童卫生资源不足，制约了儿童卫生水平的提高。

四 整体评价

通过对儿童疾病医疗保障、儿童保健、儿童医疗卫生服务的分析可以得出以下六方面结论：

（一）全覆盖

毛泽东时代的儿童医疗卫生福利在当时落后的经济发展水平之下，实现了儿童医疗保障制度的全覆盖。从城市到农村、从孤残儿童到一般儿童医疗保险的全覆盖，不能不说是一大创举。体现了这一时期党和国

---

① 《石家庄市城市工作汇报提纲》，1963年1月15日，石家庄市档案馆资料，档案号：1-1-651。

② 《石家庄市妇女联合会、石家庄市总工会、石家庄市卫生局关于幼儿卫生大检查的通知》，1978年，石家庄市档案馆资料，档案号：19-1-45。

家对儿童医疗卫生福利事业的重视。劳保医疗制度下儿童享受的医疗福利,公费医疗制度下儿童享受的医疗福利,农村合作医疗制度下农村一般儿童医疗待遇、孤残儿童医疗福利构成了儿童医疗保障体系,实现了儿童医疗保障制度的全覆盖。

(二) 城乡有别

在城市,儿童的医疗卫生福利主要依托于其父母所在单位的医疗保险制度。儿童的医疗卫生福利包含在劳保医疗和公费医疗中,属于职工福利的一部分。虽然两者存在一定差别但差距并不大。公费医疗中的儿童医疗卫生福利略优于劳保医疗。在农村,儿童医疗卫生福利由集体提供,合作医疗保险制度在保障儿童医疗卫生福利方面发挥着至关重要的作用。

总的来看,儿童医疗卫生福利存在着较大的城乡差别,城乡卫生资源的使用情况可以从一定程度上反映这种差别。1965年9月3日卫生部党委《关于把卫生工作重点放在农村的报告》指出:由于卫生部长期把工作重点放在城市,对城市人、财、物的投入大大超过农村,因此,曾经一度造成农村缺医少药的情况。国家不均衡的医疗发展政策导致了1964年城乡医疗卫生上的极大差距,出现了下面这种情况,"用于八百三十万人享受公费医疗的人员的经费,比用于五亿多人农村的还多"[1]。

(三) 积极预防的理念

在毛泽东时代,积极预防的理念对于儿童医疗卫生福利的发展起着非常重要的指导作用。在这种理念的推动下,国家积极改善居住环境和卫生条件,要求地方政府各个部门搞好卫生工作。1959年4月15日卫生部《关于加强人民公社卫生工作的几点意见》中谈道:人民公社"应当认真贯彻预防为主,中西医密切结合,专门人才和广大群众密切结合,大搞群众运动的方针,做好除四害、讲卫生、消灭疾

---

[1] 卫生部基层卫生与妇幼保健司:《农村卫生文件汇编(1951—2000)》,2001年,第27页。

病的工作。首先要把田地、工地、厂矿和公共食堂、托儿所、幼儿园、学校、敬老院等集体生活生产的卫生工作认真贯彻起来"①。积极预防的理念，体现在儿童卫生工作中主要就是搞好幼儿园、托儿所的卫生，加强学校卫生工作。以搞好幼儿园、托儿所的卫生方面为例，强调托儿所、幼儿园的房屋，卫生设备，入园体检，卫生习惯的同时，还强调"要积极预防麻疹、白喉、百日咳、猩红热、砂眼、头癣等传染病"②。

采用预付费方式的合作医疗制度有降低合作医疗开销的动机，在人民公社内部，国家通过大力宣传预防的重要性，鼓励公社开展公共卫生运动，督促群众采取预防措施，合作医疗体系也努力为病人提供预防性的和基本的医疗服务，以便减少疾病发生及预防病情加重。在儿童医疗卫生方面，公社加大妇幼卫生知识的宣传和普及力度，养成良好卫生习惯，加强疾病防疫工作等。

（四）采用中西医结合的治疗方式

毛泽东时代，党和国家把研制新药，做好药材的生产、供应工作作为重要工作内容。制定了中药材的生产规划，加强药材的引种、试种等工作。人民公社时期卫生部规定社员采药、采种，国家派人加强技术指导，保障了就地生产药材、就地使用药材过程中药品的质量。为了节约成本，合作医疗体系采用中西医结合的诊疗方式，减少使用昂贵的西医药物，而多采用中药疗法。中医的一些疗法及药物不仅成本低，适合农村的生产生活水平，而且对于婴幼儿的伤害会比较小，有利于儿童健康成长。

（五）发挥基层卫生组织及人才的作用

基层组织在儿童医疗卫生方面发挥的重要作用从当时县以下各级婴儿、幼儿卫生的工作项目中可以体现出来，如表6—4所示：

---

① 卫生部基层卫生与妇幼保健司：《农村卫生文件汇编（1951—2000）》，2001年，第3—4页。

② 同上书，第8页。

表6—4　　　　　　　县以下各级婴幼儿卫生工作项目①

	婴儿保健	幼儿保健	
		幼童保健	托儿所领导
县妇幼保健所、县卫生院内妇幼卫生院	婴儿健康检查： 1. 量体重 2. 预防接种 3. 营养指导 4. 卫生习惯养成 5. 各项传染病预防 6. 健康咨询及指导 7. 调查研究	1. 健康咨询 2. 营养指导 3. 缺点矫治 4. 预防接种 5. 调查研究	1. 托儿所行政及业务指导 2. 督导检查工作 3. 训练保育员 4. 调查研究
站区卫生所或区妇幼保健	婴儿健康检查： 1. 量体重 2. 营养指导 3. 预防接种 4. 健康指导 5. 调查	同上	1. 组织季节性农忙托儿所 2. 调查
乡接生站	1. 新生儿种痘 2. 调查	1. 幼儿种痘 2. 调查	组织季节性农忙托儿所
员村接生	婴幼儿种痘	幼儿种痘	联合或会同办理农忙托儿所

由于当时基层卫生组织发挥着极其重要的作用，所以国家十分重视培养基层卫生人才。尤其是在农村，随着农村医疗卫生保健网的建立，急需医疗卫生人员，国家培养不脱产的农村卫生工作骨干和积极分子，充实国家医疗卫生队伍，为开展儿童医药卫生工作奠定了基础。

毛泽东时代，因为医疗卫生人才的短缺，"既要办好医药院校，又要大力发展医学专科学校和县办中学或初级卫生学校，提倡中、西医师带徒弟，在职干部进修提高"②。1960年2月2日《中共转发卫生部党组关于农村卫生工作现场会议的报告》中提到：发展农村卫生队伍，建立从县到生产队的中西医结合的卫生队伍，强调加强县医院的工作，人民公社内部实行集体保健医疗制度，通过社员缴纳一定的保健费，社员看病只交药费和挂号费，公社、队公积金给予集体医疗制度补助，开展

---

① 卫生部基层卫生与妇幼保健司：《农村卫生文件汇编（1951—2000）》，2001年，第243页。

② 同上书，第17页。

卫生预防，保证社员有病及时治疗。① 1965年9月3日卫生部党委《关于把卫生工作重点放在农村的报告》提出：在大力培养农村医药卫生人员中要为公社配备好的医生，"生产队的卫生员一般要求三会：会针灸，会治常见的小伤小病，会做一些预防和急救工作。"②

在城市，基层卫生组织的作用主要体现社区医生和单位医生方面，在农村主要体现在县乡村三级医疗体系之下，通过农村合作医疗保障儿童健康。在某种程度上，城市的社区医生和农村赤脚医生相当于目前的全科医生。

（六）发生儿童营养不良情况

在改革开放之前，由于生活水平低下，儿童患疾情况时有发生，主要表现为营养不良、佝偻病、浮肿病、口角炎等。据1961年5月31日北京市卫生局妇幼关于小儿营养不良佝偻病调查报告中显示：从对西城区607名学龄前儿童健康情况的调查来看，营养良好的占24.1%，营养中等的占59.6%，营养较差和营养不良的占16.3%。在对宣武区三岁以下集体儿童的调查中显示，营养不良发病平均占14%，散居儿童营养不良平均占8.7%。③ 儿童营养不良的原因主要有喂养不当、食物质量和药物不能跟进、学前教育机构幼儿管理不善。针对这些问题分别从托幼组织管理、牛乳及副食品的供应、佝偻病的防治等方面进行了改进，营养不良的状况得到了一些改善。

---

① 卫生部基层卫生与妇幼保健司：《农村卫生文件汇编（1951—2000）》，2001年，第17—18页。
② 同上书，第29页。
③ 《关于小儿营养不良佝偻病调查报告》，北京市档案馆档案，档案号：2-20-1094。

第七章 其他儿童福利的发展

这里的其他儿童福利，主要是指毛泽东时代儿童慈善和儿童参与的发展。

虽然毛泽东时代儿童慈善事业发展持续时间比较短，但是儿童慈善事业的存在推动了新中国成立初期儿童福利事业的发展。直到改革开放之后，我国才逐渐认识到慈善的作用。总结新中国成立到改革开放之前的新中国儿童慈善事业，体现在以下两个方面，一是国内进步人士推动的儿童慈善活动，二是国际宗教组织在中国开展的儿童慈善活动。

毛泽东时代的儿童参与虽然处于萌芽状态，但是城市儿童参与校外青少年宫等硬件设施和农村儿童参与集体的劳动，是儿童参与社会、参与集体的重要参与方式。由于政治形势和理念的问题，当时城市和农村儿童都被要求参加儿童组织，这对于调动儿童生活和学习的积极性，不失为一种重要的参与方式。

一 儿童慈善

从广义上看，儿童慈善事业是儿童福利的重要组成部分。提供福利的主体是多元的，这就意味着慈善事业也是提供儿童福利的重要主体。

刚刚成立的新中国，经济条件落后，所以，当时国际、国内人士的努力在某种程度上推动了中国儿童慈善事业的进步。自 1950 年以来，新中国初期的慈善事业是在改善旧有慈善机构基础上发展起来的。新中国成立后，中国人民救济会、中国红十字会、中国盲人福利会、中国聋哑人福利会等民间福利组织相继成立。这些民间福利组织的发展，对于推动福利的进步和发展发挥了重要作用。总体来看，从 1949—1978 年，中国的慈善事业经历了 1949—1954 年的调整和改造时期以及 1954—1978 年的衰退与停滞时期。

(一) 国内进步人士推动的儿童慈善

新中国成立后，国家允许民国时期有名的两个慈善团体继续开展慈善活动，一个是中国红十字会，另一个是中国福利资金会。1950 年 7 月 31 日，周恩来总理召集李德等人研究中国红十字会的改组问题，改组后的中国红十字会由一个慈善团体变成了一个中央人民政府管理之下的人民卫生救护团体。此后中国的红十字会在协助民政部门开展医疗、卫生、救济等方面发挥了重要作用。"到 1956 年，全国已有县级红十字会组织 100 多个，会员人数逾 10 万。"[①] 在中国红十字会进行改组的同时，由宋庆龄领导的中国福利资金会也进行了改组，继续在妇幼保健和儿童文化方面发挥作用。1950 年 7 月 25 日，宋庆龄在上海淮海中路 1843 号寓所主持召开中国福利会执行委员会会议上通过《中国福利会章程》，规定："中国福利会的最高权力机构为执行委员会，由主席一人，委员若干组成。执行委员会负责解决本会基本政策，批准计划及预算，检查工作等。"[②] 1950—1978 年这段时期，中国福利会执行委员会组成的情况如表 7—1 所示：

表 7—1　　1950—1978 年中国福利会执行委员会组成的情况[③]

届数	时间	主席	委员
第一届	1950 年 7 月—1956 年 7 月	宋庆龄	吴耀宗、潘汉年、崔义田、宫乃泉、杨索兰、章蕴、沈体兰、刘泓生、刘长胜、金仲华、赵朴初、陈维博
第二届	1956 年 7 月—1978 年 6 月	宋庆龄	柯庆施、李德全、齐燕铭、刘秀平、金仲华、石西民、李琦涛、吴耀宗、刘泓生、徐平羽、陈琳瑚、王聿、宋季文

新中国成立后中国福利会是非常有影响力的，这由其执行委员会的

---

① 周秋光、曾桂林：《中国慈善简史》，人民出版社 2006 年版，第 367 页。
② 中国福利会：《往事回眸：中国福利会史志资料荟萃（下）》，中国福利会出版社 1999 年版，第 417—418 页。
③ 同上书，第 418—420 页。

人员的职务就可以看出，中国福利会第一届执行委员会委员职务情况如表7—2所示：

表7—2　　　　中国福利会第一届执行委员会1950年7月—1956年7月委员职务情况①

委员：吴耀宗：中国基督教三自爱国运动全国委员会主席
潘汉年：上海市副市长
崔义田：华东军政委员会卫生部部长
宫乃泉：华东军政委员会卫生部副部长
杨索兰：（女）宗教界人士
章蕴：（女）上海市民主妇联主任
沈体兰：教育界人士、上海市政协副主席
刘泓生：工商界人士
刘长胜：中共上海市第三书记、上海市总工会主席
金仲华：上海市副市长
赵朴初：宗教界人士
陈维博：中国福利会员工代表

由表7—2可以看到：中国福利会第一届执行委员会委员涉及政界、卫生、妇联、工商界、总工会、宗教界、中国福利会员工代表，因而具有广泛的代表性。而且这些执行委员都身居要职，对于推动中国福利会的工作是利好的事情，这一点也可以从中国福利会第二届执行委员会委员的情况看出来（见表7—3）：

表7—3　　　　中国福利会第二届执行委员会委员职务情况②

委员：柯庆施：中共中央政治局委员、上海市第一书记
李德全：（女）卫生部部长
齐燕铭：国务院副秘书长

---

① 中国福利会：《中国福利会史志资料荟萃》（下），中国福利会出版社1999年版，第418—419页。

② 同上。

续表

刘秀平：上海市副市长	
金仲华：上海市副市长	
石西民：中共上海市委宣传部部长	
李琦涛：共青团上海市委书记	
吴耀宗：中国基督教三自爱国运动委员会主席	
刘泓生：上海市政协常委	
徐平羽：中共上海市委宣传部副部长、上海市文化局局长	
陈琳瑚：中共上海市委教育卫生工作部副部长、上海市教育局局长	
王聿：上海市卫生局局长	
宋季文：上海市副市长	

由表7—3可以看到：中国福利会第二届执行委员会委员有教育、卫生、文化局的局长，也有市长、市委书记等领导，还有国务院副秘书长、中国基督教三自爱国运动委员会主席，可见，中国福利会执行委员涉及的部门也较多，这对于综合推动福利事业提供了便利。当时参加中国福利会的委员很多都是政府机关的领导，这对于推动国内慈善事业的发展提供了组织保证，有利于儿童慈善活动的开展。这种组织情况的构成，与宋庆龄个人影响力密切相关。

1945年中国解放区救济总会在延安成立，简称"救总"，是中国群众性救济组织。1950年，中国解放区救济总会改为中国人民救济总会，并在各大行政区、各省级及各重要城市设立分会。中国人民救济总会具有了官办的性质。1950年5月5日召开的"救总"执监委联席会议上推选执行委员会主席为宋庆龄；陈其瑗为监委会主任，熊瑾玎、杨素兰为副主任；伍云甫为秘书长，林仲、倪裴君、顾锦心为副秘书长。1950年8月，中国福利资金会改组为中国福利会，党支部进行整风。从1950年6月正式成立，到1956年7月1日与中国红十字总会合署前，"救总"主要做了以下几项工作：第一，"救总"要"在人民政府领导下"，"组织起人民自己的力量，生产节约，劳动互助"，同时吸收"一切从事真正救济福利工作的个人和团体"参加工作，并要对旧的救济团体进行调整和改造，以"符合人民大众的利益"。在国际上，"救总""并不拒绝而且欢迎国际友人的真正善意的援助"（可惜这个方针在"左"的干扰下没有贯彻执行，在十一届三中全会后才纠正），同时也要援助其他国家受难的人民，"帮助华侨解除痛苦"。第二，"为皖北、华北、河南、河北水灾难民募集寒衣688万套"。第三，"对中国红十字会等3000多个旧的救济福利社进行了改组和调整"。第四，"处理了400多个美、英、法、意、西班牙等国津贴的救济机构"。在国内建立大量生产教养机构收容孤老残幼等。此外，还开展国际救济工作，向遭受战争灾难的朝鲜、越南、日本、印度等提供救济物资和资金。[①]

除了凭借中国福利会开展的儿童救助活动，儿童文化教育福利也是宋庆龄从事慈善事业的一个重要组成部分。"少年儿童的文化福利工作和妇婴保健工作是宋庆龄从事的伟大事业中的一部分，也是重要的一部分。"[②]

首先来看文化教育方面。

（1）强调教养儿童的重要性，要把最宝贵的东西留给儿童。1957年宋庆龄强调："教养下一代是我们全民的责任。"[③] 首先家长要负起责任来，家长要学会教养好自己的子女，履行新中国公民应尽的义务。因为在很大程度上儿童的性格和才能受家庭影响。所以，作为孩子的母亲，有责任有义务让孩子学习社会主义的道德规范，养成人类最优秀的品质，包括爱、劳动、勇敢、诚实、集体主义。在教养儿童内容方面，宋庆龄在1963年庆祝中国福利会成立二十五周年的讲话中谈道：在培养儿童的过程中，物质条件最重要，但是仅有物质条件是不够的，还要对儿童进行思想政治教育，培养儿童热爱劳动，注意儿童身体的发育。[④]

（2）儿童文化设施建设。1950年3月，在乍浦路245号福利站原

[①] 中国福利会：《往事回眸：中国福利会史志资料荟萃（下）》，中国福利会出版社1999年版，第470—471页。

[②] 同上书，第258页。

[③] 中央教育科学研究所：《宋庆龄论少年儿童教育》，教育科学出版社1984年版，第32页。

[④] 中国福利会：《往事回眸：中国福利会史志资料荟萃（下）》，中国福利会出版社1999年版，第260页。

址筹建中国福利资金会少年儿童图书馆，同年的5月5日正式成立。1951年6月扩大规模迁至北京西路1647号，8月1日开幕，乍浦路245号改为该馆的虹口阅览室；1952年12月筹划少年宫，虹口阅览室也随少年儿童图书馆并入中国福利会少年宫。①

（3）重视托幼教育。随着社会主义改造的完成，儿童教养的工作由社会负担起来。托儿所、幼儿园由于满足了人们参加生产的需要，如雨后春笋般地发展起来。宋庆龄强调幼教工作的重要性，她认为：幼儿教育工作是培养祖国花朵的工作，是实现家务劳动社会化，解放妇女使其安心从事现代化建设的工作。在强调托幼工作重要性的同时，宋庆龄强调保育工作的重要性，并对保育工作严格要求，1953年六一儿童节来临之际，她在向保育工作者和儿童保育工作的同志讲话中强调："所有的儿童工作者都应该有高度的才干，他们应该以身作则，用自己的态度和行动来影响孩子们。"② 宋庆龄积极推动托儿所工作。宋庆龄以中国福利资金会的名义在上海创立中国福利会托儿所。"1951年，该所分为婴儿托儿所（收56天—2周岁的婴儿）和托儿所（收2—6岁幼儿）两部分。1953年婴儿托儿所改称托儿所，收1岁半—3岁的婴儿；原来的托儿所改收3—7岁幼儿，称幼儿园。主要招收干部、军烈属、劳动模范、工人、知识分子、残疾人和国际友人的孩子。""通过工作，接受学前教育的幼儿大量增加，发展到1958年，比旧中国人数最高年份增加了237倍。到1965年，幼儿园数量为19200所，入园人数为171.3万人。"③ 据菜俊传回忆，他毕业后在民办托儿所工作，1953年他被调到中国福利会托儿所担任所长，托儿所在1954年招收1周岁到3周岁的孩子，原来也招收3个月到2周岁的孩子。

在托儿所的建设方面，宋庆龄关心以下几个方面：一是宋庆龄关心劳动妇女，尤其是经济条件困难的和工作性质特殊的，如三班倒的

---

① 中央教育科学研究所：《宋庆龄论少年儿童教育》，教育科学出版社1984年版，第59—61页。

② 同上书，第13—14页。

③ 陆士桢、魏兆鹏、胡伟：《中国儿童政策概论》，社会科学文献出版社2005年版，第151页。

女工和护士，宋庆龄专门做出指示，优先接受有困难的妇女子女入托。二是对托儿所的职工工作要求非常严格。她经常深入托儿所检查工作，而且事先不打招呼。她一来就直奔厕所和厨房，她认为这两个地方能够反映一个托儿所的卫生状况。她认为托儿所的卫生直接关系到孩子的健康状况。对托儿所幼儿的安全她也格外关注，"有一次，她在礼堂的大型积木上摸到一个木刺，马上严肃地对工作人员说，对儿童的安全绝不可大意"[1]。三是注意孩子良好习惯的养成。教育孩子饭前先洗手，而且要坚持良好的习惯。1955 年 6 月 1 日，六一儿童节之际，宋庆龄在《致父母、教育工作者和儿童保育工作者的一封公开信》中，谈道："因为今天的儿童是活在一个正在建设新生活、每天完成着英雄业绩的国家中受教养的。"[2] 认为"我们所生活的社会里，由于它为自己规定的宏伟任务，是珍视每一个人的。我们的愿望是我们每一个人得到最充分的发展，作出最大的贡献"[3]。所以，父母、教育工作者、保育工作者要爱护孩子，父母不能打骂、虐待孩子。保育工作者要克服用愚蠢的方式来惩罚孩子，对孩子采用强迫和暴力的方式是法律不允许的，对于儿童身心健康也是不利的。四是满足儿童文化需求开展文化活动。1946 年，在胶州路成立儿童图书馆阅览室；1947 年 4 月 10 日《表》公演，在宋庆龄的关心下，儿童剧团正式成立。当时的报纸对儿童剧团的评价是"迎着朝阳的小舟"。后来儿童剧团改成中国儿童福利会儿童剧院，这是中华大地上第一个为儿童进行专业戏剧表演的儿童团体。有一百多个孩子，儿童自己管理，他们有自己的管弦乐队、舞蹈班。在 20 世纪 50 年代，有人曾把儿童剧院比喻为"宋庆龄的掌上明珠"。在儿童剧院的发展时期，宋庆龄强调通过戏剧提高儿童素质，给予儿童欢乐。宋庆龄除了关心儿童剧院的建设与发展，她还注重"渊源不断地提供孩子们精神食粮"，鼓励根据儿童的特点和需求，出版儿童读物、儿童诗歌等。到 1955 年，"全国共出版了二千八百多

---

[1] 中国福利会：《往事回眸：中国福利会史志资料荟萃（下）》，中国福利会出版社 1999 年版，第 291 页。

[2] 中央教育科学研究所：《宋庆龄论少年儿童教育》，教育科学出版社 1984 年版，第 21 页。

[3] 同上。

种少年儿童读物，印行六千万册以上（不包含连环画），其中少年儿童出版社一九五四年的发行数量就是一九五三年的四倍半"①。五是进行儿童研究。当时中国福利会开始从事儿童科学研究，把儿童分组进行研究，收集儿童发育的统计数字。

宋庆龄除了关注儿童救助、儿童教育之外，还积极推动儿童、妇婴保健工作，促进儿童身体健康。宋庆龄认识到儿童健康对一个民族的意义，1950年6月15日，宋庆龄为上海市妇幼卫生展览题词"要有强健的民族，先从母性及儿童福利着手"。②据曾经在儿童福利站工作的吴方回忆，1947年第一儿童福利站建立时，一间是儿童阅览室，一间是儿童保健室。据当时曾经担任中国福利资金会的儿童工作组组长顾锦心回忆：他负责三个儿童福利站，当时他向来参观的外国朋友介绍中国创办儿童机构的经验，外国友人如果支持我们工作，会向我们捐款捐物资，还有高级的外国医生来中国儿童福利站进行义诊活动。举例来说，当时来自于新西兰的伊思平小姐就是对外援助会派来中国担任护士，从1949年10月到1950年7月，应召返回上海在中国福利资金会妇幼保健组，担任行政领导助理，在上海帮助当时的妇幼保健组开展保护孕妇和妇婴的健康的项目。中国福利会把原来的保健室改为国际和平妇幼保健院，"由开始的50多个床位发展到300多个床位，每年接受住院分娩的产妇与妇产科病人达8000多人次，门诊近20万人次，施行各种手术近两万人；还派出医疗队到工厂、农村普及卫生医疗工作，并创办助产学校，举办妇产科医生进修班等，提高医疗水平"③。宋庆龄积极推动妇婴保健工作，对于防范儿童疾病，促进儿童身体健康起到了重要作用。

国内进步人士推动的儿童慈善活动，主要是以宋庆龄等进步人士为依托及她领导下的中国福利会推动的儿童救助、儿童教育、妇婴保健等实践活动。总结宋庆龄的儿童慈善实践发现，无论在战争年代，还是和平时期，她都为儿童福利事业做出了重要贡献。在战争年代，她为了战

---

① 中央教育科学研究所：《宋庆龄论少年儿童教育》，教育科学出版社1984年版，第25页。
② 《解放日报》1950年6月15日。
③ 吕明灼：《宋庆龄传》，上海人民出版社1988年版，第413页。

争中儿童的文化、教育、医疗及生存费尽了心思，积极争取外援，争取国外宗教力量的救助与支持。新中国成立之后，作为名誉主席，她在儿童救助、儿童教育、妇幼保健领域做了大量工作，推动了儿童福利事业的发展。1950 年中国福利资金会改为中国福利会，成为当时推动中国儿童福利的重要力量。

（二）国际宗教组织的中国儿童慈善活动

对于境外组织开展的儿童慈善活动，没有系统资料，从以下"接受外国津贴及外资经营之文化教育救济机构及宗教问题登记表"中可以反映当时境外组织在中国开展的慈善活动。

1. 经费主要来自于国外捐赠和津贴

由表 7—4 可以看到：当时这些机构的经费来源有：外国常年津贴、外国临时捐助或募捐、中国临时津贴、中国临时捐助或募捐。当时的经费主要来自于国外的捐赠和津贴，这一点由表 7—5 也可以看出：

表 7—4　接受外国津贴及外资经营之文化教育救济机构及宗教团体登记[①]

名称	中华基督教卫理公会遵化教区
地址	河北省丰润县
经营性质	接受美国教会外资经营
上一级领导机构	华北基督教卫理会总会
1950 年经费支出情况	收入项目：外国常年津贴 4378420400 元，外国临时捐助或募捐 213677600 元，中国临时津贴 488854300 元，中国临时捐助或募捐 244437200 元；支出项目：救济款支出 488854300 元，生活费 4378420400 元

由表 7—5 可以看到：这些宗教团体的慈善活动经费都来源于国外的捐赠或者津贴，在中国国内开展宗教活动的同时，也开展一些慈善救助活动。

---

① 《接受外国津贴及外资经营之文化教育救济机构及宗教团体登记表》，河北省档案馆档案，档案号：938 - 3 - 47。

表7—5　　　　1951年接受外国津贴及外资经营之文化教育
救济机构及宗教团体登记[①]

时间	地点	名称	经营性质	组织情况	工作范围及地区
1951年3月28日		海滨基督教教会		海滨街理会员、女布道员由妇女与儿童宗教委派遣，没有其他组织，女布道员在工作及生活上有困难时，可与指导员商讨之	1.宗教（主国学、查经班、祈祷会）；2.提高文化（识字班）；3.服务（看望教长、服务贫寒）
1951年3月28日	昌黎东街福音堂40号	华北基督教理事会妇女与儿童宗教事业			
1951年3月28日	昌黎东街福音堂40号		接受外资津贴来经营者		
1951年3月28日		华北基督教街理会北戴河海滨教会	1949—1950年接受外国津贴		
1951年3月28日	滦县革西街10号	妇女与儿童宗教事业	1950年，来自美国教会捐助6888000元		
1951年3月28日		中华基督教街理会，遵化教区玉田公共卫生服务处		有助产士两名，督导员一名。1951年上半年，助产士薪金3572000元。1951年下半年报名表显示：助产士及助产员薪金是5521000元	

2. 教会开展的儿童慈善活动

1951年1—6月中华基督教卫理会昌平县南口镇公共卫生服务处工作如表7—6所示：

[①] 《接受外国津贴及外资经营之文化教育救济机构及宗教团体登记表》，河北省档案馆档案，档案号：939-3-56。

230 中国儿童福利研究：1949—1978

表7—6　　　1951年1—6月中华基督教卫理会昌平县南口镇
公共卫生服务处情况①

服务项目	服务内容
预防工作	牛痘接种204名、白喉37名、霍乱伤寒174名、卡介苗253名
教育工作	卫生传达、母亲会、儿童会、卫生演讲、卫生谈话
妇幼工作	产前检查340人、接产134人、产前访视462人、疾病访视82人
免费项目	医药54名、接产6名、六一儿童节为全镇儿童健康检查业务免费3天

中华基督教卫理会昌平县南口镇公共卫生服务处从事的主要工作是教育、预防及妇幼保健工作，像牛痘、白喉、霍乱伤寒、卡介苗的接种都是免费的。这个教会花在1951年1月到6月的护士及助产士薪金7648000元，上半年结存813350元。② 将来的计划包括：搞好防疫工作、学习新治疗法、团结群众、加强卫生宣传、保证按新生法教育接产婆。1951年7—12月中华基督教卫理会昌平县南口镇公共卫生服务处工作情况如表7—7所示：

表7—7　　　1951年7—12月中华基督教卫理会昌平县南口镇
公共卫生服务处情况③

服务项目	服务内容
预防工作	牛痘接种85名、百日咳白喉破伤风351名
教育工作	个人卫生谈话、儿童会、母亲会、卫生传达、卫生演讲
妇幼保健工作	产前检查244人、接生128人、产前访谈516人、疾病70人
免费项目	接生两名，医药140名
工作范围	昌平县左右一带

由表7—7可以看到：1951年7—12月中华基督教卫理会昌平县南口镇公共卫生服务处的服务项目主要集中在预防、教育及卫生保健三个

---

① 《河北省档案馆资料整理》，河北省档案馆档案，档案号：938-3-48。
② 同上。
③ 同上。

方面，在昌平县左右一带开展工作，有一些接生和医药的免费项目。将来的计划：加强防疫工作、团结群众加强卫生传达。在当时的情况下，教会经费收入主要来自以下几个方面：国外捐款、在华总机构所捐津贴、在华外国私人团体补助、其他外国津贴捐款、中国捐款津贴、出售所有外资金银、业务收入、上年结余等等。在支出方面：主要是孩子的学杂费、报刊书费等。

再以中华基督教卫理公会遵化教区公共卫生服务处为例（见表7—8）：

表7—8　　中华基督教卫理公会遵化教区公共卫生服务处简介[①]

名称：中华基督教卫理公会遵化教区公共卫生服务处
地址：玉城县城南达王庄
上一级领导机构：北京教区卫理公共卫生服务处
经营性质：本地事物经营，经营独立
业务性质：公共卫生事业
沿革：1940年玉田县卫理公会公共卫生服务处成立后，杨桂苓负责，1947年2月杨桂苓升学，丁阑明接任至今
组织概况：设督导员1人，助产士3人
主要主持人3名
工作项目：妇幼保健、卫生教育、预防接种
工作范围及地区：玉田县城关区大王庄左近村庄
1951年工作情况：本年接产人数150左右，预防接种人数2000多名。在人民政府的领导下，中西医结合，以预防为主
主要设备名称：烟筒6个，铁炉子1个，肾形盆1个，小药柜1个
1950年经费收支情况：业务收入：6500000元；支出情况：助产员薪金72000000元，炉煤费696000元，杂费180000元，旅费100000元，设备费220000元

由表7—8可以看到：中华基督教卫理公会遵化教区公共卫生服务处作为北京教区卫理公共卫生服务处的下设机构，工作项目明确，包括妇幼保健、卫生教育、预防接种三个方面，独立经营，收支明晰，其主

[①] 《河北省档案馆资料整理》，河北省档案馆档案，档案号：938-3-47。

持人为当地人，同时承担助产员的职务（见表7—9）：

表7—9　中华基督教卫理公会遵化教区公共卫生服务处主持人情况①

姓名	性别	年龄	国籍	职务	住址
丁阑明	女	39	中国	助产员	玉田县城南大王庄
杨淑敏	女	24	中国	助产员	玉田县城南大王庄
杨月华	女	27	中国	助产员	玉田县城南大王庄

由图7—1可以看到：卫理会遵化教区公共服务处，下设助产员，通过助产员实现预防、卫生宣教、妇幼保健、产前检查、产后访视、接产等服务项目。在卫理会遵化教区公共服务处下面的教会中，具体活动也在开展中。以中华基督教卫理公会华北区年议会遵化教区丰润县教会为例，由遵化教区丰润县教会1952年下半年工作及1953年上半年工作计划如下：一是1953年上半年内工作。礼拜日做礼拜，平日教友来堂时鼓励教友；宣传扫除文盲学习速成识字法提高文化水平；宣传卫生预防细菌。二是目前工作：（1）礼拜日做礼拜，平日拜访教友勉励青年男女教友学习速成识字法提高文化；（2）勉励教友订阅田家半月刊，以明白爱国、爱教、卫生农业等各种知识。三是下半年工作计划：勉励教徒注意身体健康，加强学习，提高文化及政治水平。②

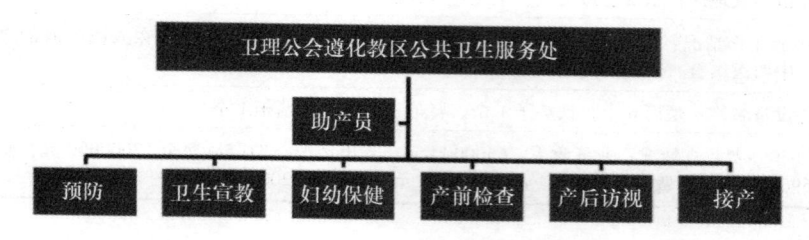

图7—1　卫理会遵化教区公共卫生服务组织系统③

---

① 《河北省档案馆资料整理》，河北省档案馆档案，档案号：938-3-47。
② 同上。
③ 同上。

再以滦县教区基本情况以及滦县教区在 1951 年上半年开展的工作情况为例（见表 7—10）：

表 7—10　　中华基督教卫理会华北年议会滦县教区服务处[①]

名称：中华基督教卫理公会华北年议会滦县教区服务处
地址：河北省滦县西街十号
上一级领导机构：天津南开华北卫理公会公共卫生服务处
现有人员：助产士 1 名，助产员 3 名
财务收支情况：其他外国津贴捐款 4325200 元，接生及药费业务收入 3061500 元

中华基督教卫理会华北年议会滦县教区服务处工作计划中有关福利的内容：响应政府号召，预防为主，治疗为辅，团结中西医；加强妇幼保健工作；普及卫生教育，保证健康第一。其从事儿童慈善具体情况如表 7—11 所示。

表 7—11　　中华基督教卫理会华北年议会滦县教区服务处
1951 年上半年报告[②]

项目	内容	1月份	2月份	3月份	4月份	5月份	6月份	合计
	门诊（次）	26	24	20	24	24	22	140
	内科（人）	29	28	23	3	4	1	88
门诊工作	外科（人）	29	27	26	36	8	35	241
	产科（人）	11	14	11	24	30	30	120
	小儿科（人）	10	2	5	9	5	3	34
	眼科（人）	10	9	12	3	26	23	83
预防工作	牛痘接种（人）				51	131	6	188
	伤寒副伤寒霍乱预防注射（人）					1196	377	1573
卫生教育	个人卫生谈话（次）	187	174	220	139	155	219	1094

---

① 《河北省接受外国津贴及外资经营之文化教育救济机构及宗教团体登记单位一九五一年上半年报告表》，河北省档案馆档案，档案号：938-3-55。

② 同上。

续表

项目	内容	1月份	2月份	3月份	4月份	5月份	6月份	合计
学校工作	体格检查（人）						450	450
家庭访视	产前（人）	32	20	30	22	25	16	145
	接产（人）	25	26	15	19	18	14	117
	产后（次）	130	91	78	146	122	105	672
	儿童保健（人）		107	80	65	105	57	414
	疾病访视（次）	44	17	10	44	45	12	172
	新生儿访视（次）	111	102	74	132	96	93	608
	护理工作（人）	254	145	88	301	245	216	1249

由表7—11可以看到：县教区服务处在门诊工作、预防工作、卫生教育、学校工作、家庭访视方面开展了具体的工作。直到1952年1—6月份，也主要是围绕着门诊工作、预防工作、卫生教育、家庭访视这四个方面进行。半年内为了消减细菌，注重防疫工作，除了种牛痘打防疫针之外，还时常为乡间演讲，进行卫生检查、家庭保健、家庭访视、门诊治疗。加强卫生工作，加强防疫工作。下半年的计划在人民卫生机构领导下加强事务及时事学习，为人民服务（见表7—12）。

表7—12　　　　**中华基督教卫理公会滦县卫生服务处**
1952年1—6月份工作报告[①]

项目	内容	1月份	2月份	3月份	4月份	5月份	6月份	合计
门诊工作	门诊（次）	21	18	19	19	25	16	118
	内科（人）	16	12	10		11	4	53
	外科（人）	11	4	5		9	10	39
	产科（人）	26	17	30	30	31	25	161
	小儿科（人）	1	1	3	3	3	3	14
	眼科（人）	1	4	3		8		16

---

① 《中华基督教卫理公会滦县卫生服务处一九五二年一月至六月份工作报告表》，河北省档案馆档案，档案号：938-3-55。

续表

项目	内容	1月份	2月份	3月份	4月份	5月份	6月份	合计
预防工作	牛痘接种（人）				557			557
	伤寒副伤寒霍乱预防注射（人）				5919		300	6219
卫生教育	卫生讲演（次）					2	9	11
	聘请专家（人）					500	752	1252
	个人卫生谈话（次）	160	189	285	140	155	198	1127
家庭访视	产前（人）	19	24	27	6	12	27	115
	接产（人）	16	21	19	14	16	13	99
	产后（次）	124	123	113	111	114	90	675
	儿童保健（人）	39	49	50	48	14	31	231
	疾病访视（次）	26	20	23	2	14	8	103
	新生儿访视（次）	124	123	113	111	114	91	676
	护理工作（人）	287	294	266	250	260	205	1562

由表7—12可以看出：1952年中华基督教卫理公会滦县卫生服务比1951年多了卫生讲演和聘请专家两项。

再以华北中华基督教卫理公会滦榆地段卫生组为例，下边是其基本情况、卫生组组织情况、卫生组工作概况、滦榆地段卫生组组织系统情况（见表7—13、表7—14、表7—15、图7—2）。

表7—13　**华北中华基督教卫理公会滦榆地段卫生组基本情况**[①]

名称：华北中华基督教卫理公会滦榆地段卫生组

地址：河北省昌黎县东门汇文中学内

经营性质：外资津贴

上一级领导机构：华北中华基督教卫理公会天津公共卫生服务处

业务性质：公共卫生事业

---

① 河北省档案馆档案，档案号：938-3-55。

表7—14　　华北中华基督教卫理公会滦榆地段卫生组组织情况①

组织概况：滦榆地段昌黎卫生组、秦皇岛市海港区设卫生所一所、滦县设卫生所一所（后附组织系统表）	
编制：公共卫生护士3人、护士1人、助产士2人、保健助产员6人	
主要主持人：徐美鹿、杨崇祺、俞春桂、秦文芸	

表7—15　　华北中华基督教卫理公会滦榆地段卫生组工作概况②

工作项目	卫生、保健训练、治疗
工作范围及地区	学校卫生、助产士训练、一般治疗
最近工作情况	学校卫生检查、学生一般治疗

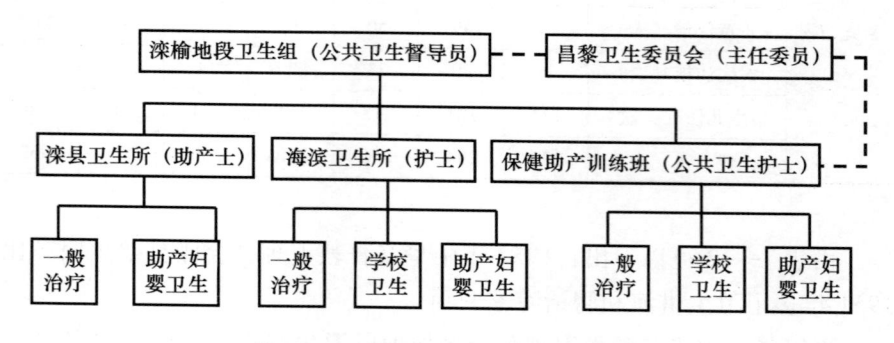

图7—2　滦榆地段卫生组组织系统③

3. 小结

新中国成立初期，由中华基督教卫理会昌平县南口镇公共卫生服务处、中华基督教卫理公会遵化教区公共卫生服务处、中华基督教卫理会华北年议会滦县教区服务处、华北中华基督教卫理公会滦榆地段卫生组开展的儿童慈善活动可以看出：

第一，在新中国成立初期，我们对外国的宗教组织在中国举办的宗教活动政策还不是很清晰，民国时期外国宗教组织在中国发展的儿童慈

---

① 河北省档案馆档案，档案号：938-3-55。
② 同上。
③ 《滦榆地段卫生组组织系统表》，河北省档案馆档案，档案号：938-3-55。

善，1949—1951年还是按照原来轨迹运行发展着。

第二，开展儿童慈善的资金主要来自于外国宗教的捐赠和津贴。虽然也有国内的捐赠和津贴，但是在儿童慈善运行的筹资中占有很小份额。

第三，国外的宗教团体在中国进行的儿童慈善活动主要有以下三个方面：（1）办识字班。（2）进行贫困救助。比如在冬天送寒衣、遇到困难的人群进行人道主义的救助。（3）进行医疗保健的宣传和实践。比如说培养助产士、采用新法接生、进行妇科产前检查，产后的新生儿访视、接种牛痘等疫苗以及其他保健活动等等。

第四，开展的儿童慈善活动按照严密的组织体系运行。这一点可由图7—2滦榆地段卫生组组织系统图窥见一斑。

第五，在当时中国经济文化落后的情况下，宗教人士以人道主义名义进行的救助、保健、卫生、医疗、扫盲识字等活动，在某种程度上对儿童的身心发展确实起到了积极作用。儿童慈善的内容，尤其是宗教慈善，虽以传教的名义在中国开展，大部分是外国独资的，但是依靠其严密的组织和具体工作客观上也促进了中国文化发展及卫生保健事业的进步，这一点由上述表格都可以鲜明地体现出来。

（三）中国儿童慈善曲折发展的原因

在20世纪50年代后期，尤其是在"文化大革命"期间，我国慈善事业受阻、停滞，表现在以下几个方面：一是全国没有完全意义上的民间慈善组织。中国红十字会在"文化大革命"期间也受到批判，甚至1968年内务部被撤销，基层社会福利部门被撤销，全国社会福利工作受到很大挫折。二是拒绝国际组织救济。1976年唐山大地震发生时，国外组织向我国提出的援助被我国拒绝。大地震造成4000多名孤儿出现，都由民政部门来安排解决。中国的慈善事业走过了一个曲折发展的道路。

新中国成立之后，我国对旧有的慈善机构进行接收、改组，尤其是民国时期发展起来的慈善机构逐渐转为政府社会福利的一个重要组成部分。尤其是后来我们对慈善的认识发生巨大转变，认识到慈善是"旧社会统治阶级麻痹人们的装饰品"，因而谈慈善色变，这与刚成立国家面临的国际形势有关,更与我们对慈善的认识有关。

1954年之后,中国慈善逐渐偃旗息鼓,原因是多方面的,走进当时的历史,才能理解当时对慈善态度的原因。

1. 政治原因

新中国刚刚成立后,中国奉行一边倒的战略,认为帝国主义国家对中国只有侵略,认为外国传教士创办的慈善团体是"殖民主义的警探和麻药"[①]。由于国家对慈善的认识,国内举办的慈善活动也受到影响,这对儿童福利的发展是不利的。尤其是在"文化大革命"期间,我们对慈善的否定达到了极点,否定境外的慈善活动。儿童福利需要继续发展,需要救济挨饿的儿童,保障他们身体健康并且使他们能够学习知识,在这种情况下,国家承担了救助儿童、提供儿童福利的责任,体现了国家的"父爱",体现了家国同构的思想。

2. 经济原因

新中国成立初期国内经济困难,很多人没钱去做慈善。那些在民国时期搞过慈善事业的很多地主、官僚等富裕群体,在专政政权之下,有些成为专政对象,也无心去从事慈善活动。经过1949—1956年的社会主义改造,平均分配财富的理念,造成了平均主义的分配方式,大家的财富都是有限的。因此在这种情况下,慈善经费的筹集成为问题。没有资金筹集渠道的慈善事业,随着社会主义改造的完成,成为"无源之水"。

3. 意识形态原因

刚刚成立的新中国,举起了社会主义的大旗,认为人们都成了国家的主人,不需要再像旧社会那样被人施舍,儿童也不再是旧社会的"三毛"这样的形象。如果接受国外和别人的慈善,会被看成是不光彩的事情,是给社会主义社会抹黑。

4. 文化原因

中华民族有自强不息的文化传统。在苏联撤走专家后,新中国认为要独立自主,自力更生,建设有中国特色的社会主义。经过社会主义改造的完成,人们相信社会主义社会有无比的优越性,能够集中力量做很

---

① 《陈旭麓学术文存》,上海人民出版社1990年版,第135页。

多事情，以"天行健，君子以自强不息"的精神建设社会主义。所以，在那种历史环境中，慈善受到人们忽视、排挤甚至强烈反对，这或许就是新中国成立初期慈善遇到困境的深层次的思想根源。

二 儿童参与

儿童参与的概念源于联合国《儿童权利公约》。依照马斯洛需求层次理论，儿童参与是最高层次的儿童福利，是儿童的重要权利。儿童参与，可以促进儿童的全面发展。在毛泽东时代，城市儿童参与主要体现在城市儿童享受青少年宫等福利设施上；国家重视六一儿童节，儿童参加六一儿童节的庆祝活动、参加青年团的活动；部分儿童还能够参与文学、文艺的创作、参与电影的拍摄，比如《祖国的花朵》，就是儿童题材、儿童参与的好作品；部分儿童参与福利站的管理等方面，比如邯郸市工人俱乐部曾经开辟了一个儿童阅览处，完全是儿童自己管理的，办得很不错。[①]

这里的儿童参与，在城市，主要是介绍儿童参与青少年的校外教育；在农村，主要是儿童参与集体劳动；城乡儿童都参与少年儿童组织。

（一）城市儿童享受青少年宫等福利设施参与校外教育

城市儿童享受青少年宫的福利设施，参与校外教育，是儿童福利的重要内容。毛泽东时代青少年宫是校外教育的主要阵地。青少年宫等儿童福利设施鲜明体现了福利性。1949年新中国成立之初，全国第一个"青少年宫"创立。1952年建立的"少年之家"，是北京市青少年宫的前身。1956年北京市少年宫成立，同年1月1日向北京市的少年儿童开放，当时是北京市乃至全国最早建立的青少年活动场所。北京市青少年宫下设乒乓球组、无线电小组、象棋组、足球队、布谷鸟合唱团等小组。其中以乒乓球组最有名气。乒乓球组下设两个训练室，三个球台，

[①]《关于邯郸市工人俱乐部儿童自己管理的儿童阅览处的通讯》，河北省档案馆档案，档案号：895-3-0319。

这三个球台为北京队、"八一"队培养了大量乒乓球人才。1957年成立北京市青少年科技馆、北京教学植物园。北京市青少年宫的建立是在毛泽东、刘少奇等老一辈革命家的支持下建立起来的。毛泽东、刘少奇、宋庆龄曾经多次到青少年宫参加青少年的活动,表达了党和国家领导人对青少年的关怀和对青少年工作的大力支持。

计划经济时期的青少年宫作为第二个课堂,是专门培养学生科技、文艺、体育等兴趣活动的重要场所,对青少年全面发展起到了重要作用。计划经济时期成长起来的孩子,一听到"青少年宫",就会想到舞蹈队、音乐队等各种兴趣班,还有书画展、小发明展等各种展览活动。"青少年宫"以其组织的丰富多彩的校外活动吸引了许多孩子参加。"青少年宫"给孩子们留下的是美好的回忆,很多城市孩子的快乐时光是在"青少年宫"中度过的。

(二) 参与劳动

与城市儿童参加青少年宫等福利设施不同,农村孩子的参与主要是参与劳动。当时农村儿童参与劳动主要有三种形式:一是"半工半读"学校有组织的劳动;二是学校的勤工俭学劳动;三是参与农村生产队的集体劳动。在当时"半工半读"学校,劳动课是儿童的必修课,一般是上午上课,下午参加劳动。像锄草、种地等农活,都是学校有组织的,解决了有些生产队劳动力不足的问题,也锻炼了儿童的劳动技能,提高了儿童参与集体的能力。在参与生产队的劳动中,儿童是重要的一员,只不过儿童挣的工分比成年壮劳力要少一半左右。以访谈石家庄市居民张某为例,他是共和国的同龄人,到2019年已经年满70周岁了,籍贯是秦皇岛市卢龙县雷店子乡张毛庄村,他16岁那年参加了村里的集体劳动,打草、放牛、割麦子,当时能够拿到5个工分,18岁后就能拿到成年劳动力的工分,10个工分。此外,张某也谈到了在16岁,曾经上初中的他参加学校义务劳动,经常给生产队拣麦穗;放学后到家里,能做挑水、推碾子等杂活。

(三) 儿童参与少年儿童组织

儿童参与是高级形态的儿童福利,毛泽东时代的儿童除了参与集体经济组织中粮食的分配，发达地区城市儿童享受青少年宫等设施外，毛泽东时代还非常注重儿童的政治参与，目的是为了提高儿童的思想认识。毛泽东时代倾向于让儿童加入少年儿童组织，算作儿童参与的内容。那个时代的青年要学习毛主席的著作。农村团支部轰轰烈烈地开展起来，儿童也要参与其中。

当时要把全体儿童组织起来，以1965年共青团卢龙县委文件《共青团卢龙县委关于县执行团的九届二中全会精神的意见》为例，该意见提出：把青年都组织起来，以行政村为单位建立少年儿童组织。"我们今后的任务是：更高地举起毛泽东思想伟大红旗，把全体少年儿童组织起来，发挥少年儿童组织的作用，指导少年儿童在生产斗争、阶级斗争和科学实验三个革命运动中锻炼成长，为培养少年儿童成为无产阶级革命接班人而奋斗。"[①] 确定了以下四项具体任务：一是建立以行政村（即生产大队）为单位的少年儿童组织。二是积极大量地发展队员。少先队或分组以后的少年团和儿童团是少年儿童的群众性的组织，建立目的就在于通过这个组织，团结和教育整个这一代少年儿童。因此，学校、农村都要积极大量地发展队员。凡是七岁至十五岁的少年儿童，自愿入队（团），承认队（团）章，向中队委员会登记，即可成为队（团）员，不要附加条件和手续。三是逐步改变辅导员制度。今后为了保障少年儿童享有当家做主的权利，需要以行政村为单位建立少年儿童组织，由团基层组织直接领导，不设辅导员；目前小学五、六年级和中学不按行政村建队的在大队辅导员的直接领导下开展活动，不设中队辅导员。要向广大辅导员讲清意义，肯定成绩，做好辅导员的思想工作和少先队工作的培训训练工作，下学期即可不再聘请。县专职辅导员、未改建到村的少先队学校大队辅导员和小学四年级以下的中队辅导员仍然保留，工人、农民、解放军等校外辅导员要继续聘请，并加强这方面工作。四是大力加强少年儿童工作的领导。各级团委要经常讨论研究少年儿童工作，认真总结典型经验，主动向党委反映情况，争取党委领导，团县委要有专职做少年儿童工作的干部，为了加强少年儿童工作，当前

[①]《共青团卢龙县委关于县执行团的九届二中全会精神的意见》，1965年，卢龙县档案局，1965年第31卷，长期。

要特别重视培养县的专职辅导员，让他们有充分时间和精力去做少年儿童工作，一般不要抽调他们去做其他工作。农村团支部和公社团委都要设立少年儿童委员会，公社团委还可以聘请二名至三名不脱产积极分子协助管理少年儿童工作。①

　　1965年，由于天津发展队员的工作抓得及时，抓得好，所以在当时被作为典型经验向别的地区介绍。天津市贯彻毛主席关于把全体少年儿童组织起来的指示和共青团九届二中全会的精神，把天津市在校的队龄儿童（七岁至十五岁）基本上组织起来了，满足了广大少年儿童"戴上红领巾，做毛主席的好孩子"的强烈愿望，大大地调动了少年儿童的积极性。天津市在组织儿童参加儿童组织方面的经验有：一是正确地看待少年儿童。克服辅导员和教师在对待孩子方面的问题，比如强调"智育第一"，脱离少年儿童实际，把孩子的特点看成是缺点，有的同志用固定眼光看待孩子，认为有些有缺点的孩子是无法教育、不可挽救的。天津市组织学习，克服了辅导员和教师的错误认识。通过吸收更多儿童入队，提高儿童生活和学习的积极性。如东门里小学五年级学生韩世宝，留级两次，申请入队多次未被批准，积极性受到挫伤，因而上课不守纪律，下课打骂同学，后来在坏人的勾引下，做了些坏事。但他经过学习毛主席让儿童参加少年儿童组织的精神后，第一个向中队委员会登记。入队后，在品德、学习等方面有很大进步，还成了中队活动的积极分子。他说："少先队这么相信我，我更得更好。"② 二是认为还是把少年儿童组织起来教育好。是组织起来进行教育好，还是教育好了再入队好？在对待这个问题上，过去不少辅导员和教师实际上存在着教育好了再入队的思想，过分强调入队前的教育和经验。所以，普遍的做法是，在低年级建队时只发展少数孩子入队，使多数孩子要经过几年的考验才能入队，一部分孩子一直考虑到超龄还不能入队。这样做的结果是，一些经长期考验未入队的少年不能够响应团、队的号召，不愿参加队的活动，即使参加了，也不能主动地接受教育；有的少年儿童认为"反正也

---

　　① 《共青团卢龙县委关于县执行团的九届二中全会精神的意见》，1965年，卢龙县档案局，1965年第31卷，长期。

　　② 卢龙县档案局，1965年，26卷，长期。

入不了队，努力也白搭"，要向上的积极性受到挫伤，少数与队组织对立；个别的甚至被坏人腐蚀拉拢，干了些坏事。由于单纯强调入队前教育，入队后放松教育，少数儿童入队后就放松了对自己的要求。经过学习主席指示和苏区儿童团经验，辅导员和教师开始认识到还是把少年儿童组织起来进行教育好，过去做法不利于对全体少年儿童进行教育。孩子们入队后，许多生动的事实也教育了辅导员和教师，如友爱道小学四年级学生郭玉梁，过去常和邻居小孩一块折树条，谁说也不听。入队后，在队组织的教育下，他对邻居小孩说："我入队了，是社会主义的小主人了，咱们应该保护小树。"此后，他不但自己不折树，还把邻居孩子组织起来，保护小树。三是正确认识少先队的性质和任务。不少辅导员和教师把少先队看成先进儿童组织，认为把全体少年儿童组织起来，少先队的作用就削弱了，威信就降低了。经过学习和实践，辅导员和教师明确了党建立少先队的目的，就是把全体少年儿童组织起来进行共产主义教育。实践证明，把全体少年儿童组织起来之后，少年团教育团结少年儿童的面大了，参加队的活动和工作的人多了，少先队团结教育广大少年儿童的作用不是削弱了，而是得到更充分的发挥，少先队组织的威信不是降低了，而是提高了。①

　　从儿童参与少年儿童组织可以看出来：一是当时组织全体儿童是重要组织原则。因为当时注重从思想上、政治上培养儿童，意识形态非常明显，与当时国内对毛泽东理论的学习、对政治的高度关注密切相关。二是儿童参与中注重政治、思想道德的提高，确实有积极效果，就是激发儿童向上的热情和能量，对于搞好学习和生产都起到了积极作用。但是过于政治化的参与方式一度有忽视儿童生活水平提高的倾向，尤其是在农村，举例来说，1963年卢龙花台公社良仁庄团支部在开展"五好"青年的活动中，青年王兴华说："什么五好八好的，不吃饭饿得慌。"②这句话反映出当时对处于满足生活需要水平的儿童来说，单纯的政治组织如果没有相应的物质基础，儿童参与水平很难提高。那个年代主张生

---

① 卢龙县档案局，1965年，26卷，长期。
② 《我们是怎样开展五好青年活动的——花台公社良仁庄团支部》，1963年8月8日，卢龙档案局资料。

产、主张思想、主张政治、主张觉悟,但是某些儿童最基本的生存问题还没有解决。

(四) 评析

从上边的论述可以看到:在城市,尤其是北京、上海等发达城市的儿童参与程度较高,能够享受青少年宫等硬件设施。通过访谈石家庄市档案馆的平立巍得知,二线城市石家庄直到1980年才有青少年宫;城市和农村的儿童参与存在巨大差别,农村儿童参与主要是参与劳动。但是从另一个方面来看,农村的儿童参与劳动,为儿童参与集体生活奠定了基础,锻炼了儿童融入组织、融入集体、融入社会的能力。总体而言,那个年代的儿童参与的政治性较强,少年儿童通过参加儿童团、少先队等社会组织提高了毛泽东时代少年儿童的社会参与程度,锻炼了全体儿童的参与意识和参与能力,达到了社会参与的目标。

第八章　整体评价

毛泽东时代是一个激烈变革的大时代，是以毛泽东为核心的第一代领导集体领导中国人民完成社会主义改造之后，探索中国自己的社会主义建设道路的重要时期。这一时期的中国儿童福利不同于以往儿童福利发展和现代的儿童福利制度，其鲜明的理念、发展机制、特色，都深深地体现着这一时代的特征。

一　理念

研究儿童福利理念，对于发展中国儿童福利制度、制定科学合理的儿童福利政策，促进儿童身心健康发展、实现儿童平等至关重要。正如郑功成一贯倡导的：社会保障理念优于社会保障制度，社会保障制度优于社会保障的技术设计。但是直到改革开放之后，中国儿童福利的理念仍然是滞后于实践发展。穿越时空，站在人民的立场，笔者本着实事求是的原则，考察毛泽东时代儿童福利的理念。

（一）培养社会主义的合格建设者和接班人

毛泽东时代的理念是要培养合格的社会主义建设者和接班人，这就必然要求儿童福利包括文化教育与医疗卫生事业的发展。

首先，增强儿童身体健康，培养社会主义建设者的合格劳动者。

毛泽东时代国家注重儿童保健、卫生、医疗，促进了儿童医疗卫生福利的发展，大大降低了儿童死亡率，增强了儿童身体健康，为新中国成立初期培养合格劳动者做出了贡献。以儿童医疗卫生福利为例，新中国成立初期儿童死亡率比较高，这可以从中南区部分地区1950—1952

年城乡婴儿出生死亡情况的调查可以看出（见表8—1）。

表8—1　　中南区部分地区1950—1952年城乡婴儿死亡率统计①

调查地区		出生数（名）	婴儿死亡数（名）	婴儿死亡率（‰）
乡村（除朋兴区外其余均为广东省所属）	湖北孝感朋兴区	1211	200	165.15
	海南岛白沙县第一行政区	235	49	208.11
	海南岛儋县那大镇	103	11	106.8
	顺德县大晚乡	120	24	200
	连间乡稔海村	42	8	190.47
	连南县三排村	62	10	161.29
	连南县油岭村	47	9	191.49
	怀集县罗龙村	26	4	153.85
	怀集县谭舍村	25	4	160
	怀集县双官村	23		
	海陆丰渔村	491	45	91.65
城市	孝感县城关区	847	61	72.02
	武昌区凯字营街及新河街	793	56	70.62

由表8—1可以看出，1950—1952年海南岛白沙县第一行政区婴儿出生数为235名，婴儿死亡数为49名，婴儿死亡率达到了208.11‰，顺德县大晚乡、连间乡稔海村、连南县油岭村的死亡率也都达到了190‰以上。这样高的儿童死亡率不能满足国家对身体健康的高素质劳动者的需要。国家重视儿童医疗卫生福利的发展，通过儿童保健、儿童医疗、儿童卫生事业的推进，降低了婴儿死亡率，保证了国家对高素质劳动者的需求。

其次，注重儿童教育，为现代化建设培养了高素质劳动者。

毛泽东曾经指出，年轻人是早上七八点钟的太阳，对年轻人寄予很

---

① 中南军政委员会卫生部编：《1950—1952年中南区卫生统计资料汇编》，内部资料，1953年，第93页。

高的期望。毛泽东时代有三亿儿童，他们是未来社会主义现代化事业的建设者。因此，广大儿童能否健康成长，能否学好科学文化知识，对国家未来将会产生重大影响。毛泽东注重教育福利，建立了从幼儿园到大学免费的教育体系，为国家现代化建设培养了高素质的劳动者和建设者。从毛泽东时代教育福利的目的来看，当时发展教育福利是为新中国社会主义现代化事业培养合格的建设人才。为了保障儿童学习科学文化知识，国家发展儿童福利事业，如举办托儿所、幼儿园，大力发展义务教育，建立少年宫、儿童活动中心等。宋庆龄等人还成立中国福利会，为发展儿童教育福利事业筹集资金。这些做法都体现了党和国家把儿童培养成合格的建设者和接班人的理念。

（二）国家主导，群众互助

许兵在谈到我国传统社会保障制度时说，区别于改革开放以后在市场经济条件下建立的社会保障制度，计划经济时期的社会保障制度被称为传统社会保障制度。传统社会保障制度与现代社会保障制度的区别是"政府在社会保障中更强调对社会生活的全面控制"[①]。传统社会保障制度下，政府承担儿童福利的责任，体现了鲜明的"父爱"色彩。新中国成立后，政府对儿童福利的主导主要体现在：借鉴苏联经验，建立了国家保险型的社会保障制度；注重法律制度的建立，通过宪法、劳动保险法、婚姻法、工会法等法律逐渐构建了儿童福利的法律体系；政府在儿童生活福利、托幼事业与儿童教育福利、儿童医疗卫生福利等方面通过救助与教化保障了儿童的身体健康，并使之成为有文化的社会主义建设者。中央政府在儿童福利中的责任主要是发挥主导作用，并不表现于政府为儿童福利投入大量的资金。儿童福利工作的经费保障程度可以从1950年到1978年民政事业的支出中窥见一斑。如表8—2、图8—1所示。

---

① 许兵：《政府与社会保障——基于给付行角度的分析》，国家行政学院出版社2013年版，第119页。

表 8—2　　　　　　　　1950—1978 年民政事业费支出①

年份	民政事业费支出单位（亿元）	占财政支出比（%）
1950	0.64	1.93
1951	0.93	1.12
1952	1.77	1.68
1953	2.24	1.65
1954	2.84	2.45
1955	3.3	1.68
1956	3.38	1.86
1957	2.9	1.74
1958	2.4	0.78
1959	2.35	0.8
1960	3.23	1.21
1961	3.61	2.84
1962	4.22	2.67
1963	4.13	2.99
1964	4.78	4.27
1965	5.16	2.35
1966	5.06	1.7
1967	5.4	1.85
1968	5.62	1.56
1969	6.67	1.27
1970	6.58	1.01
1971	5.29	0.93
1972	5.84	1.06
1973	6.6	1.23
1974	6.82	1.16
1975	7.18	1.57
1976	7.97	1.87
1977	8.6	1.67
1978	13.92	1.25

---

①　中华人民共和国民政部：《民政部大事记（1949—1986）》（下），内部资料，1988 年，第 734 页。

1950—1978年民政事业费支出趋势图是根据表8—2整理的（见图8—1）：

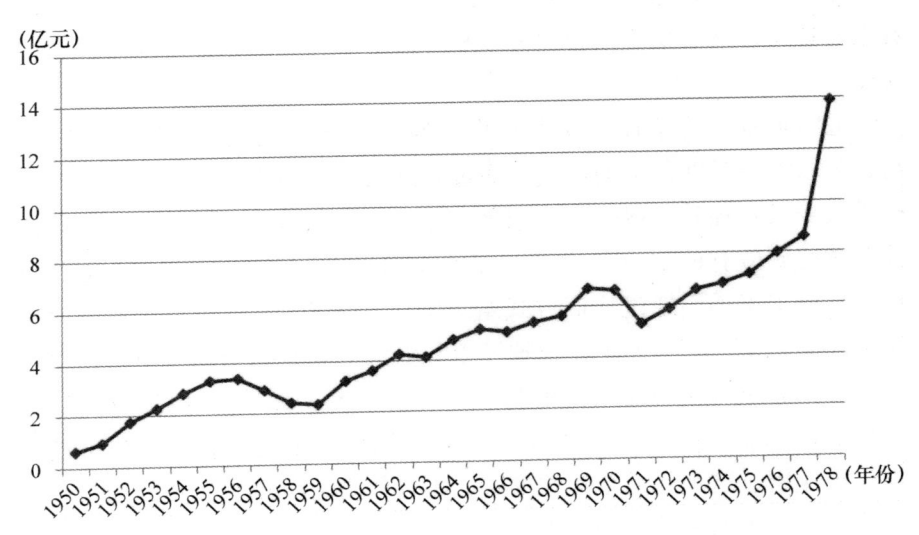

图8—1　1950—1978年民政事业费支出趋势

由表8—2、图8—1可以看出：政府在民政事业中的支出从1950年到1978年数额上呈现逐渐增长趋势，但1950—1978年民政事业费支出占财政支出的比例并没有增加。到1978年民政事业费支出涨到13.92亿元，但占财政支出的比例仅为1.25%。"从1950年的6400万到1978年的13.92亿元，人均开支从1952年的0.31元增加到1978年的1.45元。然而，总的民政事业拨款在国家预算中一直占次要地位，民政事业经费占国家预算的1.6%，所以内务部一直是国家财政部委中一个又穷又无地位的机构。"[①]

相反，政府"父爱"角色主要是通过发挥地方政府的作用来实现的。政府在儿童福利的供给是保持低水平的进入，充分发挥基层政府的作用。农村人民公社对"五保户"儿童实行救助；城市贫困儿童，国家则委托给了企业。如果单位提供的福利不足以满足儿童时，居委会和

---

① 黄黎若莲：《中国社会主义的社会福利》，唐钧等译，中国社会科学出版社1995年版，第51页。

街道办事处就会介入到儿童福利领域。民政在农村救济仅限于"五保户"儿童,家庭在 1949—1978 年的中国儿童福利发展中仍然发挥着重要的作用。此外,邻里互助和村民互助在农村儿童福利的提供中也发挥着重要作用,这与现代社会中邻居和村民的互动联系较少形成了鲜明的对比。

毛泽东时代儿童福利发挥中央政府的主导作用,地方政府积极参与,采取群众互助共济的形式。通过互助共济发动群众的形式,为儿童提供义务教育福利、促进了学前教育福利发展、保障了儿童身体健康、让儿童得到应有的照顾与服务。以儿童照顾与服务为例,1953 年北京某工厂职工家属们通过协商方式组织家属互助组,"三十二个三周岁到学龄前的儿童,都参加了儿童辅导组,由八个家属担当辅导员。每星期一、三、五早八点到九点,和晚六点到七点半,对儿童进行五爱教育,给他们讲卫生常识,做游戏"[①]。儿童辅导组在照顾和教育儿童方面发挥积极作用,这种互助合作的形式,不仅使得儿童得到照顾,而且也教育了家长,进而使孩子们懂事并增长了知识。这种互助共济照顾儿童的方式为今天社区和邻里之间照顾儿童提供了借鉴。

(三) 解放妇女与发展儿童福利的双重目标

解放妇女和发展儿童福利是毛泽东时代儿童福利的双重目标。毛泽东时代,我国积极融入国际妇女解放运动。"1955 年,我国妇女团体的代表出国访问和参加国际会议的共有 34 次,出国人数达 252 人。同时,31 个国家和 1 个国际组织的 53 个妇女代表团约 220 人曾应邀访问过我国。"[②] 在同国际交往中,我们增强了重视妇女福利与儿童福利的意识。

1956 年 9 月 27 日,在中国共产党第八次全国代表大会上,中华全国总工会女工部部长杨之华在发言中指出:社会主义国家要无微不至地关怀母亲和儿童。一方面,她认为积极吸收妇女参加社会劳动,是为了彻底解放妇女,保证社会主义建设顺利进行。此外,她还认为:只有在社会劳动中,妇女才能得到锻炼,学会本领,从而对社会建设做出更大

---

① 林凌:《职工家属团结互助好处多》,《人民日报》1956 年 9 月 3 日。
② 孙梅:《大步前进的国际妇女运动》,《人民日报》1956 年 3 月 8 日。

贡献，提升自己的社会地位。广大妇女参加社会建设，这是社会建设成功的保证，这种观念与马克思对妇女解放的看法是一致的，"在马克思主义者看来，妇女与社会生产密切相关，妇女只有参加社会生产，获得经济独立，才能得到真正的解放"①。另一方面，杨之华还指出：因为儿童是祖国的未来、民族的希望，是社会主义事业的接班人、建设者，所以社会主义国家要关心儿童。儿童保育和教养工作不是母亲的私事，而是社会职责。这正是社会主义制度优越于任何剥削制度的地方。为了保护儿童权利，解放妇女，社会主义中国必须承担应有的责任。

妇女要实现自身的解放，必须掌握一定的文化知识。随着妇女参加识字班，托儿所和幼儿园纷纷建立。当时各级妇联为了解决妇女遇到的实际困难，为了让有孩子的妇女能够参加识字活动，民主妇联组织群众办起临时托儿所，专门安排不适合学习的老太太或者有知识文化的年轻女子帮其带孩子，或者不识字的妇女分班识字和带孩子。"经验证明，凡是解决了妇女具体困难的地方，妇女就积极上学，识字成绩也有显著进步。旅顺江西村，在没有组织托儿所之前，每天妇女上学的平均数占全部学院的60%；自从组织了简便托儿所后，每天上学的学员达95%。又如大通县西山区香一村的妇女识字班，自从成立了简便托儿所，参加识字的妇女由100名增加到300名；有孩子的妇女识字成绩也显著提高，由每个月识字30个左右增加到100个左右。"② 新中国成立初期，全国城乡开展妇女扫盲识字运动，开阔了妇女视野，为妇女丰富知识和提升生活质量奠定了基础。

为了妇女参加生产，大办托儿所、幼儿园集体福利事业。一手抓生产，一手抓生活的两条腿走路的精神，可以从1959年1月26日《中共石家庄市委关于城市人民公社若干问题的意见（初稿）》中得到证明。"为了适应广大群众的要求，特别是妇女参加生产后的迫切需要，发动群众举办了大量的公共食堂、托儿所、幼儿园等集体福利事业。截至目前，公共食堂入伙人数已占总人口的74.12%，入托入园已占市内入托

---

① 刘晓丽：《1950年的中国妇女》，山西教育出版社2014年版，第1页。
② 人民日报社：《旅大十三万文盲妇女大部分已学会四五百字》，《人民日报》1950年1月24日。

儿童总数的 39.64%。"① 人民公社在发展生产，组织人们生活方面发挥了作用。在儿童福利方面，"随着生产的发展举办了公共食堂、托儿所、幼儿园等群众集体生活福利事业，市内三个公社经过调整现有公共食堂480 个，入伙人数 31779 人，幼儿园 38 个，入托孩子 2032 人，托儿所 115 个，入托孩子 2097 人"②。这个时期的服务站也得到了发展，"此外还举办了生活服务总站 24 个，分站 75 个，服务点 459 个，为解放劳动力（特别是妇女劳动力）、巩固和发展生产起了重大作用"③。

当时人民公社的家务劳动社会化、生活服务社会化是解放妇女的重要措施。1959 年 12 月 17 日《河北省关于城市公社问题向中央的报告》中："天津市有的人民公社今年第四季度即可基本上做到家务劳动社会化，这是彻底解放劳动力特别是妇女劳动力的物质保障。天津市兴安路人民公社新建的产院管接管送，不收住院费，只收接生费，产妇的其他孩子需要照看，产院还有临时小型托儿所，这不仅减少了国家医院的拥挤现象，而且也便利了群众。"④

到了 1978 年 7 月，妇女福利与儿童福利仍然是放在一起的，儿童福利通常被看作是解放妇女的必要措施。王桂华同志在省妇联五届七次全会扩大会议上的讲话（草稿）中还指出：经过思想的解放，到 1978 年，对儿童福利事业有了认识，不再像"文化大革命"时期"四人帮"对儿童福利进行批判，但是对儿童福利功能的认识还仅限于为了妇女解放，减轻女职工负担，更好地为社会主义服务。这从 1978 年 11 月 10 日《唐山地区妇联关于今冬明春工作意见》中可以看出来，该意见仍然把儿童福利事业的发展作为妇女工作的一部分。在该意见的第二部分第 4 点谈道："认真办好托儿所、幼儿园等项服务事业。托幼事业发展比较快的县要不断巩固，越办越好；发展较慢的县今冬要认真解决存在

---

① 《中共石家庄市委关于城市人民公社若干问题的意见（初稿）》，1959 年 1 月 26 日，石家庄市档案馆档案，档案号：1-1-445。
② 《中共石家庄市委关于进一步巩固提高城市人民公社的意见》，1959 年 9 月 25 日，石家庄市档案馆档案，档案号：1-1-445。
③ 同上。
④ 《河北省关于城市公社问题向中央的报告》，1959 年 12 月 17 日，石家庄市档案馆档案，档案号：1-2-233。

的思想和实际问题，搞好思想发动，积极创造条件，为明年大力发展托幼组织作好思想和必要的物质准备。用优异成绩迎接全国妇联明年在六一国际儿童节前召开的妇女、儿童福利会议。"①

妇女解放运动推动儿童福利服务的发展。以石家庄为例，随着生产发展和妇女解放的发展，儿童福利服务也得到了发展，"食堂、托儿所、幼儿园、米面加工、缝纫、生活服务站等集体生活福利事业有了很大发展，这些集体生活福利事业的大量兴办，解决了部分妇女参加社会劳动和家务劳动之间的矛盾，解放了妇女，促进了妇女儿童身心健康，保证妇女参加社会活动等方面起了重要作用"②。"一九五八年前我市仅有托儿所、幼儿园（班、组）9 处。收托孩子 672 名，四年来有了很大发展，随着生产调整，托儿所、幼儿园也进行了调整，1961 年底统计已巩固下来的托幼组织 209 处，收托孩子达 16732 名，基本上达到了哪里有生产组织，哪里就有托幼组织，不仅所园数量迅速增长，而且所园的教养水平也逐渐提高，如国棉二厂托儿所、桥西区回民托儿所、桥东区阜宁路幼儿园等是在大跃进中随着妇女参加生产的需要而由小到大，由低到高适应生产发展而成长起来的，它们受到了广大妇女欢迎，有的曾经被全国、省、市妇联命名为红旗单位。"③ 以河北省为例，到了 1978 年，儿童福利较之于新中国成立之前有了发展，《王桂华同志在省妇联五届七次全会扩大会议上的讲话（草稿）》中提到："特别是托幼事业，在原来百分之三十八的大队办起了托儿所，百分之六十的大队办起了育红班、幼儿园的基础上，昌黎、遵化现场会后，又有了很大的发展。各地区都培养了一二个实现了托幼化的典型县，绝大多数县都抓了一二个典型公社；机关、街道在办好幼儿园的基础上，开始建立哺乳室和长托幼儿园，如衡水冀县，正在筹建县直属的长托幼儿园，计划把公社妇女干部的小孩也吸收入托；在抓托幼工作过程中不仅注重了数量发展，而且重视了质量提高，培训幼儿教师，提高幼儿教育水平，把加强婴幼儿

---

① 唐山地区妇联会文件唐地联（78）3 号《唐山地区妇联关于今冬明春工作意见》，1978 年 11 月 10 日，卢龙县档案局，43 卷。
② 《石家庄市妇联会四年工作总结草案》，1962 年 1 月至 12 月，石家庄市档案馆档案，档案号：19-1-16。
③ 同上。

卫生保健管理提到了议事日程，使托幼工作纳入了'农业学大寨''工业学大庆'运动的轨道，托幼事业越办越好，使婴幼儿得到健康发展，解放了妇女劳动力，有利于生产，方便了群众，很受群众欢迎。"①

此外，有了一定知识水平的妇女积极参政议政、参加社会活动。中国妇女运动的一个非常重要的形式就是参加由上层妇女和知识妇女组建的参政运动，如女子参政同志会、女子后援会等，这些组织初期以参政为主要目标，后期转为关注婚姻、子女教育、实业等各个方面社会问题。因此，妇女解放运动客观地推动了儿童福利服务的发展和进步。

毛泽东时代儿童福利服务与妇女解放运动是紧紧联系在一起的，儿童福利受妇女解放运动影响并与妇女解放运动相互促进。

二 发展机制

社会保障制度的发展有其自身发展的机制，正如郑功成所认为的："社会保障作为人类社会久远的制度安排，其实是有着自身特有规律的一种稳定、协调与发展机制。"② 毛泽东时代的儿童福利发展机制植根于中国文化，存在着这样的逻辑线索：毛泽东时代儿童福利发展机制的逻辑是在中国文化的大背景下——马克思主义福利观指导——形成社会主义儿童观——从法律上界定国家与家庭的关系——从实践处理儿童福利中中央与地方的关系——从思想上认识儿童福利中政府与社会的关系——从责权上界定国家、生产单位和个人的关系。按照这个思路，在实践中出现了文化机制、管理机制。在文化机制、管理机制的基础上，生产与福利的互动以及生产自助为主与国家救助为辅的方针，成为推动毛泽东时代儿童福利发展的动力机制，在文化机制、管理机制、动力机制的推动下，从而形成了毛泽东时代儿童福利的运行机制。用图8—2表示如下：

---

① 《王桂华同志在省妇联五届七次全会扩大会议上的讲话（草稿）》，1978年，卢龙县档案局，档案号：冀妇〔1978〕11号，43卷。
② 郑功成：《社会保障学——理念、制度、实践与思辨》，商务印书馆2009年版，第2页。

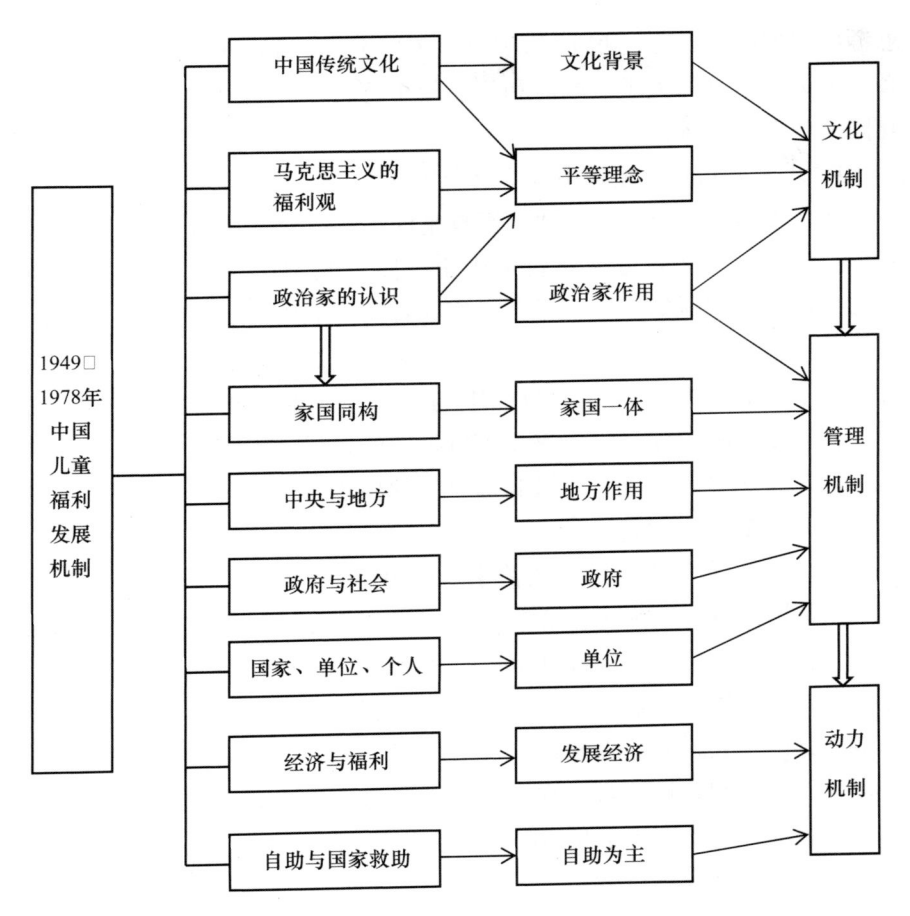

图 8—2　1949—1978 年中国儿童福利发展机制

在这四个机制中，政治家是联系文化机制和管理机制者的纽带，文化机制、管理机制、动力机制相互作用，推动了毛泽东时代特有的儿童福利的运行。毛泽东时代儿童福利的运行机制：在城市是国家—单位—工会；农村是中央—地方政府或部门—人民公社。文化机制、管理机制、动力机制、运行机制成为毛泽东时代儿童福利的特色发展机制。

（一）文化机制

毛泽东时代儿童福利文化机制，包括传统文化、儿童福利的理念、政治家的认识。理解那个年代儿童福利发展的机制，离不开这些方面的思考：把握福利文化、政治家的影响和作用，正确处理家庭与国家的关系、中央和地方的关系、政府和社会的角色、经济与福利的关系、自助与国家救助的关系。

1. 儿童福利政策建构中社会文化因素

文化因素对儿童福利构建的影响是深远的，它是影响儿童福利模式的深层次原因。在东方文化价值观里，照顾儿童往往被视为家庭的责任。中国独特的儒家文化，强调家庭在育幼养老中的责任，尤其是对儿童有着不可推卸的责任。新中国成立后国家通过宪法、婚姻法等法律明确规定了家庭在儿童抚育和照顾中的责任。父母在儿童照顾、儿童教育、儿童疾病的治疗过程中有着不可推卸的责任。家国同构思想强调家是小的国，国是大的家，通过和谐家庭的构建，维持着集体的发展，从而为国家发展做出贡献。

2. 儿童福利政策制定中政治家的作用

政治因素可以影响社会保障节奏的快慢。政治家在社会福利的发展中起着重要作用，可以加快或延缓社会福利发展进程。毛泽东时代，国家通过制定儿童生活福利政策、儿童教育福利政策、儿童医疗卫生福利政策等，保障了儿童的身心健康，推动了当时儿童福利的发展。梳理毛泽东时代儿童福利政策不难发现，以毛泽东为核心的党和国家领导人对儿童的重视，极大地促进了我们国家儿童教育、医疗、卫生福利的发展。

3. 理念与路径

刚刚成立的新中国把儿童看成是国家的主人，看成是法律面前平等的主体，才有了社会主义平等福利观的形成。在人人平等的理念下，国家开展的儿童福利采取了自上而下的发展路径，通过逐级垂直的行政管理系统承担起对儿童生活福利、儿童医疗卫生福利、儿童教育福利的基本职责，体现了国家的责任，增强了儿童对国家的认同感。

（二）管理机制

评价福利制度的运作机制问题，应结合当时的计划经济体制和高度集中的政治体制。其他方面的体制机制都受高度集中的计划经济体制和政治体制的制约。那时候，公平、效率、民主监督等理念，还很淡薄，没有树立起来。毛泽东时代儿童福利运行机制不同于以往任何时期，也不同于现代儿童福利的运行机制，强调儿童福利问题的预防、管理、监督等方面的内容。

放在那个时代背景下来考察儿童福利制度的运行。在毛泽东时代，儿童福利是在特定文化机制作用下，政治家发挥巨大作用，通过自上而下的垂直管理系统，形成对儿童福利比较有效率的管理机制。

计划经济时期是一个政治与经济高度集中的时期。中央与地方关系是强调的一个方面，通过自上而下的管理，下级要对上级绝对负责，从而实现中央与地方的统一；在儿童福利运行过程中，还要处理好国家、生产单位和生产者个人的关系。国家通过单位承担职责保障福利的实现，在城市职工是单位，在农村单位是人民公社。个人作为单位的一分子，享受单位带来的福利，由此个人福利打上了身份的烙印，作为生活在一定单位中的儿童群体的福利自然也有了城乡差别。

按照上述思路，毛泽东时代福利的管理机制离不开政治家作用的发挥，处理中央与地方的关系，国与家的关系，国家、生产单位和生产者个人的关系，政府与社会的关系这四个方面的关系，政治家作用的发挥以及以上四个方面关系的处理构成儿童福利的管理机制。由于前边对儿童福利中政治家的作用已经做了论述，那么在这里重点论述管理机制的另外四个重要的方面，一是中央和地方的关系；二是国与家的关系；三是国家、生产单位和生产者个人的关系；四是政府与社会的关系。其中国家、生产单位和个人的关系是那个时期儿童福利管理的主要特征。

1. 中央与地方的关系

社会福利要求国家承担责任，国家通过统筹配置福利资源，建立健全的社会福利体系给人们以稳定的安全预期。郑功成指出："社会保障的最终责任主体是国家或社会，从而需要由国家或社会统一管理，并体现出社会性（或社会化）。"① 在毛泽东时代，中央政府的职责主要体现在：制定有关儿童方面的各项法律与政策；通过内务部实现对儿童福利的全面管理；灾害发生时承担对儿童的救济责任；建立儿童福利机构；发展福利企业和福利事业；推动义务教育为主的教育福利；推进儿童医

---

① 郑功成：《社会保障学——理念、制度、实践与思辨》，商务印书馆2009年版，第10页。

疗卫生福利。毛泽东时代中央政府在儿童福利方面的投入较低，地方政府在儿童福利发展中承担着重要职责，尤其是地方集体经济在发展集体儿童福利方面发挥着重要作用。除了在筹资中发挥主要的作用外，地方政府在组织地方福利事业中也发挥着重要作用，通过地方妇联、工会、民政、卫生、教育等地方部门的分工负责，实现儿童福利发展，虽然地方福利分工造成福利的分割状态，但是地方政府在组织儿童福利方面功不可没。

毛泽东时代，注重中央和地方关系的处理。毛泽东主张要学会弹钢琴，兼顾中央和地方的利益，社会福利发展中也要处理好中央和地方的关系。谢觉哉部长在1958年第四次全国民政工作会议提出：依靠地方，上下互助发展福利。他主张调动地方发展福利的积极性，上下互动，才能促进福利的发展。"事实上很多事情都是地方做了，过去内务部管得太多太细，实际束缚了地方的积极性。中国地方大，许多事情不能全国一致，各个地方必须有各个地方的办法。"① 1959年6月《关于民政工作问题的报告（草案）》也强调基层民政部门机构的重要性，因为基层民政机构负责民政大部分工作，只有建立自上而下的管理机构，才能够推动民政工作顺利进行。应该纠正有些县撤销民政部门的现象，否则容易出现基层民政工作无人负责的现象。"省、自治区、市的民政厅局，仍应维持原来的名称不变。县仍称民政局（科），已改为福利部的除办理福利工厂外，还必须把其他主要的民政工作做好。人民公社除了一般民政工作以外，还有许多福利事业，公社、管理区、大队都应有办理民政工作的组织和干部。规模相当于县辖区的公社要有专职干部，较小的公社也应有干部兼民政工作。"②

2. 国家与家庭的分工

新中国成立之后，国家颁布、实施宪法、婚姻法等法律，这些法律明确规定了家庭在儿童成长中应承担的责任。儿童福利发展离不开家庭功能的发挥。但是在毛泽东时代，集体更加受到重视。在主张集体福利的毛泽东时代，城市的人民公社和农村的集体是个人福利的主要来源。

---

① 李荣时：《民政统计历史资料汇编》，民政部计划财务司，1993年，第592页。
② 同上书，第601页。

家庭的存在是为了国家整体和集体利益的发展。从新中国成立到"文化大革命"结束，随着妇女参加生产劳动，家庭对儿童的照顾功能弱化。城市事业单位的儿童能够享受到来自父母单位的多子女津贴、医疗保险费用的报销、单位的教育福利等，而农村的家庭政策支持明显缺失，农村儿童的照顾主要是靠家庭中的大孩子带小孩子。自然灾害发生时，只有"五保"家庭才能领到基本生活的救济。因此，那个时代的儿童福利，城乡有别。国家只提供面向部分困境儿童的特惠福利，只有在家庭发生危机的时候，国家这个"大家长"才会出现。

3. 国家、生产单位和生产者个人的关系

1956 年 4 月 25 日，毛泽东发表了《论十大关系》，在这篇经典篇章中毛泽东论述了国家、生产单位和个人的关系。要借鉴苏联经验，兼顾国家、集体、个人三者之间的关系。在城市，随着生产率水平的提高，工厂中工人的福利状况也应该有所改善。在农村，生产单位是以人民公社的生产队为基层单位的，人民公社以生产队为分配单位，进行口粮的分配，满足儿童群体在内的社员的生活基本需要，由于国家一度征收的粮食多，集体还必须保证公积金和公益金的提取，于是个人福利的提高依赖集体平均主义的分配方式得以运行。

毛泽东的国家、生产单位和生产者个人的关系，为毛泽东时代儿童福利的管理提供了思想的指导。整个毛泽东时代，是我国的计划经济时期，毛泽东时代对城市儿童福利的管理主要是依托单位来管理，在单位管理中，工会扮演着重要角色，工会负责本单位职工子女的生活、教育、医疗等各个方面，职工有了问题，就可以去找工会帮忙。这种融入计划体制中的单位管理，是生活与工作一体化的管理，这是毛泽东时代儿童福利管理的主要特点，它反映的恰恰是计划性，同时又有传统的中国特色，即家国一体，家与单位也为一体，家事与单位之事往往都纳入单位管理范畴，所以人以单位为家，归属感太强，也就缺乏了自由选择性和流动性。儿童福利在城市作为职工福利的一部分，这一点定位是非常清晰的。儿童福利费的资金来源于企业福利费，通过企业自上而下的组织，通过严格的组织管理，在国家、生产单位、个人利益高度一致的情况下，通过基层单位的推动，实现劳动者个人以及子女福利的提升。

4. 政府与社会角色

新中国成立初期，1949—1951年，中国儿童慈善还是按照原来的轨迹发展。但是1951年之后，由于国家对慈善看法的转变，逐渐取缔了许多慈善机构，既包括国外慈善机构，也包括国内进步人士曾经推动的慈善机构及活动，因此，中国计划经济时期的儿童福利事业因受理念所限而发展缓慢。社会力量推动儿童福利事业不足，凸显了政府在儿童福利中的责任。但是刚刚成立的新中国，千头万绪，单靠政府的力量发展儿童福利显然是力不从心的。民间力量进入儿童福利领域的渠道并不畅通，而且缺乏有序的组织，民间慈善力量与政府力量很难形成儿童福利发展的合力。这种状况也影响了目前儿童福利的发展水平。

（三）动力机制

管理机制推动儿童福利的运作，在生产发展，经济与福利的互动之下，在自助与国家救助为辅的方针之下，形成儿童福利的动力机制，最终推动了儿童福利的运行。

1. 生产与福利

经济发展水平与社会福利作用是相互的。一方面，通过生产发展，为发展福利奠定一定经济基础；另一方面，社会福利的提高也有利于生产发展，进而促进经济发展。毛泽东认识到经济发展与福利之间的辩证关系，他强调随着生产力水平的提高，逐渐提高人们的福利水平。毛泽东把握了当时社会的主要矛盾，通过大力发展生产力，为满足人们生活的需要和发展福利奠定了一定的经济基础。

2. 生产自助与国家救助

毛泽东时代主张通过发展社会福利生产，着力解决福利问题。在发展社会福利生产方面，则是希望通过困难者自食其力的劳动，来解决生存及福利问题。在当时认为社会福利生产是发展福利的有效方式，可以节约国家资金，从而使包括残疾和贫困儿童在内的困难群体的生活得到保障。"事实证明，组织社会福利生产是开展社会福利事业的重要条件之一，是解决城镇中贫苦优抚、救济对象生活问题的一项最主要的措施。因此，民政部门，特别是城镇的民政部门，必须把组织和领导社会福利生产这项工作放在重要的地位。"① 国家主张社会福利生产是把社会福利生产当作搞好福利事业的重要手段，通过这种手段达到搞好社会福利事业的目标。"民政部门所领导的社会福利生产虽然也是一种社会生产，也为社会创造财富，但它的主要目的是为城镇的优抚、救济工作和社会福利事业服务。"② 直到 1978 年，对于社会福利生产，民政部是积极推进的。社会福利生产体现的是自助为主，国家救助为辅的救济方针，国家认为生产自助是解决城镇聋哑人就业和社会困难户问题的有效办法，是城市救济工作的主要环节。

（四）运行机制

在毛泽东时代的国家行政体系中，民政事业的地位不高。政府采取社会福利责任分化的政策，把社会福利的责任和部分权利分散在各个部门，上到国家教育部、卫生部等部门，下到基层的人民公社、城市街道委员会、单位。内务部在发展中国福利事业的时候，一直倡导发挥群众的积极性，国家是最后可以依靠的堡垒。在国家主导，群众互助合作发展福利的理念下，毛泽东时代儿童福利的运行机制凸显了那个年代社会保障的特征。城市和农村都是在国家主导下，基层发挥重要作用，从而实现儿童福利的运行与发展。

1. 城市：国家—单位—工会

毛泽东时代中国社会保障是国家—单位保障制，强调单位在职工生老病死方面发挥作用。在城市，国家通过维持企业的存在和发展，促使企业在职工及其家属的福利中发挥作用，可以说企业在职工子女的托幼教育、业务教育的培养、疾病治疗的费用等多个方面都承担责任。企业负责职工及其家属福利的内容，几乎是无所不包。这个过程中，工会发挥着重要作用，企业对职工及其家属责任的分担主要是通过工会来实现的。毛泽东时代的工会与目前工会的功能不同，毛泽东时代的工会作为基层的行政机关，在儿童福利的发展中发挥重要作用，直接推动了儿童福利的运行及发展。

---

① 李荣时：《民政统计历史资料汇编》，民政部计划财务司，1993 年，第 597 页。
② 同上。

2. 农村：中央政府—地方政府—人民公社

中央政府明确内务部负责农村儿童福利工作。在中央政府的主导之下，地方政府在儿童福利中发挥着重要作用。人民公社是基层重要的行政单位，地方政府对儿童福利的推动主要是通过基层人民公社，因此，在农村儿童福利是地方政府—人民公社的运行机制。国家对城市儿童福利的投入远远大于农村，农村儿童福利的发展主要是通过中央政府推动基层政权来实现。像儿童的粮食分配以及其他物品分配、"五保户"儿童的生活保障等方面都是公社提供保障。

三 特色

（一）集体主义福利观

1. 毛泽东的集体主义福利观

马克思主义认为社会主义有三个特征：公有制、计划经济和按劳分配，毛泽东则继承了马克思主义关于社会主义的这种认识。刚刚建立起的社会主义制度，从理论上来说，是优越于资本主义制度的。所以为了体现社会主义制度的优越性，国家通过建立纯而又纯的集体组织来发展社会主义的福利。由国家和集体承担国民福利的责任，是当时从中央到地方所奉行的集体主义价值观起作用的结果。

集体主义价值观对于社会福利发展至关重要。集体主义价值观是毛泽东时代儿童福利的指导原则。在人民公社时期，由于国家急于向共产主义过渡，认为公有化的规模越大越好、程度越高越好，于是出现了集体组织。

对于儿童群体，主要采取按需分配的方式即由儿童所在集体提供给儿童所需的福利。在城市，由父母所在单位提供儿童保险、救助、职工食堂等福利；在农村，则由集体提取公益金以维持儿童群体所需要的基本口粮、五保救助、医疗卫生保健、受教育权等。在整个毛泽东时代，城市儿童享受的福利是职工福利的一部分，农村儿童享受的福利是集体福利的一部分。那个时代儿童对国家的认同感极高，这与国家这个大家长通过集体组织承担对儿童的福利责任相关，从而增进了儿童对国家的认同感和获得感。

2. 人民公社时期集体提供的儿童福利

毛泽东的集体主义福利观集中体现在人民公社时期的儿童福利实践上。发展公社生产并办好集体福利事业是人民公社的长期中心任务。要促使人民公社发展，首先是大力发展生产力，发展经济。人民公社的第二大任务就是搞好群众集体生活福利事业。"随着生产的发展组织人民的集体福利事业，逐步实现家务劳动社会化是城市人民公社的一项重要任务。"[①] 在儿童福利方面，"托儿所、幼儿园必须办好，要使孩子比在家里生活得好、教育得好，孩子愿意入托，父母满意，形式要多样化，以适应群众不同要求"[②]。

人民公社这种政社合一的组织，在举办集体福利事业尤其是儿童福利方面的优越性体现在以下两个方面：

一是当时通过人民公社的形式，举办集体福利事业，实现集体化。人民公社积累了一定的物质基础后，可以举办儿童福利事业，如办托儿所、幼儿园、小学校、产院、卫生院、生活服务站等部门。二是为群众提供了学习的机会，提高群众的文化水平，改变了广大的儿童从小生活在愚昧落后的环境中的状况。

人民公社举办儿童福利事业取得的成就。以石家庄为例，通过两年来的发展，城市人民公社的集体福利事业得到了发展，除公共食堂之外，还"举办了托儿所、幼儿园 2420 个，入托幼儿占其总数的 43.52%，建立了生活服务总结、分站 218 个，服务人员 3000 人。文教事业也有很大发展，办了红专、业余学校 300 多所，社办中学班 9 个，小学校改变了一部制、全部实行了 11 年制教学，建了寄宿学校 8 所。建立了中等规模的社办医院 6 所、保健站、诊疗所 218 所，医务人员共 540 人。由于生产和集体生活福利事业的发展，人们的精神面貌也正在发生着深刻变化"[③]。

[①] 《河北省关于城市公社问题向中央的报告》，1959 年 12 月 17 日，石家庄市档案馆档案，档案号：1-2-233。
[②] 《中共石家庄市委关于城市人民公社若干问题的意见（初稿）》，1959 年 1 月 26 日，石家庄市档案馆档案，档案号：1-1-445。
[③] 《石家庄市委城市公社领导小组关于全面整顿城市人民公社的意见》，1960 年 11 月 1 日，石家庄市档案馆档案，档案号：1-1-525。

（二）鲜明的意识形态色彩

理查德·蒂特马斯（RichardTitmuss）是英国社会政策学的著名学者，他致力于推动公平与正义，主张国家建立福利制度满足个人和社会的需要，反对市场提供的福利，注重意识形态、价值判断在社会福利中的作用。"在社会福利体系之内，人们无法逃避各种价值判断。"[①] 毛泽东时代儿童福利就有鲜明的意识形态色彩。

毛泽东时代内务部是负责福利的主要部门。1978年之前，内务部共召开了六次全国民政工作会议，每次民政工作都围绕着国家总路线或总任务开展。儿童福利政策和当时民政部门的工作鲜明地体现了意识形态色彩，以大跃进时期石家庄民政工作为例，石家庄市民政局《一九五八年上半年工作简结》中谈道："上半年的工作，是和整风双反密切结合进行的，在总路线光辉照耀下，在工农业生产大跃进形势下，由于党的正确领导和全体干部的积极努力，各项业务特别是社会福利生产工作，事业费已基本自给，在克服'左倾'保守思想的基础上，政治思想水平大大提高了，这些都给下半年的工作奠定了基础。"[②] 以教育福利为例，教育福利领域也体现了鲜明的政治色彩。如1963年7月20日，河北省教育厅《通报邯郸市赤峰一中"关于向学生进行阶级教育情况的报告"》中指出，为了培养革命的后代而进行教育，在复杂的国际和国内环境之下，必须注重思想政治教育和阶级斗争教育，把阶级教育作为中小学教育的重要内容。[③]

在1949—1978年，毛泽东思想是中国社会的指导思想，也是那个年代儿童福利的理论基础。"中国现代儿童政策是在毛泽东思想指导下产生并发展起来的。"[④] 整个毛泽东时代是一个讲政治的年代，儿童注

---

① 《蒂特马斯社会政策十讲》，江绍康译，吉林出版集团有限责任公司2011年版，第99页。

② 石家庄市档案馆档案，档案号：30-1-145。

③ 《通报邯郸市赤峰一中"关于向学生进行阶级教育情况的报告"》，1963年7月20日，秦皇岛市卢龙县档案馆档案，档案号：26卷，长期。

④ 陆士桢：《简论中国儿童福利》，《华中师范大学学报》（人文社会科学版）1997年第6期。

重政治学习，福利保障一度从属于政治组织之下。以秦皇岛卢龙县为例，共青团卢龙县委文件《共青团卢龙县委关于县执行团的九届二中全会精神的意见》提出，要在毛泽东思想的指导之下，把全体少年儿童组织起来，把少年儿童培养成为无产阶级革命接班人，为此规定了具体任务："第一，积极地有步骤地以行政村（即生产大队）为单位建立少年儿童组织。""第二，积极地大量地发展队员。"建立少先队、少年团、儿童团这些群众性的组织目的就在于通过这些组织，团结和教育儿童。参加儿童群众性组织的儿童越多，团结和教育的作用越强。因此，学校、农村都要积极地大量地发展队员。凡是7岁至15岁的少年儿童，自愿入队（团），承认队（团）章，向中队委员会登记，即可成为队（团）员，不要附加条件和手续。"第三，逐步改变辅导员制度。"团基层组织直接领导以行政村为单位建立的少年儿童组织，不再聘请辅导员。暂不按行政村建队的小学五、六年级和中学不设中队辅导员。县专职辅导员、未改建到村的少先队学校大队辅导员和小学四年级以下的中队辅导员仍然保留。工人、农民、解放军等校外辅导员，要继续聘请，并加强这方面工作。"第四，大力加强少年儿童工作的领导。各级团委要经常讨论研究少年儿童工作，认真总结典型经验，主动向党委反映情况，争取党委的领导，团县委要有专职做少年儿童工作的干部，为了加强少年儿童工作，当前要特别重视培养县的专职辅导员，让他们有充分的时间和精力去做少年儿童工作，一般不要抽调他们去做其他工作。农村团支部和公社团委都要设立少年儿童委员会，公社团委还可以聘请二至三名不脱产积极分子协助管理少年儿童工作。"[①] 由1965年共青团卢龙县委文件《共青团卢龙县委关于县执行团的九届二中全会精神的意见》可以看到：儿童教育、儿童组织中鲜明的意识形态色彩。

（三）不平等的儿童福利制度

1958年的户籍制度把城市人口与农村人口截然分开，城市和农村

---

① 《共青团卢龙县委关于县执行团的九届二中全会精神的意见》，1965年，秦皇岛市卢龙县档案馆档案，档案号：第31卷（1965）第4号。

实行不同的社会保障制度。郑功成指出：传统福利制度是不平等的福利制度，这种不平等主要表现在：一是城乡之间的不平等：毛泽东时代社会福利主要面向城镇职工，而占绝大多数的农村人口所占有的福利资源与城市有很大的差距；二是不同单位之间福利的不平等：有固定工作与没有固定工作之间的不平等，不同性质单位职工福利的不平等。[1] 在这种不平等的福利制度之下，生活在一定集体中的儿童所享受的儿童福利也是不平等的。

先以毛泽东时代儿童生活福利为例，首先是城乡分割。1958年实行户籍制度以来，城市人口和农村人口被人为地分开，导致儿童生活福利的城乡二元性特征明显。从以上内容可以看到：涉及城市救助部分的内容是丰富的，儿童生活福利不仅表现在儿童福利院等机构的建立，还有社会福利生产把一些残疾儿童组织起来，城市的儿童还能享受到来自父母职工的福利，多子女家庭还能享受到儿童福利津贴。因此，相较于农村儿童生活福利而言，城市儿童生活福利相对完善。农村儿童生活福利除了"五保"制度和一些临时措施外，涉及农村一些特殊儿童，孤儿和残疾儿童，其保障范围小，救助力度非常小，福利水平受制于农村经济发展状况。1958年大跃进之后，政府全额拨款设立儿童福利院，但是一般只收养城市的孤儿、弃婴和残疾儿童。体现出城市的儿童生活是优越的，因为儿童父母身份的不同，儿童的生活福利也打上了身份的烙印。从毛泽东时代儿童所享受的福利内容来看，在儿童生活福利方面，城乡儿童生活福利的不同主要体现在城市儿童，尤其是事业单位职工的子女能够享受家庭津贴制度，如前所论述的，1953年5月，财务部、人事部发出《关于统一掌管多子女补助与家属福利问题等问题的联合通知》，面向城市家庭的津贴制度开始建立。1954年政务院《关于各级人民政府工作人员福利费掌管使用办法的通知》对机关事业单位人员的福利待遇、福利经费来源、福利经费的管理与使用都做出了规定，这就从准法律的层面保障了城市儿童的生活。

其次，不同单位之间福利的不平等。城市职工的儿童生活福利，由

---

[1] 郑功成：《从企业保障到社会保障——中国社会保障制度变迁与发展》，中国劳动社会保障出版社2009年版，第361页。

于附着在城市职工福利之上，由于职工生活福利有资金保障，儿童生活福利也有了资金的保障。城市职工能够享受到国家福利，且有资金的保障，中华人民共和国财政部、国务院人事局给中央各机关、各民主党派、各人民团体，各省、自治区、直辖市人事局财政厅（局）及西藏工委的《关于国家机关工作人员福利费问题的通知》（〔1958〕财政金字第49号、〔1956〕国人事字第1403号）指出：1956年"要适当解决国家机关工作人员生活困难问题，1956年区以上工作人员福利费标准已提高为工资总额的5%"①。国家机关与乡镇人员的福利是有差别的，这可以从1956年《关于国家机关工作人员福利费问题的通知》中可以看出："关于乡镇干部的福利费标准，可按乡镇干部工资总额的3%计算。"同时还规定："1956年4月份起调整工资后相应增加的福利费以及乡镇部分增加的福利费，均由财政部在今年调整工资时统一调整预算。凡执行国家机关工作人员福利费标准的其他单位，一律参照上述规定执行。"②

再以儿童医疗卫生福利为例，城市儿童，如果儿童的父母在国家机关工作，那么儿童作为国家机关工作人员的家属就可以享受半价医疗待遇。这从1955年9月，财政部、国务院人事局联合发布的《关于国家机关工作人员子女医疗问题的通知》中可以清晰地看到。农村儿童依靠合作医疗制度，通过集体公益金的提取，维持着平均主义的、依靠集体经济支撑的保健、医疗、卫生等状况。

---

① 中华人民共和国财政部、国务院人事局：《关于国家机关工作人员福利费问题的通知》，1956年9月3日，〔1958〕财政金字第49号、〔1956〕国人事字第1403号，第1页。

② 同上。

第九章　对中国儿童福利发展的启示

毛泽东时代儿童福利虽然是城乡分割的，城乡儿童福利制度之间差距很大，但是毛泽东时代儿童福利内容涉及儿童生活福利、托幼事业与儿童教育福利、儿童医疗卫生福利、儿童慈善、儿童参与五个方面的内容，已经搭建起儿童福利的主要框架，有利于完善儿童福利体系。毛泽东时代的儿童福利对目前中国儿童福利有着深远影响，不管是成功的经验，还是失败的教训，都为目前儿童福利的发展提供发展的起点，为目前中国儿童福利的构建提供了启示与借鉴。毛泽东时代中国儿童福利对目前中国儿童福利的启示应该辩证地看待，下面就从积累的部分经验、总结的儿童福利发展的教训、具体启示三个方面看一下毛泽东时代儿童福利对目前中国儿童福利发展的启示。

一　经验

（一）兼顾经济发展与儿童福利

毛泽东在1956年《论十大关系》中论述了生产与福利的关系，"拿工人讲，工人的劳动生产率提高了，他们的劳动条件和集体福利就需要逐步有所改进"。由此可见：毛主席认为随着生产力水平的提高，集体福利也要发展。这里涉及经济建设与福利发展的关系。社会福利要与经济发展水平相适应，不能滞后也不能超前，如果集体福利的发展超越了当时的生产力发展水平，那么福利很难维持长久。同理，如果福利发展滞后于经济发展水平，那么人们的需求就不容易得到满足，最后延缓经济的发展速度。因此，儿童福利的发展必须与经济发展水平相适应。

（二）完善单位福利

在计划经济时期，人的生老病死都通过单位解决。在城市，是职工所在单位，为本单位职工及其子女提供需要的福利；在农村，则是人民公社或生产队，为集体的成员提供低水平的平均主义的福利。计划经济时期，单位是儿童福利的供给主体，单位福利增强了人们对单位的归属感和认同感。在城市职工所在的集体——单位，除了为职工建立食堂、医院等公共设施外，还为职工的子女建立托儿所、幼儿园、中小学。单位办的托儿所、幼儿园、中小学是儿童福利最直接的体现。单位的工会发挥的作用比现在工会发挥的作用大，当职工生活遇到困难，可以去找工会帮忙，工会作为解决职工困难的机构在计划经济时期发挥了重要作用。计划经济时期的劳动保险制度，是以单位为依托开展起来的，涉及职工及其家属的医疗、生育、救助、残疾等项目，儿童是重要的受益群体。在农村，儿童作为集体的重要成员，通过按需分配的原则保证儿童口粮等生活必需品的供应，通过集体"公益金"的提取，发展医疗、教育、救助等项目，使儿童能够享受到农村集体福利事业。

（三）发扬互助合作的精神

从毛泽东时代托幼事业和义务教育发展、农村合作医疗制度对儿童采用中西医结合的预防与治疗的制度中都可以看到：在国家财力不足的情况下，通过发挥互助合作的精神，解决了儿童上托儿所、进幼儿园的部分问题；通过发挥民办教师的作用，通过集体给农村教师发工资和记工分，在国家资金不足的情况下，推进了义务教育阶段的发展，为社会主义建设提供了大量高素质的建设者和接班人，为改革开放之后实现经济社会突飞猛进的发展奠定了人才基础；在农村集体经济落后的情况下，通过农民集资的方式，实现了农村合作医疗制度比较高的覆盖率，并大大降低了儿童发病率和婴儿的死亡率，提高了儿童的健康水平。毛泽东时代互助合作的精神，蕴含了现代社会保险的核心精神。社会保障制度必须坚持互助共济的原则，调动个人、集体、国家等各个方面的积极性，才能实现社会保障制度的可持续发展。

二 教训

(一) 条块分割和多元行政管理主体影响了儿童福利管理效率的提升

毛泽东年代，城市的儿童福利管理机构是单位；在农村为三级管理，生产队为基础。当时的这种管理体制是有效率的。毛泽东时代中央与地方的关系虽经过放权和收权的不同阶段，但是中央与地方的关系是严格的上下级的关系，通过上传下达，就可以把儿童福利的具体事项布置下去。而目前社会福利社会化管理阶段，社会服务对象不再局限于某一特定单位或部门，社会服务对象社会化了；除了社会服务对象社会化，社会福利资金的筹集也社会化了，需要在更广泛的范围内筹集社会福利资金；服务供给也社会化了，社会福利需要广泛的社会组织具体实施。在社会福利社会化的背景下，如果还是按照以往的管理方式管理儿童福利事业，很难提升管理效率。毛泽东时代对儿童福利的管理是分散在妇联、民政、青少年工作等各个方面，呈现碎片化的管理格局。这种条块分割的管理，形成了儿童福利多头管理的格局。儿童福利被分散在各个部门管理，看似很多部门都在管理儿童福利，但是一旦出了问题，又不知道哪个部门负责儿童福利问题，形成儿童福利管理中的"多龙治水"和"多龙不治水"的格局。改革开放之后，中央放权让利，已经不再是计划经济时期那样高度集中的管理体制了。因此社会化的管理亟待解决多头管理和多元行政管理的问题，提高儿童福利管理的效率。

(二) 浓厚的教化色彩影响了儿童福利资金投入的增加

毛泽东时代打上了鲜明的意识形态色彩。在儿童福利方面也不例外，注重对儿童进行思想政治教育与道德教育，塑造了儿童应该崇拜的英雄形象，不可否认这对儿童思想道德水平的提高产生了潜移默化的影响，但是过强的教化色彩影响了对儿童生活福利的资金投入。在鼓励儿童参加儿童团、少年队等各种儿童组织的过程中，由于过分注重思想层面的教化，而忽视了儿童吃不饱饭的现象。那个年代城市孩子和农村孩子都有挨饿的经历，这与当时对儿童福利投入不足有关。宋庆龄曾经说过，教养儿童需要从物质和精神两个层面投入，而当时国家对儿童的物质投入偏低。这影响了我国对儿童福利资金的投入。以国家对教育福利的投入为例，当实地走访很多贫困地区的学校之后，发现学校孩子的伙食情况整体偏差，儿童身高和体重与城市孩子有很大差距。

三　具体启示

毛泽东时代无论是儿童的生活福利、托幼事业与教育福利，还是儿童医疗卫生福利、儿童慈善、儿童参与方面对于我们今天儿童福利的构建都有一些具体的启示。

（一）生活福利启示

1. 建立儿童津贴制度

毛泽东时代多子女家庭、生活困难家庭，能够得到多子女家庭津贴，这一点对于我们建立儿童津贴制度有重要的启示。目前虽然放开了二孩政策，但是家庭生育意愿偏低，这将影响未来中国人力资本的竞争力，根本原因是儿童生活支出压力大，而儿童福利津贴缺乏，儿童福利制度及服务滞后，建立儿童津贴制度将是中国儿童福利发展的必然趋势，也是儿童福利发展的规律。欧洲福利国家都建立了比较完善的儿童津贴制度，儿童可以享受各种津贴，像牛奶津贴、生活补贴等多种津贴，保证了儿童高质量的生活状态。以瑞典为例，瑞典儿童基本生活保障内容涉及包括儿童补贴、领养补贴、单亲生活补贴、教育补贴、儿童抚恤金、残疾儿童护理补贴等诸多津贴项目，该国对儿童补贴的支出占瑞典社会保障支出的第二位。

2. 制定家庭支持政策

在毛泽东时代，无论是对儿童的救济、还是多子女家庭的补贴都是以家庭为单位进行的福利措施与制度，对于我们建立家庭支持政策起到了具体指导作用。目前儿童福利的建立，能够以家庭为单位，建立对全体儿童尤其是困境儿童的家庭支持政策，这样就可以减少弃婴现象的发生，防止儿童的生活陷入困境。弃婴安全岛的建立，在某种程度上反映了家庭在养育困境方面的压力与无奈。目前家庭在育幼方面承担着重大的责任，如果能够充分发挥家庭的功能，就需要国家在家庭保障功能弱化的情况下，提供给父母育儿假期，政府为单亲家庭或者贫困家庭提供津贴，实行灵活的工作模式，促使职工平衡家庭与工作的关系。政府提供资金可以向家庭购买服务，让家庭成员在照顾孩子的同时，还能得到国家提供的部分照顾费用，既可以使儿童得到照顾，又可以使家庭成员安心照顾孩子。

（二）托幼事业与教育福利启示

1. 教育从托幼事业抓起

毛泽东时代鼓励群众发展托幼事业，满足了职工及其家属从事生产、走向社会的需要。在城市的托幼事业，许多是单位来办的；农村是集体组织来办。2016年全国两会提案议案排行榜中，有关儿童的提案议案为数不少，包括男女带薪休育儿假、义务教育免费午餐、幼儿园教育免费、立法遏制校园暴力事件。这些提案、议案与2016年1月1日已经制定的二孩政策相互呼应，体现了对儿童群体的关注，也反映了对儿童教育福利事业的关注。这其中关于幼儿园教育免费的议案，反映了目前我国幼儿教育的现状。托幼事业存在的问题可以从我国幼儿园的问题中体现出来。以中国学前教育福利为例：幼儿园目前总量供给不足，3岁以下孩子大部分无幼儿园上，有些地方幼儿园"一园难求"；幼儿园结构失衡，城乡在服务的数量和质量上差距巨大，地区之间差异很大；幼儿园入园价格高，加大了儿童父母生活压力。目前幼教福利的现状，与长期以来我国对幼儿园教育投入资金不足有直接的关系。我国对幼儿教育投入低于世界平均水平。虽然我国学前教育的入学率为70.5%，但是2013年国家财政性学前教育经费仅占到了3.5%。[①]

目前，全面二孩政策落地，婴幼儿数量的增多需要托幼事业这些设施随之发展起来。解决了托幼服务的问题，才能让有生育意愿的妇女生育二胎。因此需要国家在托幼事业中发挥作用，在筹资中发挥更大的责任。有些地区面临国家调整的生育政策已经在行动，以河北省的省会石

---

① 李光宇：《幼儿园应免费，别让家长再当"孩奴"》（2016年3月13日），2016年4月1日，http://www.360doc.com/content/16/0313/11/6313813_541790804.shtml。

家庄为例,根据石家庄最新报道:2016年石家庄打算建立88所幼儿园、投资1.59亿元。全面二孩政策是托幼事业发展的良好契机,国家应该制定规划适时推进。

2. 注重全面发展的教育理念

毛泽东时代主张德智体全面发展,这为目前教育福利的发展提供了重要的借鉴。改革开放之后,教育领域也出现了一些问题:重视儿童分数,而忽视儿童德育的培养;重视儿童学习知识,而忽视儿童身体营养的均衡;重视书本教育,而忽视人文素养的提升。究其原因与我们改革开放之后,注重经济发展,而忽视教育问题有很大的关系。

3. 强调教育与实际相结合

目前我们的义务教育以及其他类型的教育中,非常注重课本知识的学习,但是学生走出课堂、课外活动、课外实践的内容非常少,一个重要的原因是目前的教育是应试教育。高考指挥棒让孩子的很大一部分时间都被课外英语、奥数等特长班占据,与毛泽东时代儿童相比,目前的孩子需要学习更多的书本知识,孩子往往不是靠兴趣在学习,而是被父母逼着学习,失去了快乐的童年,这也是目前我们教育堪忧的重要方面。

(三) 医疗卫生福利启示

1. 树立积极预防的思想

毛泽东时代卫生工作的方针是积极预防的思想,为了防止儿童疾病的发生,国家注重在托儿所、幼儿园、中小学、农村基层公共设施内加强疾病的预防与宣传,大大降低了婴儿的死亡率和传染病的发病率。目前,我国在儿童预防疾病方面成绩显著,但是许多家长缺乏防病的意识,尤其一些婴儿发病率极高,这与儿童身体弱小抵抗力差有关系,也与家长不懂婴幼儿喂养及护理知识有关。为了防治儿童疾病,尤其是一些常见病,需要注重儿童喂养及护理知识的宣传,提高儿童预防疾病的能力,提升整个民族的身体素质。

2. 培养儿科全科医生

毛泽东时代,注重发挥基层赤脚医生的作用,有相当一部分赤脚医生既懂中医,又懂西医,有些赤脚医生积累了在儿童治疗方面的丰富经验。改革开放之后，由于我们对传统中医的作用重视程度不够，对儿科全科医生的培养力度不够，导致目前儿科医生短缺，影响了儿童疾病的预防与治疗。仅有的儿科医生中，往往是从本专业的角度出发，对儿童容易做出头痛医头，脚痛医脚的诊断和治疗，往往延缓或耽搁了疾病的治疗。为了弥补儿科医生尤其是儿科全科医生短缺的问题，建议在本科医学院中增设儿科专业，增加培养年限，加大培养力度，培养儿科医生学习中西医与各个科室的医疗知识，提高儿科医生预防与治疗疾病的能力。

（四）儿童慈善的启示

1. 推动国内外社会组织介入儿童慈善

毛泽东时代，儿童慈善，包括国内外的儿童慈善在中国有个短暂的发展，这与对慈善、社会组织的认识有关，并且这种认识受到当时政治形势的影响。国外社会组织与政府力量平行发展，互为补充，共同推动儿童福利的发展；或者社会组织与政府合作，成为推动儿童福利发展的重要力量。儿童慈善是推动儿童福利发展的重要力量，国内民间慈善力量成为助推儿童福利发展的重要民间力量；国外儿童福利的实践也表明，社会组织进入儿童福利领域成为推动儿童福利发展不可或缺的力量。目前，应积极推动慈善信托在儿童福利领域的发展；构建有利于慈善发展的慈善环境；给予慈善组织同等的税收优惠政策。

2. 促进儿童慈善理念的发展

毛泽东时代由于政治、经济、文化等各个方面的原因，对慈善缺乏认识，儿童慈善在中国经历了曲折发展的历程，其中非常关键的原因是传统观念认为儿童健康成长是家庭的责任而不是国家的义务。儿童福利事业的发展要遵循社会福利事业发展的规律，儿童福利事业的发展也需要多元主体发挥作用，需要调动家庭、社会、国家、企业在儿童福利领域的积极性。儿童福利事业的发展，需要儿童慈善事业的发展。儿童慈善事业的发展，需要我们摒弃儿童只是家庭责任的理念，需要调动全社会的积极性，引导更多的力量从事儿童慈善事业，毕竟儿童的健康成长需要国家在担当责任的同时，还需要社会给予关爱。只有使家庭、国家、社会等各种主体形成合力，才能促进儿童福利更好地发展。

（五）儿童参与的启示

1. 参与校外教育

毛泽东时代，学校对校外教育的组织一度是比较充分的，通过校外教育，城市儿童的身心得以愉悦，实践能力得以增强。校外教育的许多项目是免费的，充分发挥了青少年宫等硬件设施的作用；在农村学校老师积极组织学生参加校外的劳动，比如说半工半读学校，农忙季节组织学生进行的除草、插秧、收秋等劳动，锻炼了农村儿童的组织协调能力、增强了儿童的体质，为其日后参加生产和学习奠定了良好的身体基础，满足了那个年代生产和生活对劳动者体力和智力的需要。目前，学校教育注重于应试教育，学校组织的校外教育缺乏，需要发挥学校在组织参加课外活动、组织参加力所能及的劳动等方面对儿童进行锻炼的意义。否则只会学习，而无生存技能的孩子很难适应未来竞争压力大的领域。

2. 参与社会途径有待拓展

儿童参与社会是重要的参与能力，在毛泽东时代，儿童参与父母所在单位的集体生活、农村儿童参与生产队的生产，锻炼了儿童人际交往能力与适应社会的能力。目前如果想要拓展儿童参与社会的能力，就要有相关的配套服务的跟进。比如说对于儿童群体而言，集体旅游和家庭旅游是儿童走进自然、了解社会、对儿童进行教育的重要途径，但是儿童在旅游时的半价优惠政策都不能得到贯彻，还有其他的游乐场所，本应该是免费向儿童开放的，但是由于是私人举办的，所以部分儿童很难享受到优惠政策。国家在儿童参与方面应该投入更多的资金，积极创造条件，促进儿童参与成为常态。

参考文献

一 著作

（一）经典著作

1. 中共中央马克思恩格斯列宁斯大林著作编译局编译：《马克思恩格斯选集》第 1 卷，人民出版社 1995 年版。
2. 中共中央马克思恩格斯列宁斯大林著作编译局编译：《马克思恩格斯选集》第 2 卷，人民出版社 1995 年版。
3. 中共中央马克思恩格斯列宁斯大林著作编译局编译：《马克思恩格斯选集》第 3 卷，人民出版社 1995 年版。
4. 中共中央马克思恩格斯列宁斯大林著作编译局编译：《马克思恩格斯选集》第 4 卷，人民出版社 1995 年版。
5. 《毛泽东选集》第 1—5 卷，人民出版社 1991 年版。
6. 《邓小平文选》第 1—3 卷，人民出版社 1993 年版。
7. 中共中央文献研究室：《建国以来重要文献选编》第 1—20 卷，中央文献出版社 1993 年版。
8. 中央档案馆：《中共中央文件选集》第 1—18 卷，中共中央党校出版社 1989 年版。

（二）专业著作

1. 郑功成：《中国社会保障改革与发展战略》（救助与福利卷），人民出版社 2011 年版。
2. 郑功成：《中国社会保障改革与发展战略——理念、目标与行动方案》，人民出版社 2008 年版。

3. 郑功成：《社会保障学——理念、制度、实践与思辨》，商务印书馆 2009 年版。
4. 杨立雄、兰花：《中国残疾人社会保障制度》，人民出版社 2011 年版。
5. 陆士桢、魏兆鹏、胡伟：《中国儿童政策概论》，社会科学文献出版社 2005 年版。
6. 刘继同：《国家责任与儿童福利》，中国社会出版社 2010 年版。
7. 尚晓援：《中国儿童福利前沿（2011）》，社会科学文献出版社 2011 年版。
8. 尚晓援：《中国儿童福利前沿（2012）》，社会科学文献出版社 2012 年版。
9. 尚晓援：《中国儿童福利前沿（2013）》，社会科学文献出版社 2013 年版。
10. 陈世联：《文化与儿童社会化》，中国社会科学出版社 2008 年版。
11. 刘杨：《流动儿童社会处境、发展状况及影响机制》，北京大学出版社 2013 年版。
12. 何昕：《城中村的孩子们》，贵州人民出版社 2011 年版。
13. 江立华、符平：《转型期留守儿童问题研究》，上海三联书店 2013 年版。
14. 曾守锤：《流动儿童的社会适应：研究与实务》，华东理工大学出版社 2012 年版。
15. 赵俊超：《中国留守儿童调查》，人民出版社 2012 年版。
16. 史秋琴、曾凡林、陈建军：《儿童参与与公民意识》，上海文化出版社 2007 年版。
17. 王毅杰、高燕：《流动儿童与城市社会融合》，社会科学文献出版社 2010 年版。
18. 陈云凡：《中国儿童福利供给中的政府与家庭行为分析》，湖南人民出版社 2012 年版。
19. 韩晶晶：《儿童福利制度比较研究》，法律出版社 2012 年版。
20. 高圆圆：《中国残疾儿童福利制度研究》，中国劳动社会保障出版社 2014 年版。

21. 杨雄、程福财：《儿童福利政策》，上海人民出版社2012年版。
22. 吴鹏飞：《儿童权利一般理论研究》，中国政法大学出版社2013年版。
23. 王雪梅：《儿童福利论》，社会科学文献出版社2014年版。
24. 成海军：《中国特殊儿童社会福利》，中国社会出版社2003年版。
25. 韩晶晶：《澳大利亚儿童保护制度研究》，法律出版社2012年版。
26. 熊金才：《儿童救助与福利》，中国政法大学出版社2014年版。
27. 民政部社会工作司：《儿童社会工作研究》，中国社会出版社2011年版。
28. 史秋琴：《儿童权益保护与社会责任》，上海文化出版社2008年版。
29. 史秋琴：《儿童参与与公民意识》，上海文化出版社2007年版。
30. 杨菊华：《生育政策与少儿福利》，哈尔滨出版社2007年版。
31. 郄杰英主编：《当代中国青年权益状况研究报告》，研究出版社2009年版。
32. 林胜义：《儿童福利》（修订版），台湾：五南图书出版公司2002年版。
33. 郑钧元、赖弈志、黄玮莹等：《儿童福利》，台湾：群英出版社2009年版。
34. 郭静晃：《儿童福利（上）》（第11版），台湾：扬智文化事业股份有限公司2009年版。
35. 郭静晃：《儿童福利（下）》（第11版），台湾：扬智文化事业股份有限公司2009年版。
36. 张世雄：《社会福利的理念与社会安全制度》，台湾：唐山出版社1996年版。
37. 方卫平：《中国儿童文化研究年度报告（2012）》，浙江少年儿童出版社2012年版。
38. 周良才：《中国社会福利》，北京大学出版社2008年版。
39. 王顺民、张琼云：《青少年儿童福利析论》，台湾：洪业文化事业有限公司2004年版。
40. 徐学陶：《社会福利：台湾的经验》，台湾：松慧有限公司2009年版。

41. 中国文化大学社会福利学系：《当代台湾地区青少年儿童福利展望》，台湾：扬智文化出版社 2002 年版。
42. 冯瑜婷、杨志宏、李介至等：《新编儿童福利》，台湾：华格那企业有限公司 2010 年版。
43. 梨国华：《美国社会服务》，生活·读书·新知三联书店（香港）有限公司 1998 年版。
44. 林万亿：《台湾的社会福利：历史与制度的分析（上）》，台湾：五南图书出版公司 2012 年版。
45. 林万亿：《台湾的社会福利：历史与制度的分析（下）》，台湾：五南图书出版公司 2012 年版。
46. 中华全国妇女联合会儿童工作部：《儿童参与：东西方思维的交汇》，中国法制出版社 2004 年版。
47. 彭淑华、郑善明、蔡嘉洳等：《儿童福利理论与实务》（第 2 版），台湾：花都文化事业有限公司 2010 年版。
48. 白益华、吴忠泽：《社会福利》，中国社会出版社 1996 年版。
49. 何芳：《"流浪儿"在美国：社会救助的制度、实践与启示》，上海人民出版社 2013 年版。
50. 宋健敏：《日本社会保障制度》，上海人民出版社 2012 年版。
51. 杨翠迎、郭光芝：《澳大利亚社会保障制度》，上海人民出版社 2012 年版。
52. 姚玲珍：《德国社会保障制度》，上海人民出版社 2011 年版。
53. 张维迎：《政府与市场：中国改革的核心博弈》，西北大学出版社 2014 年版。
54. 杨燕绥、阎中兴：《政府与社会保障——关于政府社会保障责任的思考》，中国劳动社会保障出版社 2007 年版。
55. 郑洸：《中国少年儿童运动史》，天津人民出版社 1992 年版。
56. 施义慧：《童年的转型：十九世纪英国下层儿童生活史》，南京大学出版社 2012 年版。
57. 金春明：《中华人民共和国简史（1949—2007）》，中共党史出版社 2001 年版。
58. 肖翔：《中国工业化中的政府作用研究（1949—2010）》，经济科学出版社 2014 年版。

59. 萧国亮、隋福民：《中华人民共和国经济史（1949—2010）》，北京大学出版社 2011 年版。
60. 本书编写组：《新中国 60 年 60 个路标（1949—2009）》，中共中央党校出版社 2009 年版。
61. 莫纪宏：《人权保障法与中国》，法律出版社 2008 年版。
62. 韩健鹏、朴林、高勇泽：《新中国成立以来中国共产党执政建设历程》，世界知识出版社 2012 年版。
63. 刘翠霄：《中华人民共和国社会保障法治史（1949—2011）》，商务印书馆 2014 年版。
64. 汤水清：《传统与现代之间：中国乡村社会改造研究（1949—1953）》，社会科学文献出版社 2014 年版。
65. 郑功成：《论中国特色的社会保障道路》，中国劳动社会保障出版社 2009 年版。
66. 刘晓丽：《1950 年的中国妇女》，山西教育出版社 2014 年版。
67. 郭法奇：《欧美儿童研究运动：历史、比较及影响》，北京师范大学出版社 2012 年版。
68. 刘继同：《国家责任与儿童福利》，中国社会出版社 2010 年版。
69. 李焕征：《银幕上的乡土中国》，中国农业大学出版社 2013 年版。
70. 民政部法规办公室：《新编中华人民共和国民政法规汇编》，中国社会出版社 2003 年版。
71. 中国福利会：《儿童时代作品选（1950—1978）》，中国福利会儿童时代社 1978 年版。
72. 浙江图书馆、杭州大学法律系编：《建国以来重要法规提要》，浙江图书馆 1982 年版。
73. 许崇德：《宪法》（第 3 版），中国人民大学出版社 2009 年版。
74. 刘涌：《维护妇女儿童权益法律顾问》，中国妇女出版社 1986 年版。
75. 胡德华、陈玮：《各国妇女儿童权益的宪法保障》，中国民主法治出版社 1991 年版。
76. 法律出版社法规编辑室：《保护妇女儿童合法权益法规摘编》，法律出版社 1983 年版。

77. 李超杰：《近代西方哲学的精神》，商务印书馆 2011 年版。
78. 高尚：《孟德斯鸠与〈论法的精神〉》，人民出版社 2010 年版。
79. 郑震：《另类视野——论西方建构主义社会学》，中国社会科学出版社 2014 年版。
80. 刘保、肖峰：《社会建构主义——一种新的哲学范式》，中国社会科学出版社 2011 年版。
81. 林尚立：《建构民主——中国的理论、战略与议程》，复旦大学出版社 2012 年版。
82. 王成栋：《政府责任论》，中国政法大学出版社 1999 年版。
83. 郑洸：《中国少年儿童运动史》，天津人民出版社 1992 年版。
84. 周震欧：《儿童福利（增订版）》，台湾：巨流图书公司 2001 年版。
85. 姚建龙：《少年刑法与刑法变革》，中国人民公安大学出版社 2005 年版。
86. 王成栋：《政府责任论》，中国政法大学出版社 1999 年版。
87. 黄铮：《王光美访谈录》，中央文献出版社 2006 年版。
88. 胡绳：《中国共产党的七十年》（第 6 版），中共党史出版社 2010 年版。
89. 马社香：《中国农业合作化运动口述史》，中央文献出版社 2012 年版。
90. 李德彬、林顺宝、金碧华等：《新中国农村经济纪事（1949 年 10 月—1984 年 9 月）》（上），北京大学出版社 1989 年版。
91. 李德彬、林顺宝、金碧华等：《新中国农村经济纪事（1949 年 10 月—1984 年 9 月）》（下），北京大学出版社 1989 年版。
92. 罗平汉：《天堂实验——人民公社化运动始末》，中共中央党校出版社 2006 年版。
93. 李怀印：《乡村中国纪事——集体化和改革的微观历程》，法律出版社 2010 年版。
94. 凌志军：《历史不再徘徊——人民公社在中国的兴起和失败》，人民日报出版社 2011 年版。
95. 马社香：《农业合作化运动始末——百名亲历者口述实录》，当代中国出版社 2012 年版。

96. 贾艳敏：《大跃进时期乡村政治的典型——河南嵖岈山卫星人民公社研究》，知识产权出版社 2006 年版。
97. 辛逸：《农村人民公社分配制度研究》，中共党史出版社 2005 年版。
98. 刘欢乐：《权力、利益与信念——新制度主义视角下的人民公社研究》，中国社会科学出版社 2010 年版。
99. 祝伟坡：《微观历史（1957—1965）》，商务印书馆 2014 年版。
100. 罗平汉：《当代中国农村变迁丛书——农村人民公社史》，福建人民出版社 2006 年版。
101. 张继良：《中共人权理论与中国人权立法》，中国社会科学出版社 2004 年版。
102. 张志永：《婚姻制度从传统到现代的过渡》，中国社会科学出版社 2006 年版。
103. 焦杨：《上海妇女儿童发展：政策与实践》，上海交通大学出版社 2013 年版。
104. 中国福利会：《中国福利会史志资料荟萃》（上、下），中国福利会出版社 1999 年版。
105. 李小尉：《新中国建立初期的社会救助研究》，社会科学文献出版社 2012 年版。
106. 王子今、刘悦斌、常宗虎：《中国社会福利史》，武汉大学出版社 2013 年版。
107. 王齐彦：《中国城乡社会救助体系建设研究》，人民出版社 2009 年版。
108. 黄仁宇：《万历十五年》，生活·读书·新知三联书店 2008 年版。
109. 冯友兰：《中国哲学史》，华东师范大学出版社 2014 年版。
110. 曲青山、高永中：《新中国口述史（1949—1978）》，中国人民大学出版社 2015 年版。
111. 熊金才：《儿童救助与福利》，中国政法大学出版社 2014 年版。
112. 孟昭华、谢志武、傅阳：《中国民政社会思想史》，上海交通大学出版社 2009 年版。
113. 张天雪：《生存、保障、发展：国家儿童政策体系研究》，中国社会科学出版社 2013 年版。

114. 金双秋：《中国民政文化史》，北京大学出版社 2009 年版。
115. 王年一：《1949—1976 年的中国：大动乱的年代》，人民出版社 2009 年版。
116. 肖爱树：《农村医疗卫生事业的发展》，江苏大学出版社 2010 年版。
117. 《陈云文选》第 2 卷，人民出版社 1995 年版。
118. 王杰秀：《中国民政发展报告》，中国社会出版社 2015 年版。
119. 王杰秀：《托底性民生保障研究》，中国社会出版社 2015 年版。
120. 孟昭华、谢志武、傅阳：《中国民政社会思想史》，上海交通大学出版社 2009 年版。
121. 姚建平：《国与家的博弈：中国儿童福利制度发展史》，格致出版社 2015 年版。
122. 周秋光：《近代中国慈善论稿》，人民出版社 2010 年版。
123. 周秋光、张少利、许德雅：《湖南慈善史》，湖南人民出版社 2010 年版。
124. 周秋光、曾桂林：《中国慈善简史》，人民出版社 2006 年版。
125. 郑功成：《从企业保障到社会保障——中国社会保障制度变迁与发展》，中国劳动社会出版社 2009 年版。
126. 郑功成：《中国社会保障论》，中国劳动社会保障出版社 2009 年版。
127. 国家教育督导团办公室：《当代中国教育督导（重要法规·经典文献）》，人民教育出版社 2007 年版。
128. 何东昌：《中华人民共和国教育史》（上卷），海南出版社 2007 年版。
129. 方晓东：《中华人民共和国教育 60 年》，湖北教育出版社 2009 年版。
130. 储朝晖：《中国教育六十年纪事与启思上册（1949—2009）》，山西教育出版社 2013 年版。
131. 苏渭昌：《中国教育通史（中华人民共和国卷）》（上），北京师范大学出版社 2013 年版。
132. 苏渭昌、雷克啸、章炳良：《中国教育通史（中华人民共和国卷）》（下），北京师范大学出版社2013年版。
133. 王凤贤：《毛泽东与中国传统文化》，人民出版社2015年版。
134. 孟昭华、王涵：《中国民政通史》（下卷），中国社会出版社2006年版。
135. 徐建设、张文科：《儒家文化慈善思想研究》，中国社会出版社2013年版。
136. 徐麟：《中国慈善事业发展研究》，中国社会出版社2005年版。
137. 孟昭华、王明寰：《中国民政史稿》，黑龙江人民出版社1986年版。
138. 李文海：《民国时期社会调查丛编》，福建教育出版社2004年版。
139. 中华人民共和国民政部：《民政部大事记（1949—1986）》，山东省临沭县印刷厂，2004年。
140. 邓力群、马洪、武衡：《当代中国的民政》，当代中国出版社1994年版。
141. 黄黎若莲：《边缘化与中国的社会福利》，商务印书馆2001年版。
142. 张学明：《历史上的慈善活动与社会动力》，香港教育图书公司2005年版。
143. 彭华民：《社会福利与需求满足》，社会科学文献出版社2008年版。
144. 中央教育科学研究所：《宋庆龄论少年儿童教育》，教育科学出版社1984年版。
145. 尚明轩、唐宝林：《宋庆龄传》，北京出版社1990年版。
146. 蒋洪斌：《宋庆龄》，江苏人民出版社1986年版。
147. 封莉容、周卫：《把最宝贵的东西给予儿童》，人民教育出版社2001年版。
148. 尚晓援：《中国孤儿状况研究》，社会科学文献出版社2008年版。
149. 费孝通：《乡土中国生育制度》，北京大学出版社1998年版。
150. 张雪梅：《实践中的儿童权利》，法律出版社2013年版。

（三）译著

1. ［法］皮埃尔·勒：《论平等》，王允道译，商务印书馆2012年版。

2. ［美］威廉·A. 科萨罗（William A. Corsaro）：《童年社会学》，程福财等译，上海科学院出版社 2014 年版。
3. ［英］艾伦·普老特（Alan Prout）：《童年的未来——对儿童的跨学科研究》，华桦译，上海社会科学出版社 2014 年版。
4. ［韩］朴炳铉：《社会福利与文化——用文化解析社会福利的发展》，高春兰、金炳彻译，商务印书馆 2012 年版。
5. ［美］维托·坦茨：《政府与市场：变革中的政府职能》，王宇译，商务印书馆 2014 年版。
6. ［英］理查德·蒂特马斯：《蒂特马斯社会政策十讲》，江绍康译，吉林出版集团 2011 年版。
7. 伊斯雷尔·爱波斯坦：《宋庆龄——二十世纪的伟大女性》，沈苏儒译，人民出版社 1992 年版。

二 期刊文献

1. 刘继同：《中国特色儿童福利概念框架与儿童福利制度框架建构》，《人文杂志》2012 年第 5 期。
2. 刘继同：《儿童健康照顾与国家福利责任——重构中国现代儿童福利政策框架》，《中国青年研究》2006 年第 12 期。
3. 刘继同：《儿童福利的四种典范与中国儿童福利政策模式选择》，《青年研究》2002 年第 6 期。
4. 陆士桢：《简论中国儿童福利》，《华中师范大学学报》（哲学社会科学版）1997 年第 6 期。
5. 杨立雄：《利益、博弈与养老金改革——对养老金制度的政治社会学分析》，《社会》2008 年第 4 期。
6. 杨立雄：《"不情愿的福利国家"与金融危机——美国福利模式解析》，《当代世界与社会主义》2012 年第 5 期。
7. 姚建平：《美国儿童福利制度简析》，《青少年犯罪问题》2005 年第 51 期。
8. 姚建平：《儿童福利的三个世界——以流浪儿童为中心的考察》，《青少年犯罪问题》2008 年第 1 期。

9. 曾燕波：《儿童福利政策的国际比较与借鉴》，《当代青年研究》2011年第7期。
10. 徐月宾：《儿童福利服务的概念与实践》，《民政论坛》2001年第4期。
11. 张鸿巍：《儿童福利视野下的少年司法路径选择》，《河北法学》2011年第12期。
12. 刘同芗：《当代中国社会保障理念的嬗变与启示》，《山东社会科学》2007年第10期。
13. 万菲：《从极端到理性的回归——西方社会保障理念嬗变及其道路选择》，《天府新论》2009年第1期。
14. 黎昌珍：《从西方儿童福利范式的演变看我国农村孤儿救助制的转型》，《学术论坛》2006年第12期。
15. 路风：《单位：一种特殊的社会组织形式》，《中国社会科学》1989年第1期。

三 政策文件

1. 国务院：《九十年代中国儿童发展规划纲要》，国务院，1992年。
2. 《中国儿童发展纲要（2001—2010年）》，中国法制出版社2001年版。
3. 《儿童福利法》（2004年6月2日），http：//wenku.baidu.com/view/77b218b665ce0508763213c9.html？re＝view。
4. 《联合国大会·儿童权利公约》（1990年9月2日），2015年4月2日，http：//baike.haosou.com/doc/5567649.html。
5. 全国人民代表大会常务委员会：《中华人民共和国未成年人保护法》（2012年修正本）（2012年10月26日），2015年10月1日，http：//www.chinalawedu.com/new/201212/wangying2012120516190633465538.shtml。
6. 联合国儿童基金会：《儿童权利公约》，北京联合国儿童基金会，1990年。
7. 第七届全国人民代表大会：《中华人民共和国妇女权益保护法》

（1992 年 4 月 3 日），2014 年 10 月 30 日，http：//www.china.com. cn/chinese/zhuanti/jtbl/1058275.htm。

四　报纸及档案资料

1. 人民日报社：《儿童福利相关内容》，《人民日报》，1949—1978 年。
2. 中华全国妇女联合会：《儿童福利相关内容》，《新中国妇女》，1949—1978 年。
3. 北京市档案馆：《北京档案馆档案资料》，1949—1978 年。
4. 河北省档案馆：《河北省档案馆档案资料》，1949—1978 年。
5. 石家庄市档案馆：《石家庄市档案馆档案资料》，1949—1978 年。
6. 卢龙县档案局：《秦皇岛市卢龙县档案局档案资料》，1949—1978 年。

五　博硕论文

1. 戴卫东：《中国长期护理保险制度构建研究》（博士学位论文），人民出版社 2012 年版。
2. 张怡恬：《社会养老保险制度效率论》（博士学位论文），北京大学出版社 2012 年版。
3. 谢琼：《福利制度与人权实现》（博士学位论文），人民出版社 2013 年版。
4. 阿特日其木：《中蒙儿童福利制度比较研究》，硕士学位论文，上海工程技术大学，2013 年。
5. 陈静：《我国遗弃儿童救助的法律保障研究》，硕士学位论文，西南政法大学，2014 年。
6. 韩华：《我国孤残儿童家庭寄养问题研究》，硕士学位论文，北京交通大学，2006 年。
7. 田野：《完善我国儿童福利保障制度研究》，硕士学位论文，河北大学，2014 年。
8. 张巍：《社会转型时期我国儿童福利问题研究》，硕士学位论文，西北大学，2008 年。

9. 刘凡同：《瑞典儿童福利体系研究》，硕士学位论文，山东大学，2014年。
10. 韩煊：《流动儿童健康状况及其影响因素的结构方程模型研究》，硕士学位论文，华中科技大学，2009年。
11. 武志伟：《家庭和政府的责任分工——瑞典和中国的儿童福利的比较分析》，硕士学位论文，山东大学，2012年。
12. 卢时秀：《孤残儿童小组家庭寄养模式研究——以武汉市儿童福利院为例》，硕士学位论文，中南民族大学，2009年。
13. 严国振：《儿童福利院室内生活空间设计探析》，硕士学位论文，南昌大学，2009年。
14. 张洪霞：《孤残儿童农村家庭寄养模式研究——以济南唐王镇纸坊家庭寄养基地为个案》，硕士学位论文，山东大学，2009年。
15. 江夏：《儿童福利视角下我国学前教育公共支出研究》，硕士学位论文，南京师范大学，2011年。
16. 高莹：《儿童福利社会化问题的调查研究——以南京市社会儿童福利院为个案》，硕士学位论文，南京理工大学，2010年。
17. 刘敏：《儿童福利领域政府与非政府组织的合作研究》，硕士学位论文，西北师范大学，2013年。
18. 张琳：《儿童福利建设存在的问题及对策选择》，硕士学位论文，沈阳师范大学，2013年。
19. 罗勤：《儿童福利机构学前特殊教育模式的回顾与展望》，硕士学位论文，华中师范大学，2011年。
20. 张怡之：《儿童福利机构教师队伍建设研究》，硕士学位论文，湖南师范大学，2013年。
21. 杜雅琼：《对儿童福利院内社会工作综合服务的研究——以济南市儿童福利院为例》，硕士学位论文，山东大学，2014年。

六　外文文献

（一）英文书

1. George B. Mangold, *Problems of Child Welfare*, New York: The Macmil-

lan Company, 1916.
2. National Child Labor Committee, *Rural Child Welafare*, New York: J. J. Little & Ives Company, 1922.
3. Eema O. Lundberg, *State Commmissions for the Study And Revision of Childwelfare Laws*, Washington: Convernment Printing Office, 1924.
4. Leslie R., Marston, University of Iowa Studies in Child Welfare, the University of Lowa, 1925.
5. Robert Pinker, *Social Theory & Social Policy*, London and Edinburgh: Morrison and Gibb Ltd., 1971.
6. Ann W. Shyne, *Child Welfare Perspectives*, New York: the Child Welfare League of America, Inc., 1979.
7. Robert Pinker, *The Idea of Welfare*, London: Richard Clay (The Claucer Press) Ltd., Bungay Suffolk, 1979.
8. Alfred Kadushin, *Child Welfare Services*, *Third Edition*, New York: Macmillan Publishing Co., Inc., 1980.
9. Peter Taylor-Gooby and Jennifer Dale, *Social Theory and Social Welfare*, London: Richard Clay (The Chaucer Press) Ltd., Bungay, Suffolk, 1981.
10. Lebab Costin, Cynthiaj Bell, Susanw Downs, *Chlid Welfare: Policies and Pratice*, *Fourth Edition*, London: Longman Publishing Group, 1991.
11. Peter J. Pecora James K. Whittaker Anthony N. Maluccio with Richiard P. Barth and Robert D. Plotnick, *The Chilid Welfare Challenges: Policy Pratice and Research*, New York: Walter de Gruyter, Inc., 1992.
12. Harry Hendrick, *Child Welfare: England: 1872 – 1989*, London: 11 New Fetter Lane, 1994
13. Molly Ladd-Taylor, Mother-work: Women, childwelfare, andthe state, 1890 – 1930, Urban and Chicago: University of Illinois Press, 1994.
14. Lela B. Costin, Howard Jacob Karger, David Stoesz, The Politics of Child Abuse in America, New York: Oxford University Press, 1996.
15. Olive Stevenson, *Child Welfare in the United Kingdom*, London: MPG

Books Ltd., Bodmin, Cornwall, 1999.
16. Martin Gilens, *Why Americans Hate Welfare*, Chicago and London: The University of Chicago Press, 1999.
17. Richard C. Leone and Greg Anrig, Jr., *Social Security Reform*, London: The Century Foundation Press, 1999.
18. Howard Jacob Karger, David Stoesz, *American Social Welfare Policy: A Pluralist Approach*, *Fourth Edition*, American: Pearson Education, Inc., 2005.
19. Janet M. Currie, The Invisible Safetynet: Protecting the Nation's Poor Children and Families, the United Kingtdom: Princeton University Press, 2006.
20. Hoefer, Richard, *Policy Creation and Evaluation: Understanding Welfare Reform in the United States*, New York: Oxford University Press, 2012.
21. Bradshaw and Emese Mayhew, Well-being of Children in the UK, Save the Children 1 St John's Lane London ECIM 4AR UK, 2005.
22. Jansson Bruce S., *The Reluctant Welfare State: American Social Welfare Politics-Past*, *Present*, *and Future*, *Pacific Grove*, Calif.: Brooks/Cole Publishing, 1997.

（二）日文文献

1. ［日］纲野武博：《儿童福祉的新展开》，日本同文书院2008年版。
2. ［日］水田和江、井村圭壮：《儿童福利概论》，日本学文社1996年版。
3. ［日］高桥利：《儿童的福利和心》，日本新斋舍2008年版。

后　　记

这本书是在我博士学位论文的基础上修改而成，该书出版之际，首先诚挚地感谢我的博士生导师——中国人民大学的郑功成教授，从论文的方向确定、论文开题提纲的思路、论文关键点的设计、整篇论文的修改，自始至终都倾注着先生大量的期许与心血。先生聪慧过人、努力又有担当，以严谨的治学之道、博大的胸怀、乐观向上的生活态度鞭策我在科研、教学、生活的道路上积极进取，开拓创新。我深知：老师对每个学生都寄予很高的期望，他期望我们在社会保障的道路上走得更远更高。老师的宏观视野、辩证思维给了我很大的启发，老师的学术担当精神和社会责任感让作为学生的我，倍感压力、砥砺前行；老师对学生的严格要求，鼓励我们多读书、读好书；老师实事求是的精神指导我前行，激励我脚踏实地，追求真理。感谢导师的指导，没有他的指导，我或许还要在黑暗中摸索更长的时间。

感谢我的硕士生导师——河北师范大学德高望重的张继良教授，感谢中国青年政治学院充满魅力的陆士桢教授，感谢北京大学直爽博学的刘继同教授，感谢有着儒雅风范的仇雨临教授，感谢幽默风趣的杨立雄教授，感谢漂亮知性的乔庆梅师姐，感谢严谨治学、逻辑清晰的鲁全老师，感谢聪慧好学的研究生宿舍的好姐妹吕月英，感谢热情善良的刘新艳姐姐，感谢坦荡、真诚的李敬斌老师，感谢真诚直爽的好友王争亚，感谢单柏衡、蔡泽昊、赵东辉等博士同学，感谢同门的戴卫东师兄、陈雷师兄、张浩淼师姐等，感谢人民大学的陈继馨和周宁老师，感谢北京市档案馆、河北省档案馆、石家庄市档案馆、卢龙县档案局的工作人员，感谢我所在学校以及学院的领导和老师，感谢我的家人！

1949—1978年这段历史，对我这个70年代末出生的人来说，是一个谜，它深深地吸引着我去揭开当时儿童福利的面纱，不仅要还原当时儿童福利的面貌，还要把当时隐藏在儿童福利中的情怀挖掘出来。从故纸堆中去发现历史，走进那段历史，仿佛让自己跨越了时空。作为一名社保学人，我有义务把当时的儿童福利描绘出来，给历史一个很好的交代。

儿童福利研究的道路还很漫长，儿童福利研究领域还有很多工作等待我去做，对我而言，只是万里长征迈出了第一步，继续坚持不懈地研究这个领域，是我余生的使命！不管多么艰难，突破自己，争取更优质的优秀作品，为儿童福利研究贡献自己的力量，是我不懈的追求！

书稿出版之际，感谢河北省现代服务与公共政策软科学研究基地和河北师范大学法政与公共管理学院的出版资金的支持。本书得到了刘普老兄，戴建兵老师，张广兴老师，中国社会科学出版社的张昊鹏主任、姜阿平编辑的大力支持，在此深表感谢！

刘晓静于石家庄
2019 年 10 月 1 日